JN222910

地域・刑事実況見分調書
作成実務必携

～地域・刑事実況見分のポイント～

地域・刑事実務研究会 編

木村 昇一
菅野 重寛
澁澤 敬造

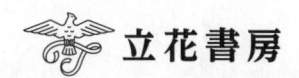 立花書房

監修のことば

　刑事事件においては、事案の真相を明らかにし、刑罰法令を適正かつ迅速に適用実現することが目的とされている（刑訴法1条）。この目的を実現するために、実況見分調書は極めて重要な地位を占めている。

　すなわち、検察官や裁判官は、実況見分調書によって事件・事故現場の状況や犯行・事故態様を把握し、これを土台として事実認定を行っている。また、刑訴法321条3項の解釈においては、実務上、実況見分調書も同項の検証調書に準じた取扱いが定着している（最判昭35・9・8など）。

　このような実況見分調書の重要性に鑑みれば、作成する側の警察官の責務は重大である。担当警察官は、関係法令を習熟した上で十分な専門知識を身に付けるはもちろん、高度な鑑定技術を習得し、内容的に正確かつ過不足のない実況見分調書を作成しなければならない。

　本書は、具体事例を中心に、実務的な観点から実況見分調書の作成方法を詳細に解説してあり、交通捜査の経験が浅い警察官はもとよりベテランの警察官に至るまで、幅広い層の警察官に有益・必須の専門知識・技術を提供する内容となっている。

　また、本書には、刑事課や地域課が扱う実況見分調書や被害届等の記載要領、そのほか捜査の適正化に欠かせないCADシステムの使い方なども掲載されており、タイムリーかつ豊富な内容となっている。

　本書が対象とする専門分野の間口は広く、刑事事件を扱っている警察官はもとより地域課の警察官にとっても有用である。

　私は、平成23、24年、仙台地方検察庁に勤務していた。交通担当を拝命していたこともあり、当時、宮城県警察において、主として交通鑑識を担当していた澁澤敬造氏と一緒に仕事をする機会が多くあった。

　澁澤氏は、複雑困難な事案であっても、労をいとわずに緻密かつ正確な実況見分を成し遂げてくれたので、捜査、公判を担当する検察官は、澁澤氏に大いなる信頼を置いていたものである。

澁澤氏は、定年退官後、東京都内において株式会社交通事故調査澁澤事務所を開設し、30年以上にわたる交通鑑識官としての経験を活かして、民間の立場から交通事故鑑定業務の分野で活躍している。高検・地検の検察官からの鑑定依頼も相当数こなしていると聞いている。

　澁澤氏の強みは、現職当時、公判において証言する経験を積んだことにある。このような経験を踏まえ、澁澤氏は、常に公判立証を念頭に置き、弁護人の反対尋問にも耐えうる正確かつ緻密な交通事故鑑定を行っていることから、鑑定を依頼した検察官からの信頼は厚いに違いない。

　共著者の菅野重寛副検事は、刑事事件、交通事件を問わず、捜査・公判の両分野で能力を発揮している優秀な検察官である。

　菅野副検事と、捜査経験が豊富な澁澤氏の手による本書は、多くの警察官に、高度な知識及び技術の習得と書類作成能力向上の機会を提供するものである。

　令和6年12月

地域・刑事実務研究会顧問
元東京区検察庁公判部長
木村　昇一

はしがき

　本書『地域・刑事実況見分調書作成実務必携』を手に取っていただき、誠にありがとうございます。

　近年、インターネットの普及によるサイバー犯罪の急増、合成麻薬や新しい種類の薬物犯罪など犯罪の多様化のほか、闇バイトによる強盗や投資詐欺など犯罪者の背景も多様化しており、警察捜査に求められる専門性や対応力も一層の高度化が求められています。捜査の高度化とともに、捜査の結果をつまびらかにする実況見分調書の作成も、特に裁判員裁判ではより分かりやすく作成するよう高度化が求められています。

　本書では、実況見分調書とともに写真撮影報告書についても、法的根拠から具体的な事例までを詳しく解説し、実務に即した内容を盛り込み、初学者から第一線で活躍する捜査官に、実務的なガイドラインを提供することを目的としています。実況見分調書は、事件や事故の真相を解明するための重要な手段であり、その正確性と客観性は、公判の成否を左右することも肝に銘じて、学びを深めて下さい。

　実況見分は、捜査官の五官の作用により、物、身体、場所の状態や状況を認識することを目的とするものであって、その中で本書は、場所に特化した実況見分の作成方法について記載したものとなっています。

　また、実況見分は公判で根拠として使用するものですので、裁判官が明確に認識できるものでなければならないことを考慮し、公判で裁判官から指摘されたことを踏まえた写真を掲載していることも本書の特徴です。そのため、犯行現場や被害現場の実況見分を行う場合に、特に参考としていただきたいと思います。

　実況見分の重要性は、事案の真相を明らかにして刑罰法令を適正かつ迅速に適用実現することにあり、訴訟資料として公判を維持できるよう慎重に作成しなければなりません。今更ではありますが「百聞は一見にしかず」というように、現場の捜査官にとっては一目瞭然のことも、裁判官をはじめ、書面のみで現場を理解しようとするものにとっては、いかに分かりやすく客観的に表現されているかがポイントになります。

　また本書では、実況見分調書とともに密接にリンクしていなければならない被害届についても、法的根拠から具体的な事例までを詳しく解説し、事案が一見して読み取れる写真撮影報告書についても、現場で取扱の多い事例を集めて解説いたしました。

私が事故事件捜査を始めた頃は先輩に、「技術は自分で見て学べ」と言われ、先輩の書類をコピーしたり、先輩の傍で技術を盗もうとしたりしていました。時代は変わり、いかにマニュアル化して、実戦的な教育を行うかが求められるようになりました。しかし、センスのようなものは、基本的な知識、技術を身に付けた上で、先輩の傍らで経験を積まなければ身に付かないことも確かです。

　私が警察本部で事故事件捜査の指導に当たる中でも、いかに分かり易く、基本的な知識、技術を指導し、経験やセンスを伝えようかと悩みました。警察庁指定広域技能指導官（交通鑑識）に指定されてからは、実況見分のあり方を深掘りすることと、図表や画像を用いて、できる限り分かり易く解説することを心がけて参りました。しかし、今般は、より若い読者のため、深く教えずに、本書を一種のモデルケースのように用いて、書類作成ができるような形で執筆いたしました。

　また、実況見分の合理化、捜査管理の適正化に欠かせないCADシステムの使い方についても、立花書房発行のCADソフト「クロッキー」を用いて御紹介させていただいたところです。本書が、毎日の危険な現場で汗する捜査関係者の方々にとって、少しでもお役に立てれば、これに勝る喜びはありません。

　なお、意見にわたる部分については、私見であることを申し添えます。

　最後になりましたが、本書の出版に当たって、仙台地方検察庁時代にもお世話になりました地域・刑事実務研究会顧問で、元東京区検察庁公判部長の木村昇一先生から本書の監修者として、御指導、御助言を賜りました（また、上記研究会所属の各県警の警察官の方々やそのOBの方々にも、大変お世話になりました。）。

　また、本書の企画・編集等に関しまして、立花書房編集部の馬場野武部長をはじめ、本山進也参与や濱崎寛美係長、編集部兼営業部の下村大志係長等、加えて、加藤文明社営業統括本部営業部二課鈴木翔大主任をはじめ、同社のDTPオペレータの方等、多くの方々にお世話になりました。この場をお借りして、感謝申し上げます。

令和6年12月

東京区検察庁道路交通部副部長、元東京区検察庁公判部副部長

菅野　重寛

元警察庁指定広域技能指導官（交通鑑識）、株式会社交通事故調査澁澤事務所代表取締役

澁澤　敬造

地域・刑事実況見分調書作成実務必携
〜地域・刑事実況見分のポイント〜

〈目　次〉

監修のことば
はしがき

第1編　総論：実況見分調書総説

第2編　総論：被害届総説

第5編　各論：実況見分調書記載例（置引き等）

第6編　各論：実況見分調書記載例（乗り物盗）

第7編　各論：実況見分調書記載例（侵入盗）

第8編　各論：実況見分調書記載例（暴行・傷害等）

第9編　各論：実況見分調書記載例（軽犯罪法等）

付録編　CADソフト：クロッキーの使用方法

第1編

総論：実況見分調書総説

第1章 意 義

入門的内容

1　はじめに

　実況見分とは、事実を明らかにすると同時に、証拠を保全する目的で、犯罪現場、その他関係のある場所、物、身体等の存在・形態・性状・作用等を、五官の作用で実験・認識することによって行う捜査手続（方法）をいいます。

←五つの感覚器官の作用です。

　実況見分と似たものに、検証がありますが（刑事訴訟法128条が裁判所が行うものを規定し、同法218条1項が捜査機関が行うものを規定しています）、前者が任意処分であるのに対し、後者は強制処分であり、捜査機関が実施するには令状を必要とします。

　この実況見分の結果を記載したものが、「実況見分調書」であります。

第2章 根拠条文

初学的内容

1 根拠規定

　実況見分の根拠規定は、刑事訴訟法197条1項本文であります。

　なお、警察官が犯罪の捜査を行うに当たって守るべき心構え、捜査の方法、手続その他捜査に関し、必要な事項を定めたものとして、「犯罪捜査規範」があります。

　その104条以下に、実況見分が規定されているところですから、これらの条文は事前に読んでおく必要があります。

←捜査については、その目的を達するため、必要な取調べを行うことができます。

←犯罪捜査規範については、本文内で単に「規範」とする場合もあります。

2 様 式

　実況見分の様式は、司法警察職員捜査書類基本書式例に、様式第46号として定められています。

　ここで注意すべきは、例えば、警察本部等の指導等で「忍び込み、空き巣ねらい等の侵入盗のうち、事案軽微で、手段や手口が簡単なもの」、「傷害でも犯行が単純なもの、凶器を使用していない場合」などは簡易書式によってよい、とされている場合がありますが、このような場合でないのに、基本書式ではなく、簡易書式によって作成してくることがみられる点です。

　事案の内容・複雑さ、手段の明白性、被害の大小等を十分検討し、公判請求相当事案等、重要な事件については、特に慎重な配慮をする必要があります。

←簡易書式では第5号及び第5号の2。

第3章 証拠能力

1 はじめに

　実況見分と検証の相違点は、任意か強制かという点にあるに過ぎないとして、その実質は同じであることから、実況見分調書の証拠能力については検証調書と同様とされ、判例は、刑事訴訟法321条3項によって証拠能力を認められるとしています。

　したがって、実況見分調書は、その作成者が、公判期日において、証人として尋問を受け、その真正に作成されたものであることを供述すれば、証拠となし得ます（被告人の同意があれば、証拠とすることができるのは、別論であります）。

←この意味については、争いはありますが、証人尋問においては、通常、書面の作成名義が真正であることに加え、その記載内容の正確性、実況見分の正確性についても尋問されます。
↑刑事訴訟法326条。

第4章 実況見分の実施

基本的内容

1 実況見分を実施すべき場合

捜査のために必要があると認められたときは、場所、身体又は物について、実況見分を実施すべきです。

例えば、場所の実況見分についてですが、窃盗事件や、傷害事件等の犯行現場については、ほとんどの場合に実況見分が実施され、その結果として実況見分調書という題目の書面に記載されているところです。

また、身体又は物については、実況見分調書という題目で書面が作成されることは少ないですが、傷害事件で警察官が被害者の怪我の部位を図示し写真を撮影した報告書、あるいは、窃盗事件で盗品等の特徴を記載し写真を撮影した報告書などは、題目こそ実況見分調書とはされないものの、その法的性質については実況見分調書であるといえます。

2 関係者の立会い

(1) 実況見分を行うには立会いが必要

実況見分を行うに当たっては、居住者、管理者その他関係者の立会いを得て行わなければなりません。

⇐犯罪捜査規範 104条 2 項、144 条。検証につき、同 143条、158 条。

このように関係者の立会いが必要とされる理由の第1は、実況見分は居住者等の任意の承諾に基づくものであるから、同人らに実況見分を拒絶する機会を与えることによって当該実況見分が、あくまで任意の処分としてなされたことを担保しておく必要があるとともに、同人らを立ち会わせることにより、その承諾した範囲を明らかにする必要があるからなのです。

　第2に、効率的な捜査の観点から、関係者を立ち会わせ、その説明を聞きながら見分を実施することが、事実を発見する上で有効な方法だからです。

　実際問題として、犯行場所の特定などは、被害者等の立会いなくして行うことは困難でしょう。

⑵　実況見分に立ち会った者の供述の証拠化

　ところで、実況見分に立ち会った者が実況見分の現場で、事実関係について供述する場合に、いかなる方法で証拠化すべきであるかが問題となります。

　単純な暴行事件について、考えてみましょう。

　被害者立会いの下に事件現場で実況見分を実施する場合、被害に遭った場所を特定するため、被害者から「私が殴られたのはこの地点です」という供述を得て、その地点を確定することになるでしょう。

　この実況見分の目的は、被害現場を特定し、その場所の状況を見分することですが、この実況見分においては、その場所がどこどこの何丁目何番地であるか、付近の各種状況はどうなのか、道路の広さはどうだろうか、等といったことを明らかにするための作業となります。

　したがって、この実況見分はあくまで、その場所の状況を明らかにする作業であって、立会人である被害者が被疑者からその場所で暴行を加えられたという事実を確定することとは、別個の事実を確定する作業であるといえます。

←その意味では、立会人は実況見分につき承諾を与えることのできる立場にあることが望ましいでしょう。

　つまり、被害者の上記供述は、実況見分を実施すべき場所を特定する意味を有するに過ぎません。

　被害者が被疑者に実際に殴られたか否かということを確定することは明らかに実況見分の目的を超えるものであります。

　それは、本来被害者の供述調書の中でなされるべき事柄です（その意味で前述の被害者の言葉「私が殴られたのはこの地点です。」のうち、「私が殴られたのは」の部分は、「この地点」をなぜ実況見分するのかを、つまり捜査をするに至った動機を表したに過ぎないのであって、この記載をもって被害者が殴られた事実の証拠になるわけではありません）。

　そこで、実況見分調書には立会人の指示説明の範囲を超えて記載することのないように、すなわち、本来供述調書に記載して証拠化すべき事柄を実況見分調書には記載しないように、注意しなければならないのです。

⬅ 犯罪捜査規範105条1項、2項。

⑶　再現実況見分調書の作成には注意

　この点に関連して、犯行再現実況見分調書、被害再現実況見分調書等について、注意を要します。

　すなわち、これらは、実況見分調書と題する書面ではありますが、その実質は、犯行現場や被害現場における供述を録取した、供述録取書というべきものです。

　この点、これらの書面に記載された立会人の供述は、前述した実況見分における指示説明とは異なり、現場供述というべきものであって、実況見分すべき場所を特定するという意味を超えて、現場における供述であり、その内容の真実性が問題となるものであります。

　したがって、これらの作成方法については、その供述録取書を作成する方法によって（規範105条2項）、証拠能力については、刑事訴訟法321条1項2号ないし3号、322条1項によることとなります。

3　裁判員裁判における注意点

⑴　裁判員裁判における実況見分について

裁判員裁判に関連して、若干の注意点を述べたいと思います。

裁判員裁判においても実況見分の重要性に変わりはありませんが、裁判員裁判における立証のために、抄本化することが容易な形式で作成する必要があります。

すなわち、裁判員裁判においては、できる限り、分かりやすく簡潔に立証することが求められているため、実況見分調書も従来どおり原本をそのまま証拠として提出することは少なく、必要部分のみを厳選して証拠とすることが多いのです。

そのため、いわゆる「写真見分方式」とすることが望ましいこととなります。

⑵　統合証拠について

なお、裁判員裁判においては、例えば、証拠物の押収過程を立証するため、任意提出書、領置書、写真撮影報告書などをまとめて1つの捜査報告書とするなど、1つの立証趣旨のために、複数の証拠をまとめて1つの証拠とすることが頻繁に行われます。

このようにして作成された証拠を統合証拠といいますが、現場の状況についても、複数の証拠をまとめて統合証拠を作成することが多いと感じます。

←実況見分等の目的、場所、立会人、証拠資料、気象状況、実況見分補助者等の要点を簡潔に記載した総括的な説明部分と、実況見分の経過の部分とに分かれ、後者が図面と個別に補足説明を加えた写真による別紙とで構成されるスタイルのもの〔規範104条4項〕です。

第5章　実況見分調書記載上の注意

基本的内容

1　「犯罪捜査規範104条　実況見分」

←要旨です。

(1)　104条1項

犯罪の現場その他の場所、身体又は物について、事実発見のために必要があるときは、実況見分を行わなければなりません。

(2)　104条2項

実況見分は、居住者、管理者、その他関係者の立会いを得て行うこととし、その結果を実況見分調書に、正確に記載しておかなければなりません。

(3)　104条3項

実況見分調書には、できる限り、図面及び写真を添付しなければなりません。

(4)　104条4項

上記(1)～(3)により、実況見分調書を作成するに当たっては、写真をはり付けた部分にその説明を付記するなど、第三者にとって分かりやすい実況見分調書となるように、工夫しなければなりません。

←「写真見分方式」です。「写真一体方式」や昔は、「神奈川方式」とも言われました。

2 「犯罪捜査規範105条 実況見分調書記載上の注意」

←要旨です。

(1) 105条1項

　実況見分調書については、客観的に記載するように努め、被疑者、被害者その他の関係者に対し、説明を求めた場合においても、その指示説明の範囲をこえて記載することのないように、注意しなければなりません。

←本編第4章を参照。

(2) 105条2項

　被疑者、被害者その他の関係者の指示説明の範囲をこえて、特に、その供述を実況見分調書に記載する必要のある場合には、「刑訴法198条3項から5項までおよび同法223条2項の規定」によらなければなりません。

　この場合において、被疑者の供述に関しては、あらかじめ、自己の意思に反して供述をする必要がない旨を告げ、かつ、その点を調書に明らかにしておかなければなりません。

←「供述自由権」とも「供述拒否権」とも言われます。

3 その他について

(1) はじめに

　本2条（犯罪捜査規範104条、105条）は、実況見分の実施及び実況見分調書の作成についての注意事項の規定となります。

(2) 立会の指示説明

　実況見分においては、立会人の指示説明の必要性は極めて高いですが、立会人に説明を求めた場合でも、その指示説明の範囲を超えて記載することのないように十分注意しなければなりません。

←犯罪捜査規範105条。

前述のように、立会人の指示説明は、その内容自体を立証することは実況見分の目的ではなく、あくまでも実況見分の手段としてなされる程度にとどめるべきであるということです。

　本来、供述調書に記載して証拠化すべきことは、実況見分調書には記載しないように注意しなければなりません。

⑶　具体的には

　立会人は、必要以上に種々、指示説明をすることが多いですが、目的物の指示、説明の範囲を超えた供述＝「犯行の模様等の事実関係」は、指示説明には入りません。

　例えば、被害者が「私が足で蹴とばされたのはここです。」と供述をしても、このことから被害者が被疑者に実際に蹴とばされたかどうかということを確定することは、明らかに実況見分の目的・範囲を超えるもので、これは供述調書でなされるべき事柄なのです。

　この点、くれぐれも間違えないようにしてください。

4　参考裁判例（最判昭36・5・26刑集15・5・893）

　立会人の指示説明を求めることについては、要するに、実況見分の一つの手段であるに過ぎず、被害者及び被疑者以外の者を取り調べ、その供述を求めることとはその性質を異にしており、立会人の署名押印を必要としません。

←要旨です。

1　事前準備

(1)　はじめに

　まず、見分すべき対象・目的から、事前に観察予定をメモにして、現場に赴くこととしてください。

(2)　用意すべき物について

　例えば、「地図」、「巻尺（最低10メートルのもの）」、「筆記具」、「ストップウォッチ」、「懐中電灯」、「カメラ」、「磁石」、「クリノメーター」、「チョーク」、「指示標」、「ノート・メモ用紙」、「封筒」、「ビニール袋（大・中・小）」、「拡大鏡」、「小刀」、「風呂敷」、「荷札」等です。

⬅「クリノメーター」とは、方位磁針、傾斜計、水準器で構成されています。傾斜の測定等に使用します。

(3)　準備とコミュニケーションが大切

　実施に際しては、見分実行者、図面作成者、写真撮影者、距離等の測定者、証拠収集者等各自の能力に応じて、一体となって行えるようあらかじめ計画しておいてください。

2　実　施　手　順

⑴　は じ め に

　現場における立会人の指示説明の前に、ノート等に開始日時、立会人氏名、補助者等を記入します。

⑵　大から小、遠から近へ

　見分は、大局より始め、順次、細部に及んで行います。

　現場の地形・環境・関係位置を明らかにし、その後で現場の細部を見分していきます。

⑶　地点は重要

　指示された地点は、符号なり記号なりを付け、ノートに記載しておくと同時に、現実に指示された地点にも指示標を置くかチョークでマークを記載します。

⑷　観察は精密に

　距離の測定とともに、指示地点等の観察についても、精密にしてください。

⑸　メモをとることが重要

　実況見分実施の際は、メモをつけます。

　調書作成の際は、取捨選択し、圧縮、簡略化が必要ですが、現場における観察は、十分に行ってメモをとっておきます。

←観察し、認識してメモしたら、これだけの記載で調書作成ができるのか、実況見分の目的は達成できたか、について再検討することです。

3 写真・見取図等の添付

　写真は信憑性が高く、実況見分調書を読む側からみると、まず、写真を見てから、調書の理解に努めることが多いことを認識して頂ければと思います。

　写真は、対象物の大小、高低、遠近、傾斜程度を示すには必ずしも十分ではないので、適当に対比物を入れて撮影するとか、色々な角度から撮影するとかいった工夫が欲しいですね。

←どこから、何を撮ったのかが分からないケースも多いので。

　デジタルカメラで撮影する場合には、できたら画面を見て、第三者的に、目的物が正確に写されているかを確認した上で、対象を撮るくらいの慎重さが欲しいところです。

　見分に当たった者以外の者は、実況見分調書を通じて見分の結果を知ることができるのですが、それらの者をして実際に見分をしたと同様の心証を得させるためには、図面及び写真が添付されていることが有効かつ適切だからです。

　また、実況見分に当たる警察官が、見分に用いることのできる時間には限度がありますので、その際、見落としがないとも限らないことから、犯行現場の状況を、写真という形で保存しておくことは、遺漏なき捜査の遂行という観点からも、極めて重要なことであります。

第7章 実況見分調書作成上の留意事項

1 はじめに

　所定の様式（第46号、簡易第5号及び5号の2）に従って、記載することになります。

←なお、被疑者不詳の場合につき、基本書式（第46号）を使用するか、簡易書式（第5号）を使用するかについては、県警によって違いがあるところです。

2 具体的には

　作成する際の記載の順序は、「様式」に従っていればよいので

> ①　現場の位置及び付近の状況
> ②　現場のみに関する詳細な記述
> ③　立会人の指示・説明
> ④　前記指示に基づき見分した部分の詳細な記述

の順に記載していくことになります。

3 手書きの場合

←読みやすい文字で書いてください。

　原則として、パソコンで作成しますが、修正等、手書きによる場合は、楷書体で記載することです。

4　第三者的に書く（キーを打つ）

←できるだけ分かりやすくする努力が必要です。

作成者は現場へ臨場しているので分かっていても、裁判官等、実況見分調書を読む者は現場に赴いていないのですから、立場を変えてこれで十分に理解できるかということを再検討することです。

←実況見分調書を読む者となって、その目でその頭になって、ということです。

つまり、分かりやすくということは、読む人をして現場の状況を「ほうふつ」と認識させればよい、ということです。

5　文　章　表　現

抽象的表現は避け、具体的に表現することです。

←二義を許さない文章をお願いします。

6　文の長さやその切れ目

長文とせず、句読点、丸点等を利用し、要領よく短文にした方が分かりやすいです。

「大きいことから小さいことへ」を考えながら、項目を分けて、記載するとさらに分かりやすくなります。

7　あいまいな表現等

文学的表現、美文調、誇大表現、あいまい表現は避けてください。

←やや、おおむね、大体、右方、左方、左側といったあいまいな感じを与える言葉は特に避けてください。

8　ありのままで

　実況見分は、対象物を客観的に観察し、観察したことをありのまま、調書に記載するものです。

⇐意見・推測・判断は絶対に記載しないでください。

9　ごまかさない

　現場で、十分に資料を集めなかったようなミスがあっても、後日、記憶などで修正しないでください。

　見落としがあった場合、想像で記載するとか、立会人がいないのに架空の者を記載したり、写真が撮れなかったのに、後で撮り直したものを添付したりすることにつき、それを絶対に避けるのは、当然です。

10　参考裁判例（大阪高判昭63・9・29判タ694号183頁）

　これは、2回に分けて実施した、立会人も見分状況も異にする実況見分の結果を、1回だけ実施したものと記載し、その内容についても、2回の見分結果を区別せずに、混然と記載されている実況見分調書の証拠能力が、否定された事例です。

⇐要旨です。

第8章　見取図及び写真の添付

1　はじめに

　実況見分調書には、ほとんどの場合、図面と写真が添付されていて、それは実況見分調書の一部とされています。

　これは、本文に記載されたところを補充し、あるいは、検察官、裁判官等の理解を助け、文章では、十分に表現できない点を明確にするために、添付されるものであり、本文と不可分一体のものとして取り扱われます。

2　具体的には

　図面については、まず、犯行現場全体の状況が分かる図面を作成して（付近全図）、次に、現場付近の状況まで把握できる図面（現場付近の見取図）も作成します（「犯行現場家屋、敷地の配置図」、「犯行現場見取図」、「現場部分図」等も必要に応じて適宜、作成してください）。

◀現場被害者の自宅の場合、自宅付近の場合「人的事項等」の関係があります。

⑴　平　面　図
　これには、必ず、方位を表示します。

◀原則として「北」を上に記載します。

⑵　立　体　図
　必要あれば、平面図だけでなく、立体図も作成します。

(3) 地 形 な ど

これは、製図記号等に従います。

←各県警においては公安委員会規則等で定められている凡例によります。

(4) 主 要 道 路

これには、「国・県・市・町道」の区別や「○○方面に至る。」の表示をします。

(5) 指 示 説 明 地 点

これは、符号・記号で表示し、行動・進行経路は矢印・線（棒・点・単一・複線）などで表示します。

(6) 写 真

これは、撮影の位置・方向を記載します。

(7) 現場写真を撮影する場合

これは、現場の建造物等と関連性を持たせて行います。

現場家屋では、まず、全景、玄関、犯行の行われた場所等を写していき、次の部屋との関連を明らかにします。

(8) 図面の重要部分を訂正すること

これは、できるだけ避けて、その場合は書き直すことです。

(9) 物件、位置

これについては、基点を2つ以上定め、相互間の距離を測定（実測・図測・目測）します。

←電柱とか立木とか、動かない基点Ａをまず選定し、測定しようとする地点Ｂは、そこから「北方○○メートル、東方に○○メートル」というように表示します。

(10) 高さの測定

これは、用具がないときには、自分の身長より長い棒に長さをしるし、これを利用します。

3　図面と調書の契印について

図面と調書は、作成者が契印します。

⬅文字の挿入、加除も同じです。

4　補助者作成の写真の契印

調書末尾に、補助者等が作成した写真を添付する場合の契印は、

① 　写真表紙と調書末尾とでは「調書作成者」

② 　写真と台紙とでは「写真撮影者」又は「調書作成者」

③ 　台紙相互間では「説明文作成者」又は「写真記録作成者」
　　若しくは「調書作成者」

とします。

第9章 形式的記載事項の記載要領

基本的内容

1 被疑者名・被疑事件名欄

　調書作成時でなく、実況見分時に、分かっている被疑者名、事件名を記載します。

　　　　　　　　　　　　　　　　　　　　←分かっているところ
　　　　　　　　　　　　　　　　　　　　だけでよいです。

　分からないときは、「不詳」とします。

　　　　　　　　　　　　　　　　　　　　←分からないのに書か
　　　　　　　　　　　　　　　　　　　　ないでください。

　被疑者が2名以上の場合は、「実況見分調書」では、「○○○○ほか1名」としてもやむを得ないところです。
　しかし、「検証調書」においては、その検証が何人に対する、いかなる被告事件についてされたのか、を記載すべきなのですから、「どの被告人に対しては、どの被告事件名によるのであるのか」を明らかにしなくてはならない、ということに、注意すべきことになります。

2 作成年月日欄

　ここは、調書作成の年月日を記載します。

　実況見分を行った日が原則ですが、複雑な場合で、当日完成できないときは、作成終了日とします。

3　実況見分の日時欄

実況見分を開始した日時、終了した日時を記載します。

場所が2箇所のときは、

第1場所	令和○年○月○日	午前○時○分から 午前○時○分まで
第2場所	令和○年○月○日	午前○時○分から 午前○時○分まで

とします。

「時」まで、記載をするのは、実況見分が適法に行われたことを明らかにする趣旨もあります。

4　作 成 者 欄

実況見分した者が、署名押印します。
補助者が立ち会った場合でも、補助者名は記載しません。

⬅これは、経過欄とか調書末尾に記載します。

見分者は、あくまで実際に見分した者1人です。

5　場所、身体又は物欄

実況見分を行った場所、身体、物を記載します。

検証調書では、場所等の記載が必要的記載事項であり、検証許可状に記載されている場所又は、物と一致させることです。

◆被害者宅の場合は、人定事項等集約書との関係があります。

〈具体例〉

「場所」

例1　「東京都大田区○○町2番3号先道路及びその付近」

例2　「神奈川県里中郡大磯町小磯○番地○方居宅及びその付近」

例3　「神奈川県川崎市川崎区○○番地川崎港3桟橋」

例4　「○○県○○市○○町○○番地○○方にある○○○○」

6　目　的　欄

実況見分を行う目的を、簡明に記載します。

例1　犯行の状況を明らかにし、証拠を保全するため。

例2　犯罪現場の模様を明らかにし、証拠を保全するため。

7 立 会 人 欄

実況見分調書の作成者以外にも、理解ができるように、立会人の
資格を明記します。 ←立場とも言えます。

立会人が得られない場合については、その理由を具体的に記載し
ます。

例1 「被害者」

例2 「被疑者」

例3 「看守人」

第10章 実質的記載事項の記載要領

1 現場の位置欄

　現場の位置について、地理的に明らかにするため、現場に接近した固定物で、表示しやすい物を基点として、距離・方角を記載することになります。

←駅・道路・建物等です。

　距離の表示方法は、「実測」・「図測」・「目測」別に表現し、約○○メートルとは表現しません。

　方角は、正確な表現が望ましいので、方位磁石を利用してください。

例1　現場は、JR○○駅から西方へ目測100メートル、チイボウ株式会社レオック営業所から南方へ目測50メートルの所にある。

例2　現場は、国道東京線（通称環9通り）と区道（通称○○○○○通り）とを結ぶ駅前十字路を西方に向かって○○○○陸橋方面に目測150メートル進んだ所の十字路交差点角である。

2　現場付近の状況欄

　現場付近の環境・状況について、個々の条件ごとに、具体的に、記載します。

(1)　一般的環境

⬅住宅街であるのか、繁華街であるのか、郊外であるのか等です。

(2)　近隣の状況

⬅通りに面しているか、奥まっているか等です。

(3)　交通の状況

⬅人通りが多いか、少ないか。車の通りは多いか、閑散か等です。

(4)　付近の明暗の状況（照明の有無・街灯の有無・天候）の区別

> **例1**　現場付近は繁華街で深夜営業の飲食店も多く、人通りや車両等の交通量も多い。
>
> **例2**　現場は住宅が密集している新興住宅街のほぼ中心部に位置し、夜間の人通りは少ない。
>
> **例3**　現場西側歩道に街灯が設置され、夜間は明るい。

第1編
総論…実況見分調
書総説…総説

第2編
総論…被害届総説

第3編
総論…人定事項等
集約報告書総説

第4編
各論…実況見分調書記載
例〔万引き・ひったくり〕

第5編
各論…実況見分調書
記載例〔置引き等〕

3 現場の状況欄

(1) 現場の模様

〈家屋外〉

例1 被害者方居宅は間口7メートル、奥行15メートル、モルタル木造2階建で、市道に面して南向きに建てられ、店舗正面入口には「ちとせれお」と染め抜いたのれんが下がっている。

例2 店舗西側は隣家（○○○○方居宅）との境にブロック塀がある。

例3 店舗東側は○○○○方居宅板塀が設置されている。

例4 北側は○○○○方居宅と境をなし、石塀竹垣がめぐらしてあって通り抜けることはできない。

例5 現場である○○○○方は、○○市街の中心地より南西部に位置し、レオック運輸○○支店前の鎌倉街道に通じる○○県道を同支店西端より西方図測800メートル離れた所で、通称○○通りと○○通りの交差する交差点の西北角にある。

◀人定事項等集約書との関係があります。

⑵ 立会人の指示脱明

　立会人の指示説明の記載方法については、指示者が、①の地点で、「ここで〇〇しました。」と指示した旨を記載してしまうと、これは、「現場における供述である」との誤解を受けやすいこととなってしまいます。

　ですので、可能な限り、「〇〇したのはここ（①地点）です。」という形式にして、現場における「指示説明の形を使用すること」としてください。

⇐書き方ひとつで変わります。

例1　被疑者に声をかけられたときに、私がいた場所はここ（①点）です。

例2　私が立っていたのはここ（①地点）で、男が立っていたのはここ（②点）です。

例3　私が投げ飛ばされて傷を受けたのはこの電柱（③点）の所です。

例4　このとき立会人は、6畳間北側タンス上（見取図A点）を指示し……

第11章 その他

1 実験報告書

　これは、実験者が認識した実験の結果を記載したものであって、法的には実況見分調書です。

> ①　放火事件で被疑者が自白した方法、手段で放火が可能であったかどうかを実験した報告書。
>
> ②　すり事件で、身長の高い被疑者が身長の低い被害女性が肩から提げたバッグ内の財布を抜き取れるか実験したもの。

2 被疑者の供述に基づく実況見分

◆犯罪捜査規範106条関係。

(1) はじめに

　この規定による実況見分も日頃よく行われていることですが、その重要性が意外に認識されていないようにうかがえるので、十分注意する必要があります。

　被疑者の自供により盗品等が発見された場合、その盗品等を押収することは当然であり、押収された物の存在自体が犯行の証拠となるだけでなく、これが発見された場所について実況見分を行えば、被疑者が自供した場所と実際に発見された場所とが同一であることが明確になり、被疑者の自白の信用性、犯行の計画性、犯行後の状況等も明らかにすることできます。

◆犯罪の立証にとって、重要な意味を有するものであることを理解するべきです。

⑵ 具体的には

例えば、被疑者が殺人に使用した包丁の隠匿場所を自供し、その自供に基づいて包丁が発見されたような場合を考えてみましょう。

押収した包丁自体が、犯罪の証拠となることはもちろんなのですが、その発見場所につき、実況見分を実施することによって、被疑者が自供した隠匿場所と実際の発見現場との同一性を明確にすることができますし、また、発見の状況を調書に記載することにより、包丁隠匿の方法（発見を遅らせるために、押入れの奥に新聞紙で包むなどして隠していたのか、それとも自分の部屋に無造作に放っておいたのか等）等を書面上、明らかにすることができます。

◄ただし、その包丁から被害者の血痕等が検出されるなど、その包丁が殺人の犯行に使われたこと、すなわち犯罪との関連性があることが前提です。

⑶ 結果的には

このような捜査を実施することは、被疑者の自白の信用性や、犯行の計画性、殺意の有無、犯行後の情状（犯行後、包丁を自分の部屋に無造作に放っておいたような場合は、激情犯的な犯行である、と推測されるでしょう。）等を明らかにするという点において、捜査上極めて重要な意味を有するのです。

◄同自供はいわゆる秘密の暴露に当たるのですが、もし、包丁が発見された場所とその自供した場所とが大きく異なるようであれば、その自供はもとより、被疑者供述全体が必ずしも信用できないと判断され、被疑者の犯人性をも揺るがす結果となることもあり得ます。

▲古田佑紀編著『刑訴法からみた犯罪捜査規範』。

第12章　罪種別現場の状況欄記載例・ポイント

1　窃盗罪【置引き】

［現場の状況欄］

　　現場である東日本旅客鉄道株式会社○○駅構内列車待合室
は、東西に15メートル南北に30メートルの長方形の敷地内北側
に位置し間口５メートル40センチ、奥行10メートル80センチの
プレハブ建の建物の南端にある。それは間口５メートル40セン
チ、奥行５メートル40センチの部屋で、東側と西側にガラス戸
の出入口があって周囲は壁の上部がガラスで仕切られており外
部より見通しがよい。待合室は、西側と東側にガラス戸２枚が
あり、出入口となっている。同室南側は地上１メートル50セン
チまで木製壁になっており、その上はガラス張りになっている。
床は陶器製のタイル張りで同所北側には売店がある。同所には
長さ２メートル幅60センチ高さ90センチの木製ベンチが東西に
３列並べられてあり北端のベンチと北側の売店との間は80セン
チあった。立会人は南側より２番目のベンチを指示し、「盗ま
れた着替え類を入れた紙袋を置いたのはここです。」と説明し
た。よって同所付近を見分したところ、立会人の指示する紙袋
は発見されなかった。同所を×として見取図に⊗として図示し
基点とし実測したところ西側出入口端より２メートル50センチ
あり東側は出入口北端から西南へ３メートル20センチあり北側
の売店東端から南へ３メートル30センチあった。

⬅①「被害場所の周囲、
　　構造、間取りの模
　　様」

⬅②「被害場所（物色
　　箇所）の模様」

⬅③「見取図の表現と
　　の関連」

2 窃盗罪【車上ねらい】

［現場の状況欄］

1 被害場所であるバトリスマンション専用駐車場は、バトリ[①]スマンション北側に接して、東西に30メートル、南北4メートルの広さであり、東西には2メートル間隔で白線が引かれている。同駐車場敷地内はアスファルト舗装で、東端及び西端に高さ1.2メートルの金網が張ってあるが、出入口となる南側は○○メートル開放され障害物はなく路上に面している。

2 被害現場であるバトリスマンション専用駐車場内に15台の[②]自動車が北向きに1台ずつ並んで置かれてある。立会人が駐車場内東側に駐車中のニッサンセレナ黒色24年式普通乗用自動車品川33さ○○○○を指示し、「盗まれたカメラバッグを置いておいたのはこの車です。」と説明したので、自動車の位置を測定したところ、前輪東側がバトリスマンション北東端角から北北東に12メートル、北西端角から28メートルであった。立会人は「カメラバッグを置いたのは助手席です。」[③]と説明したので、内部を見分したが痕跡は認められなかった。

3 車両の運転席側、右脇前下部のガラス破片が同所地上に落[④]ちていた。立会人が「ドアの鍵は運転席が外側から、その他は全部内側からかけておいた。」と説明したので鍵の状況を見分したところ、右前部の鍵を除いて、全部外側から開けることができた（見取図○参照）。

←① 「被害場所の周囲、設備」

←② 「見分時の被害車両も含めた他車両の状況及び被害車両の駐車位置」

←③ 「被害場所の特定（他に目立つ物、特異な状況があれば記載します）」

←④ 「被害の状況及び実験確認」

3　窃盗罪【ひったくり】

［現場の状況欄］

1　現場である「チーボルスーパーマーケット」の南側市道は、舗装された平坦な道路で、路面は乾燥しており、車両のタイヤ痕跡が多数印象されている。[①]立会人は、チーボルスーパーマーケット南東方の道路南端に立って路面を指示し、[②]「私が西の方に向かってここまで歩いてきたところ、後ろからバイクに乗って来た男に右脇に提げていたセカンドバッグをひったくられました。男は、西に逃げました。」と説明したので、付近を検索したところ、痕跡及び証拠物は、発見できなかった。

2　[③]立会人の指示する被害地点をA点とし、別紙見取図にAとして図示し、チーボルスーパーマーケット南東端角を基点として相互の距離を測定したところ、南東方9.4メートルあり、公衆電話（千代田○○○）から、3.2メートルであった（見取図○参照）。

3　[④]立会人の指示する現場は外灯の照明で明るく、同地点に立って実験したところ、20メートル前方の男女別、人相、体格等の識別はできる状態であった。

⬅①「被害場所の特定（このような場合は、立会人の指示がなければ特定できません）」

⬅②「被害の状況（詳細は被害届、参考人供述調書にゆずり、見分調書では、被害位置、彼我の関係を、記載例程度に記述することです）」

⬅③「立会人の指示に基づく被害場所の客観的特定」

⬅④「目撃状況の客観的記載」

4 住居侵入罪

[現場の状況欄]

被害者方居宅は、南北に13メートル35センチ、奥行4メートル43センチの敷地内に、間口4メートル42センチ、奥行5メートル12センチのモルタル瓦葺、東向きの2階建てであり、敷地の周囲には、高さ2メートルのブロック塀がめぐらされている。同家の出入口は東側の私道に沿って高さ1メートル30センチ幅90センチのアルミ製2枚組の門が設けられている。

被害者方居宅東側北端から2枚目のアルミサッシ製ガラス戸1枚が幅1メートル31センチ開放され、居宅東側2メートル離れた箇所に置いてあった自転車が倒れていた。立会人は「私が勝手の戸を開けたら、6畳間の中央付近に土足で立っていた中肉中背の男が東側の廊下の方へ駆けてゆき、自転車が倒れる音がした。」と指示し説明した。よって、男がいた地点をAとして目撃地点をBとしてそれぞれ別紙見取図に図示した。さらに立会人の指示する6畳間及び東側の廊下付近を見分したところ、6畳中央付近と廊下に土砂痕が付着しており、廊下東側79センチ、居宅北東角から南西へ1メートル74センチの地点に、爪先を東に向け、地上にめり込んだ形の足跡（縞模様）1個があった。同地点をC点とし、見取図に図示した。

⬅①「住居侵入罪の場合は、住居のみならず、囲繞地も住居の一部であるからその状況」

⬅②「門扉の施錠、開閉の有無を追記」

第2編

総論：被害届総説

第1章 意　　義

1　被害届とは

　被害届とは、被害を受けた者（又は被害関係者）が、被害に遭った事実（内容等）を警察官に申し出たとき、その供述内容を書面に記載したものをいいます。

←従前、盗難被害始末書（被害上申書）とか、強盗被害届、詐欺被害てん末書とかいった名称で呼ばれていたものです。

2　作成・代書に関して

　被害届は、次に述べるとおり、決められた様式（別記様式第6号等）があり、項目別に書き入れていけばよいようになっていますので、第一線の捜査官においては、ややもすると安易な気持ちで取り扱う傾向がみられます。

　しかし、被害届は、上司・検察官・裁判官等からみると、わずか1枚の用紙で、被害の発生、その内容等のおおよそを瞬時に知り得ることができる最も簡明なものです。

　犯人検挙に際しては、その犯罪を特定する上で、重要な証拠となるものでありますし、犯罪統計の基礎資料ともなりますので、正確性、簡明さはもとより、一層の工夫をして、作成して欲しいものです。

第2章 被害届の根拠規定

1 「犯罪捜査規範61条 被害届の受理」

←要旨です。

(1) 被害届の受理

　警察官は、犯罪による被害の届出をする者があったときは、その届出に係る事件が管轄区域の事件であるかどうかを問わず、これを受理しなければなりません。

(2) 被害届の代書

　前項の届出が、口頭によるものであるときは、被害届（別記様式第6号）に記入を求め、又は警察官が代書するものとします。

←この場合において、参考人供述調書を作成したときは、被害届の作成を省略することができます。

2 被害届の受理について

　まず、「受理」し、必要に応じて直ちに現場に臨場し、管轄権のない事件等については速やかに犯罪地、住居地を管轄する警察署に移送又は引き継ぐことです。

←犯罪捜査規範78条。

　調書を作成したときは、被害届の省略ができますが、本編第1章で述べた理由から、できるだけ作成するようにしましょう。

　また、これを代書した場合は、必ず閲覧させるか、読み聞かせて、届出人の署名押印を求め、かつ、末尾空欄に代書の理由及び代書者の所属、官職、氏名を記載し、押印することです。

第３章 | 被害届の法的性格

1　はじめに

　被害届は、刑事訴訟法上被害者の供述書であり、同法321条１項３号書面に当たるから、被告人の同意により（刑事訴訟法326条）、証拠とすることができない場合は、供述不能、不可欠性及び特信性の３要件を満たした場合に限り、証拠能力が認められます。

　この３要件がなくても公判廷において被告人の同法326条の同意がある場合は証拠能力が認められ、実務上は、ほとんどの事件で、被告人側の同意があり、同法326条の同意書面として採用されているのであって、被害届の重要性は極めて大きいものです。

　被告人を有罪とするには、その自白の他に、いわゆる補強証拠を必要とされますが、被害届も補強証拠として意味があります。

←刑事訴訟法319条２項。

2　被害届の効用

　被疑者取調べの際、被害届を十分吟味して、事件の詳細を知り得てから自供を求めれば、事案の真相を容易に、究明できることになります。

　被疑者の言いなりのような調書が多いので、この点の検討を十分行う必要があります。

第4章 その他

1 はじめに

　逮捕状を請求する場合、供述調書を作成すると、取調べと供述調書の作成に多大の時間を要することがあるので、とりあえず、被害届を活用すればよい場合があります。

　窃盗罪では、供述調書を作成するまでもなく、被害届で十分間に合うケースが多いと思われますが、しかし、その場合には、「被害の模様」については別紙を使うなど、十分な工夫をする必要が出てくるでしょう。

　また、被疑者が多数の同種犯罪を犯した場合に、被害者一人ひとりから供述調書をとらずに被害届で間に合わせ、被害金額が多いものなど数量について調書をとればよい場合があります。

⬅この場合は、その後、詳細な供述調書を作成する必要があります（難事件、複雑な事件で、被害届の程度では犯罪の嫌疑が推認されないおそれがある場合は供述書による必要があります）。

⬅賃金不払い事件でも多数の被害労働者についていちいち供述調書を作成せず被害届（上申書・答申書）で間に合わせる場合があります。

2 被害届の追加や訂正

　訂正追加等の標題がまちまちの場合があるのですが、

- ・追加被害届
- ・追加被害てん末書（始末書）
- ・追加被害上申書

ぐらいに統一した方がよいと思います。

第5章 被害届作成上の留意事項

1 はじめに

　被害届は、どの被疑事件にでも利用できるものではなく、直接の被害者がいない「選挙法違反事件・贈収賄事件・公然わいせつ事件」等では作成できません。

　また、事件内容が複雑・難解な強盗・恐喝・詐欺・傷害・暴行（共犯）の場合では、現行様式の「被害の模様」欄のスペースでは、十分な記載ができず、内容を理解することが困難となるので、同欄には、「被害の日時・場所・被害物件の明細」等の概要を記入するくらいにして、後は供述調書で補足することになります。

←被害者あっての「被害届」です。

2 被害届は被害者が作成するもの

　被害届の各欄はわずかな余白しかない上、記入するのは法律に慣れていない一般人であるから、要領よく簡明なものとするには、警察官において十分な助言が必要となります。

　しかし、被害届そのものは警察官が作成する文書ではなく、被害者等自身が作成するものですから、信用性の点でも、警察官が被害者の申立てを超えて記載させるようなことはできないし、警察官の勝手な推測で記載させることもできません。

　「被害額が少ない、軽微、取扱者の態度に不満」といった事情から、被害者が被害届の作成を拒否するに至った場合には、無理矢理、被害届の作成を強制することはできません。

　その結果、被害届が得られなくなることもあります。

　その場合には、犯人処罰の社会的必要性・重要性・特異性（犯人が反省してないことなど）を十分説明して、説得することが肝要であることはいうまでもありませんが、強制はできません。

　被害者が自ら記載するのは「面倒」であるとか、「おっくう」であるという場合には十分説得し、それでも駄目な場合は警察官が代書することになるかもしれませんが、強制はできません。

　入院中でも十分筆記能力がある場合（傷害といっても打撲傷のみで手そのものは十分動かせるとき）、単に字が下手である場合などは、代書すべきではないですが、無筆者のときなどには、家族、縁者、親しい友人等に代書してもらってもよいかと思います。

　ただ、くれぐれも後日、「警察官が勝手に書いて印を押せと言うから押しただけだ。」などの反論が生じないようにしましょう。

←警察官があらかじめ原稿を作成し、転記させたなどと後日被害者が申し出た場合もあり、問題になったこともあるので注意してください。

3　届出人が内容不完全、あるいは間違った被害届を提出した場合

(1)　内容不完全の場合

　被害者は、法律に暗い一般人が多いので、不完全な場合であっても直ちに受理を拒否せず、警察官において適切な指示をして記入させて提出してもらうようにすべきです。

(2)　間違った記憶による場合

　被害者における間違った記憶（明白な記憶ミス）等に基づく内容の場合は、これを指摘して説明し、納得させて新しく書き直させますが（その際、古い被害届は、被害者の面前で、被害者の同意を得て破棄するか、被害者に持ち帰ってもらうなどの配慮が必要です）、上申書、答申（訂正）書によることとします。

(3) 文字の加除訂正

文字の加除訂正は、届出人の印鑑で行います。

4 その他

(1) はじめに

これまでの送致例をみると、被害品について、所有者と管理者の区別が明らかにされていない場合が多いと感じます。

特に、窃盗罪では「他人の財物」が構成要件になっているのですから、明確にする必要があります。

(2) 窃盗罪の場合

この場合、その保護法益を「人の財物に対する事実上の所持である」とする判例学説に従っていることが多いですが、究極的な保護法益は「本権たる所有権」であることに留意してください。

所有者と管理者が異なるときは、その両者を明らかにすることです。

所有者が法人の場合の記載としては、
　　　○○○会社所有の
とするよりは、
　　　○○○会社所有○○○○管理の
とすべきです。

いわゆる家族会社の場合には、経営者個人の物と、会社の物とが明確に区別できていない場合がありますので、注意を要します。

なお、課長・店長・工場長というだけで、ただちに管理者、とはならないことに留意して、捜査することです。

←いわゆる1人課長の場合等、管理者でない方も多いのです。

第6章 被害届（別記様式第6号等）各欄記載の留意事項

1 届 出 欄

(1) 2行目の空欄（「次のとおり○○○○被害……」）について

「盗難」、「傷害」などと記載します。

←事実に合うものを記載します。

ただ、被害者自身が「盗みの」、「泥棒の」とか「顔を怪我する」、「強盗」、「窃盗」といった文言を記載してきた場合、被害届は、被害者自身が作成すべきものであること、法律に不慣れである事情などを考慮し、敢えて書き直させる必要はないかと思います。

また、受理時に、罪名を特定できない場合や、届出時の罪名と被害罪名が異なっていたことが、事後に判明した場合は、捜査報告書で補うこととなります。

(2) 年月日欄

ア 被害届は私人の作成した書類

刑事訴訟規則60条により、作成した年月日を記載し、署名押印をしなければなりません。

判例では、日付がなくても真正に成立したものと認められる以上、証拠としてよいとされていますが、これは、救済判例と考えて、作成年月日、署名押印をすべきでしょう。

イ 実際に届出をした年月日を記載

大した被害でないと未届けにしておいたところ、被疑者が逮捕され自供があって届出をする場合でも、実際に届け出た年月日を記載すべきで、被害に遭った年月日は記載しません。

届出した年月日自体が、裁判上、重要な事実でありますから、正確な年月日を記載すべきです。

(3)　届出人住居欄

←ここは空欄にしておいてください（報告書の名称は都道府県により個別の名称を使用しています。）。

　　これは、後述の「被害者等人定事項等集約報告書」に記入してください。

　　そこでは、住居表示に基づき、正確に記載します。

(4)　氏　名　欄

　　届出人は、必ず、被害者でなければならない、というわけではありません。

例 1　「本人が負傷している場合（友人・家族）」
　　　　私は被害者○○○○の父親です。

例 2　「マンションの住人が不在のとき（管理人）」
　　　　私は被害者が住んでいる○○○○マンションの管理人です。

例 3　「未成年者のとき（親権者）」
　　　　私は被害者○○○○の母親です。

例 4　「老齢者のとき（成人の子供・近隣者）」
　　　　私は被害者○○○○の次男です。

例 5　「届出人が会社の役職で届け出る場合」
　　　　株式会社○○○電鉄○○駅駅長○○○○

などと記載すればよいのです。

その際には、本人との関係を「参考事項欄」に記載しておくことです。

　これを記載しないと、どのような事情により、被害届を出したのかについての記述がなく、不明であるとして、証拠能力を否定された例もみられるので、必ず記載することです。

　ただ、盲目、大怪我等で、署名できないようなやむを得ない事情がない限り、届出人の「氏名」は届出人に記載させるようにします。

　警察官が代書した場合も、同じです。

　未成年者が、口頭で交番に届け出た場合について、その本人に判断能力があると認められる年齢の場合はよいですが、低学年の児童等については、保護者と連絡をとって、その同伴を得てから、作成すべきです（将来、公判廷に出頭することを十分考慮する必要があります）。

(5)　電　話　欄

←ここは空欄にしておいてください。

　ここは、勿論、「被害者等人定事項等集約報告書」に記入する部分で、自宅や個人の電話番号を記載すれば足りるのですが、後日、検察官等は直接、本人に照会する場合が多いことから、可能であれば、携帯電話、勤務先、連絡先の電話番号も併せて記載することです。

　これは、意外に重要なことです（複数あると助かります）。

2　被害者の「住居」、「職業」、「氏名」、「年齢」欄

(1)　被害者の住居欄

←ここは空欄にしておいてください。

　これは、後述の「被害者等人定事項等集約報告書」に記入してください。

　そこでは、住居表示に従って、「○○番○○号」まで正確に記載します。

アパート、マンションの場合は各々の名称と部屋番号数まで記載します。

⬅部屋番号がない場合は、「○○荘1階」でよいです。

> **例1**　江東区木場3丁目○番○号木場荘1階2号室
>
> **例2**　新宿区新宿3丁目○番○号第2ビル7階

(2)　被害者の職業欄

これは、後述の「被害者等人定事項等集約報告書」に記入してください。

そこでは、勤務先、学校名等を具体的に記載します（できれば役職・係名等）。

⬅ここは空欄にしておいてください。

> **例**　公務員………地方公務員（○○市役所戸籍係）
>
> 　　　公務員………地方公務員（○○区立小学校教員）
>
> 　　　会社員………○○株式会社経理部事務員
>
> 　　　会社社長……○○株式会社（代表取締役社長○○○○）

⬅なお、株式会社は、㈱とか㈲とか省略して記載せず、正確に記載します。

(3)　被害者の氏名欄

「届出人」と被害者が同一の場合、例えば、片方に「斎藤一郎」とし、次に「斉藤一郎」とせず、正確な記載に統一してください。

⬅難解な読みの場合は、ふりがなを付けることです。

(4)　被害者の年齢欄

「当」又は「当時」を、年齢の前に記載します。

3　被害の年月日時欄

⑴　多少幅を持たせての記載

　被害者本人から被害事実を詳細に聞き、被害者本人が分かっている範囲内で多少幅を持たせて記載させます。

⑵　日時が被害者の記憶違いで、すべて異なっていたとき

　これは、訂正よりも、とり直した方がよいです。

　そして、その間の経緯（間違えたわけ・正しい日時だとする根拠）を調書あるいは「参考事項」欄に記載します。

⑶　被害者の記憶を呼び戻す方法

　これは「春・夏・秋・冬」、月の「上・中・下旬」の別、週の初めか終わり頃か、土・日・祝祭日・誕生日・月給日・特別行事等について確かめながら進めていくとよいです。

　そして、その根拠を「参考事項」欄に「会社の休みで日光旅行に出かけたときのことで、家の玄関には鍵をかけておきました。」くらいを記載しておくことです。

⑷　不明確な場合

　ことさら、無理に押しつけて特定しないことが肝要です。

> **例1**　「正確な日時が判明している場合」
> 　　　令和○○年3月22日午後3時30分頃
>
> **例2**　「被害日時が特定できない場合」
> 　　　令和○○年3月22日午後3時15分頃から
> 　　　令和○○年4月11日午前8時13分頃までの間

4　被害の場所欄

　これは、後述の「被害者等人定事項等集約報告書」に記入します
が、犯罪事実の「場所の特定」について、であるので被害者の言う
ことをすぐ、うのみにはせず、できる限り具体的に、詳細に記載す
るよう努めてください。

⑴　店舗か住居か、店舗内か事務所内か

⑵　寮か、会社事務室内か

⑶　倉庫か、倉庫兼寮か

←被害者の住居や自宅
兼店舗の場合は、人
定事項等集約書に書
いた上で、そこから
引用することになり
ます。

⑷　バー、スナック、ホテル、駐車場、商店等

　これらについては看板等の名称をうのみにせず、管理者、責任
者、営業者等から確かめてください。

⑸　「家」の場合

　これは、一軒家の場合は「○○○○方居宅（１階和室６畳間、
２階洋間洋服ダンスの上から一番目の引出し）」、集合住宅の場合
は「○○アパート△△方居室（６畳間ベッド下）」のように記載
してください。

⑹　特定困難なとき

　例えば、被害者が泥酔していて、仮睡者ねらいに遭ったときは、

　　　「東京都新宿区歌舞伎町○○ビル付近路上」

　　　「三多摩地区の私鉄沿線で池のある公園の中」

　くらいにし、「被害の模様欄」にその経緯を記載することとして
ください。

⑺　おわりに

　犯罪特定上、極めて重要な要件ですので、被害場所を正確に特定して記載します。

　被害者と届出人が同一の場合であっても、すべての要件を記載することです。

←被害者の住居や自宅兼店舗の場合は、人定事項等集約書に書いた上で、そこから引用することになります。

〈被害場所が特定できる場合〉

例1　東京都大田区雪谷4丁目○○番○号えいぼう荘2階
　　　　205号室自室6畳間押入れ上段右

例2　埼玉県北本市北本○○○番地
　　　　自宅階下8畳間及び4.5畳間

例3　東京都新宿区新宿3丁目○番○号三井ビル6階
　　　　レストラン「スーパーチーボック」こと桜井太郎方
　　　　店舗カウンター右端

例4　東京都渋谷区渋谷3丁目○番○号
　　　　馬場野武士方前路上

例5　日本航空○○○便羽田札幌線羽田発午前9時20分発札
　　　　幌行き座席番号H24脇通路上

例6　JR東海東京駅から新横浜駅に向かう新幹線（のぞみ
　　　　3号）前より6番目の車両（6号車）後部乗降口

〈被害場所が被害者宅の場合については、第3編第2章2を参照してください〉

〈被害場所が特定できない場合〉

　　例1　被害者泥酔

　　　　　　東京都新宿区歌舞伎町及びその付近の路上

　　例2　被害者地理不案内

　　　　　　東京都三多摩地区の私鉄沿線近くの大きな公園内池
　　　　の付近

　　被害場所が被害届出の時点で、特定できない場合は、被害の模様
欄で、その経過を明らかにします。

⬅速やかに特定する努力をしてください。

5 被害の模様欄

(1) はじめに

　一目で被害の内容が分かるように、構成要件事実を、具体的に要領よく記載することです。

　犯行の手段・方法・程度・犯人の逃走方法等を記載するので、六何あるいは八何の原則に則って記載するとよいです。

(2) 具体的には

　被疑者の言った脅し文句、だまされた言い方、それに対し、被害者の応えた言葉などを、できるだけそのまま記載してください。

　ある程度複雑になるため、書ききれないようなときは、別紙を利用しますが、その際、別紙と被害届の契印（届出人印）を忘れないことです。

　契印は、法令の要求するところではないとはいっても、作成の真正について疑いを持たれないためにも、契印はきちんとすべきであると考えてください。

「例」今朝、出勤時に東京千代田レオック前バス停でバス待ちをしていたら、私の前にいたパンチパーマをかけた年齢23、4歳の職人風の男が「おい、何で傘を俺の足の上に落とすんだ。痛いでねえか。」と怒鳴りつけたので、私は「ちょっとしたはずみで手が滑ってしまったもので、すみませんでした。」と謝ったのですが、相手は「何だ、因縁つけるのか、やってやろうじゃねえか。」と言うなり、右のげんこつで私の顔を数回殴りつけた上、また、右の足蹴りを3発入れてきたのです。そのため、私は唇を切り、また、私の左足は腫れ上がり、近くの加賀千代田医院で手当てを受けました。

←具体的で良いと思います。

（診断書は、後日、提出する旨、「参考事項欄」に記載することです）

6 被害金品欄

(1) 品 名 欄

ア 被害品を個別に特定させるため（他の類似品と区別）、できるだけ具体的に記載します。

イ 物品名については、捜査参考図等を参照して、正確に記載し、略称はなるべく避けてください。

　　パソコン⇒デスクトップパソコンか、ノートパソコンか、タブレットパソコンか

ウ 品物が多いときは、別紙を使ってもよいです。

エ 現金の場合は、以下を参照してください。

---

① 「現金」

　約25万円、

　内訳、

　　1万円札20枚、5千円札2枚、千円札30枚くらい、500円硬貨、100円硬貨、10円硬貨で合計1万円くらいのように貨幣別に記載する。

② 「外国貨幣」

　　1ドル硬貨2枚、50セント硬貨4枚、20セント硬貨5枚の合計11枚のコインで5ドル（約750円）

③ 「記念硬貨、小判など」

　　名価どおり「10万円」（オリンピック記念硬貨）として、参考事項欄に「盗まれた硬貨は2か月前に上野の金券屋さんで12万円で購入したものです。」などと記載すればよいです。

◀記載漏れ、不正確な記載が多く見受けられますので、被害に遭った物品、現金をすべて記載してください。

⑵ 数　量　欄

　品目別に個数（数量・数詞・呼び数）により記載しますが、辞典・参考書等を参照してください。

⬅この表現でのミスが意外に多いと感じます。

⑶ 時　価　欄

　ア　被害当時の価格を記載します。

　イ　被害者は、これを購入価格だと誤解している場合が多いので、納得のいく説明をすべきです。

⬅購入価格は、むしろ参考事項欄か供述調書中に記載すべきです。

　　従来、被害者は高価格を申し立て、警察官代書の場合は低価格を記載する傾向がみられますが、本来被害届は被害者本人が記載して届け出るべきもので、担当（代書）警察官において一方的に強制できるものではないこと、特に、被害者が購入後間もないものであるとか、中古品でもブランド品、有名メーカー品であるとかの場合は、被害者の心情を十分考慮すべきです。

　　場合によっては、信頼の置ける質商、デパート店などに聞いて、参考にすべきです。

⑷ 特　徴　欄

　新品か中古かの別、形状・大・中・小・模様・番号（車体・登録）、汚損の有無・傷の有無・メーカー名など品物の特定に必要なことを記載します。

⑸ 所 有 者 欄

　ア　所有者が被害者、届出人と異なる場合は、実際の所有者の住所、氏名をここに記載します。

　イ　被害金品の所有者が数名のときは、この欄に分けて記載してください。

第1編　総論・実況見分調書総説

第2編　総論・被害届総説

第3編　総論・人定事項集約報告書総説

第4編　各論・（窃盗が関係する）実況見分調書（万びきひったくり）

第5編　各論・被害届記載例（万引き等）

7 犯人の住居、氏名又は通称、人相、着衣、特徴等欄

犯人が判明している場合は、住所、氏名、年齢を、具体的に、記載します。

犯人が推定される場合は、断定を避けてください。

通称、人相、着衣、特徴等につき、断定を避け、幅のある表現で記載します。

←断定することは、リスクを伴います。

8 参考事項欄

遺留指紋、足跡、脱糞、遺留品、当日の天候、祝祭日（犯行日時の特定）、未届けのときは届け出なかった理由、被害者と届出人が異なった場合はその関係、被害者の服装等を記載してください。

9 空白欄

届出人に代わり、警察官等が代筆した場合は、以下です。

例1 本人が右手切創で入院中のため、その依頼により代書した。

例2 本人老齢から右手不自由のため、依頼により本職が代書し本人が押印した。

例3 以上本人の依頼により代書した。

10　乗り物盗専用被害届

(1)　はじめに

　乗り物盗については、警察庁刑事局長通達により、専用の様式が定められています。

　ただ、乗り物盗については、あくまでこれらの犯罪類型が定型的であることに鑑み、書類を簡素化して、煩雑な事務を合理化するためのものであり、捜査自体の簡易化を意味するものではありません。

　したがって、例えば、目撃状況や被害の模様が複雑な場合など、これらの書式ではうまく記載ができないような事案については、犯罪捜査規範61条の被害届（別記様式第6号）を用いるべきであります。

(2)　記載要領等

　記載要領については、「別記様式第6号に関するもの」に準ずるものになりますので、事項により、該当数字を○で囲んだり、該当項目にチェックをしたりして、記載できるようになっています。

　また、記載を求められている欄について、明らかでなかったり、該当事項がない場合には、「不明」、「該当事項なし」などと記載し、記載漏れがないようにしてください。

　なお、書式については、県ごとに、不動文字の記載等に差異があるので、注意してください。

←乗り物盗の被害届を受理する場合は、使用車両については、登録番号等を記載せず。「被害者等人定事項等集約報告書記載の番号」等との表現を記入してください（記入は各県の指示に従ってください。ただし、自転車盗を除きます。）。

11 万引き専用被害届

(1) はじめに

万引き事件についても、警察庁刑事局長通達により、専用の様式が定められています。

これは、万引き事件の積極的な取組を実施するために、万引き事件に係る被害店舗の負担軽減（被害届及び供述調書作成時間の短縮等）を図り、被害店舗がこれまで以上に捜査協力をしやすい環境を整えることを目的としたものであります。

犯行の目撃者の参考人供述調書を作成する場合は、「供述調書（乙の2）（万引き用）」（簡）様式第7号の2（特例）を用いることができます。

したがって、被害届の届出人が犯行を目撃している場合は、「被害届（万引き専用）」に目撃状況等を記載すれば、改めて「参考人供述調書（万引き用）」（（簡）様式第7号の2（特例））の作成は要しません。

(2) 万引き専用被害届の受理

万引きの被害届を受理する場合は、基本書式例対象事件・簡易書式例対象事件の別、成人事件・少年事件（簡易送致対象事件を除く。）の別を問わず、「被害届（万引き専用）」を用いることができます。

ただし、目撃状況が複雑であることなどから、万引き専用被害届によりがたい場合は、犯罪捜査規範61条の被害届（別記様式第6号）を用いることです。

←被害店舗兼住居のような場合は、被害の場所欄には、人定事項等集約報告書の記載を引用してください。

第7章 被害者の特定

1 はじめに

　この特定が、意外にきちんとなされていない例が多く感じます。

　所有者、管理者が誰か、社長か、店長か、従業員かなど、十分捜査する必要があります。

⇐被害者が遠方の場合、被害届が移送されない場合は、ファクシミリを利用することです。

⇐また、占有と所有について、文献・判例を熟読する必要があります。

2 自動車盗

　車両については、分割払いの場合（所有権留保特約付き）があるので、所有者は、購入者か、販売会社か、に留意してください。

　器物損壊があった場合、被害届上の被害者（告訴権者も同様）は、所有権者の販売会社と現実に使用する者のどちらでもよいです。

⇐ただし、器物損壊罪の構成要件には「所有者」が挙げられているため、所有者を明確にしておく必要があります。

3 キャッシュカード窃盗

　「○○銀行発行のキャッシュカード」と「暗証番号を記載してある名刺」を窃取し、日本現金サービス株式会社設置の現金自動支払機から、現金を引き出した場合の被害者は「日本現金サービス株式会社」です。

　ただ、現金自動支払機が銀行内に設置されている場合はその銀行が被害者です。

⇐引き出した現金の占有は誰がしているかを考えます。

銀行・信用金庫等で、被害届の提出を拒否することが多いですが、十分に説得して被害届の提出を受ける必要があります。

←届出を得ないときは、供述調書の作成、上申書でまかないます。

4　クレジットカード

拾得したクレジットカードで、10万円のコートを購入し、クラブで飲食代金をカードで支払ったときの被害者は、コート売却店（の）店主、クラブ店主になります。

5　強　　盗

コンビニエンスストアへ強盗が押し入り、店員を脅迫し、財物を奪取したときの被害者は、その店員です。

6　詐　　欺

店長不在で店員が欺かれた場合、被欺罔者に財産的処分権限があるかどうか、被害品に対する占有は誰にあるかを考慮し、決めます。

7　無銭飲食

大きなクラブの場合は担当したホステスでなく、飲食物の所有権者である営業者（店主）です。

←個人経営店ならその経営者です。

1 窃盗罪【自転車窃盗】

◆本編第6章の10を
参照してください。

[乗り物盗専用被害届（被害の模様欄）]

〈基本的な様式〉

> ① が、前記場所に止めた車両を盗まれました。
>
> $\begin{Bmatrix} 私 \\ 湯山\ 武 \end{Bmatrix}$ が、前記場所に止めた車両を盗まれました。

①部分に「被害者」を記載します。

〈警視庁様式〉

> ② が ③ を前記場所に置いたところ、盗まれました。
>
> $\begin{Bmatrix} 私 \\ 湯山\ 武 \end{Bmatrix}$ が、$\begin{Bmatrix} 自転車 \\ オートバイ \end{Bmatrix}$ を前記場所に置いたところ、盗まれました。

②部分には「被害者」を記載し、③の部分には被害品を記載します。

【注】届出人が、被害者本人の場合には「私」などと記載し、
届出人と被害者が異なる場合には、被害者の氏名等を記載する
ことです。

2　窃盗罪【万引き窃盗】

◀本編第 6 章の 11 を
参照してください。

［万引き専用被害届（被害の模様及び目撃状況等）欄］

被害の模様 及び 目撃状況等	私は、　　　　　　　　の □ 店長 　　　　　　　　　　　　　　 □ 店員　　　　　 です。 　上記被害の年月日時、場所において □ 私 　　　　　　　　　　　　　　　　 □ 　　（　　　） が □ 所有 する次の被害品を □ 盗まれました 　 □ 管理 　　　　　　　　 盗んだ（□盗もうとした）犯人を捕まえました。 □ 私 □ 　　　　　は、犯人が 　　　　　　　　　　　　　を見て、不審に思い注意して見ていました。 □ 私　　　　　は、□ 本日 午　　　時　　　分頃、 □ 　　　　 　　　　　 □ 日 　犯人が　　　　　　　　　　　　　　　　　　売場で、 　　　　　　　　　　　　　　　　　　　　　　 を 　　　　　　　　　　　　　　　　　　 盗むところを 　　　　　　　　　　　　　　　　　　 見ました。 □

　不動文字となっている基本的項目の該当する事項の「□」にレ点
を付し、届出人の身分関係、被害者、目撃者が犯人を注視していた
理由（不審点）、目撃した状況等を記載します。

　そして、同欄の最後にある「□」にレ点を付して、被害の模様の
詳細や犯人に声を掛けた状況、その他追加すべき事項があれば、そ
の内容を記載します。

3 窃盗罪【空き巣窃盗】

［被害の模様欄］

　私は、①本日午後2時頃、②戸締りをして、③小学校の父母会に出かけました。

　そして、④午後6時30分頃帰ってきますと、⑤戸締りをしたはずの玄関のドアの鍵が開いていたのです。

　急いで家の中に入ってみますと、⑥玄関に近い6畳間の洋服ダンスの前扉が開けられ、衣類が部屋中に投げ出されており、さらに、奥4畳半の整理ダンスの引出しも全部引き出されて、引出し内の小間物まで部屋中に散らかっておりました。

　そして、⑦整理ダンスの最上段引出し内に入れておいた、⑧茶色封筒に入れた現金10万円とサファイヤの指輪1個が盗まれていました。

　また、⑨奥4畳半東側ガラス戸の差込錠の所のガラスが、三角形に割れ、外出のとき閉めた差込錠が、内側から外されていました。

←①被害時間帯の始期
　②被害前の戸締状況
　③家人の状況

←④被害時間帯の終期
　⑤不審に気づいた状況

←⑥物色の箇所・方法・特癖

←⑦被害品の収納場所
　⑧被害品

←⑨侵入箇所と侵入方法

4 窃盗罪【事務所荒し】

[被害の模様欄]

　私は、^①昨日午後11時30分頃まで1階事務室において帳簿の整理を行い、その後^②戸締りをして帰宅しました。

　^③本日午前9時頃、出勤してきて事務室へ入ったところ、床に泥靴の跡があり、事務所の机の下を調べたところ、^④机の下に置いてあった^⑤現金50万円と○○銀行の小切手帳、預金通帳5通を入れてあった手提金庫がなくなっていました。

　^⑥南側窓の両開きガラス戸の鍵の所が扇形に割られており、窓ハンドル内締錠が外されていました。

◀①被害時間帯の始期

◀②戸締状況

◀③被害に気づいた状況
◀④被害品の収納場所
◀⑤被害品

◀⑥侵入箇所と侵入方法

5　住居侵入罪

[被害の模様欄]

　私は、昨夜午後11時40分頃、庭の方でガレージのサッシの音がしたので目を覚まし、その音が私方のものと思い、起き上がって2階寝室の窓を開け、私方前の街路灯の明かりにより隣家と続いている私方の庭を見回しました。

　すると、庭内に駐車してある私方の車（ホンダフリード）の陰に男がしゃがむようにして潜んでいたのです。

　私が、驚いて、「君は誰だ、そこで何をしている。」と大声を出しますと、男は無言のまま、ブロック塀を乗り越え外へ走って逃げていきました。

←①被害に気づいた端緒

←②発見状況（照明状況）

←③住居侵入の態様
　④発見時の被疑者の状態（言動）

6 暴行罪（暴力行為等処罰に関する法律1条違反）

[被害の模様欄]

　私が、本日午後10時20分頃、バー「チイボックス」のカウンターで酒を飲んでおりますと、左隣で飲んでいた2人連れの男のうち、背が170センチメートルくらいの小太りの男が、「おい、アンちゃん、景気良さそうだな。」と声をかけてきました。

　この男たちはヤクザ者のようでしたので黙っておりますと、「わしらとは口もきけんのかい。」と因縁をつけ始めました。

　私は関わりになってはいけないと思ってすぐに店を出ました。

　すると、さきほどの2人連れが追いかけてきました。

　今度は体が大きく、背が180センチメートルくらいある目つきの鋭い男が、私の右肩をつかみ、「ちょっと、つきあえよ。」と言って、私を路地裏に連れ込みました。

　そして、2人で私の前に立ちはだかり、背の高い方の男が、「お前、なぜ逃げるんだ。」と言うので、私が「あなた方とは関わりたくないです。」と言い返すと、背の低い方の男が「なめんなよ、このガキが。」と言うなり、右手の拳で私の左ほほを殴りましたので、私はその場に倒れてしまいました。

　さらに、背の高い男が、革靴履きの右足で私の腰の辺りを力いっぱい蹴ったので、私はしばらく腰がしびれて動けなくなりました。

①被害前における被害者の状態（犯行の背景）

②犯人の特定（特徴）
③動機、原因を特定

④被害者の対応

⑤動機、原因を特定

⑥被害者の対応

⑦犯人の動機及び有形力の行使状況を個々具体的に記載
⑧犯人の特定（特徴）
⑨犯人の動機及び有形力行使状況を個々具体的に記載

⑩被害者の対応

⑪数人による傷害の場合には、各犯人の犯行手段・方法を個別に記載

⑫数人による傷害の場合には、各犯人の犯行手段・方法を個別に記載
⑬暴行の程度を示す

7　傷害罪【手拳殴打傷害】

［被害の模様欄］

　　私は、本日会社の帰りにJR○○駅北口近くのスナック「え①
いぼう」へ行ってお酒を飲んだ後、午後10時50分頃、帰宅する
ためJR○○駅北口の切符自動販売機の所まで歩いていきまし
た。

　　そして、販売機の前でポケットから小銭を出していると、見②
知らぬ20歳くらいのチンピラ風の男の左肩と私の左肩が軽くぶ③
つかったのです。

　　すると、男は「お前は人にぶつかっておいて黙って行き過ぎ④
る気か。」と因縁をつけました。

　　私はお酒を飲んだといってもふらついているわけではない⑤
し、立ち止まっていたのですから「私からぶつかったわけでは
ありませんよ。」と言ったのです。

　　すると、男は、「てめえ、生意気な野郎だ。」と怒鳴りながら、⑥
いきなり右手の拳で私の顔を2、3回殴りつけました。

　　あまりにもとっさのことでしたので、私はよけきれずに、左⑦
目の視力障害を伴う、全治2週間の怪我を負いました。

> **【注】** 凶器使用の場合には、凶器の所持・携帯方法及び種類・
> 　　　形状も必要です。

← ①被害前における被害者の行動・状態

← ②被疑者の特徴

③犯行動機及び発端となった原因（状況＝情状に影響）

④被疑者の言い分

← ⑤被害者の言い分

← ⑥被疑者の犯行状況

← ⑦被害の部位・程度

第３編

総論：人定事項等集約
報告書（参考）総説

第1章 はじめに

基本的内容

1 令和5年6月23日の2つの通達について

　令和5年6月23日、警察庁からは「捜査書類における被害者等の人定事項の記載省略について（通達）」、検察庁からは「警察（付）事件における捜査書類の個人特定情報の不記載について（通知）」が発出されました。

↑本編は、記述の内容が各種重なったり、繰り返しになったりするようなところもありますが、御了承を願います。

　これにより、被害者等の個人情報への配慮の観点から、人定事項を集約した捜査報告書を作成し、原則として（「犯罪を立証するため必要があると認める場合（これは、他の章で後述します）」を除いて）、それ以外の捜査書類に、「氏名及び年齢を除く人定事項を記載しない」ということになりました。

←本編第3章3を参照。

　なお、実際に書類を作成する際には、各所属の指示に従い、十分に注意してください。

←なお、本章はあくまで「参考」とします。

2 人定事項等について

　これの具体例としては、「性別」、「家族関係」、「生年月日」、「住居」、「職業（単に会社名ということだけではなく、通っている学校名も含みます）」、「電話番号」、「使用車両」、「その他個人を特定させることとなる事項」等が該当することになります。

3　被害者等（被疑者及び共犯者を除く）について

これの具体例としては、「被害者」、「目撃者」、「情報提供者」、「通報者」、「逮捕者」、「聞き込み捜査の被聴取者」、「事件に係る通訳人」、「捜索等の立会人」、「告訴人」、「告発人」等が該当することになります。

4　対象外の書類について

これの「対象外の書類」についてですが、以下が該当することになります。

① 微罪処分手続書

② 交通事件における「特例書式」、「簡約特例書式」、「交通簡易書式」、「交通切符等適用事件に係る書類」

③ 各種の令状請求書

④ 証拠金品総目録

ただ、これは、各地検と協議の上で決まるものですので、各所属において、この内容が異なる可能性もありますから、十分に注意してください。

◀今回、特に各県警間で運用の違いがあると感じています。

5　書類作成の順番等について

　原則的には、まず「被害者等人定事項等集約報告書」（以下、単に「人定事項等集約報告書」ともいいます。なお、各県により、この書類の呼称は異なります）を作成することになります。

　次に、人定事項等集約報告書以外の書類を作成することになりますが、この人定事項等集約報告書以外の対象捜査書類については、被害者等の氏名及び年齢のみを記載することになります。

　人定事項等集約報告書は、他の対象捜査書類への引用を考慮する必要があるので、原則、他の捜査書類よりも先に作成する必要があるのです。

←交番相談員の取り扱いについては、各所属の指示に従ってください。

第2章 具体的には（交番での被害届受理時）

1 被害届の訴え出を受理したら

(1) はじめに

　被害者等の人定事項の一元化を図るため、人定事項等集約報告書を作成することになります。

(2) 届出人記載欄

　被害届の届出人記載欄については、届出人の氏名及び押印のみを求めてください。

　なお、被害者の住居・職業・氏名・年齢欄には、被害者の氏名及び年齢のみを記載してください。

(3) 被害者住居が犯行場所

　被害者の住居や使用車両が犯行場所となっている場合については、被害の場所欄には、人定事項等集約報告書の記載項目名を引用してください。

⇐ここも各県警で取り扱いに差があると感じます。

(4) 乗り物盗被害者

　乗り物盗の被害届を受理する場合についても、登録番号等を集約報告書から引用してください。

　ただ、自転車盗については除きます（他と異なる場合もありますので、各県の所属の指示に従ってください）。

2　被害場所が被害者宅の場合

この場合、人定事項等集約報告書から引用しない県もありますので、各県の所属の指示に従ってください。

被　害　届

令和○年7月30日

警視庁　○○　警察署長　殿

届出人住居

ふりがな
氏　　名　　　　　馬場　野武　㊞ ◀- - -

ここでは、届出人に氏名、押印のみを自署させるようにしてください。

（電話　　　　　　　　　　　　）

次のとおり　窃盗　被害がありましたからお届けします。

被害者の住居、職業、氏名、年齢	馬場　野武　（44歳）◀- - -
被害の年月日時	令和○年7月30日　午前8時50分頃
被害の場所	令和○年7月30日付け馬場野武の被害者等人定事項等集約報告書に記載の住居（事件当時）馬場武士方

ここでは氏名、年齢のみを記載してください。ただし、法人又は団体等が被害者である場合は、「代表取締役社長」、「店長」等の役職も法人又は団体等名の後に記載してください。

ここでは、被害者の住居や敷地内、使用車両等が被害場所である場合、「被害の場所」欄には、左記記載例のとおり、人定事項等集約報告書を引用する旨を記載してください。各県の所属の指示に従ってください。

〈ただし、場合により、引用する部分が異なりますので注意願います！〉

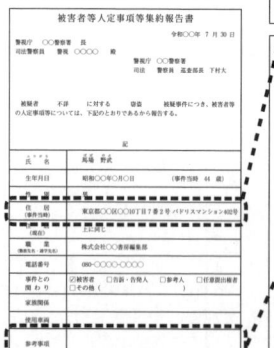

【被害場所が被害者宅等の場合】

住居（事件当時）	東京都○○区○○10丁目7番2号バドリスマンション402号

【被害場所が下記マンション敷地内の場合】

被害場所：東京都○○区○○10丁目7番2号バドリスマンション敷地内

この場合、被害届の被害の場所欄に集約報告書の「住居（事件当時）」を引用すると、被害場所は「東京都○○区○○10丁目7番2号バドリスマンション402号」と部屋番号が含まれてしまうので、下記のとおり参考事項欄に被害場所を記載して引用します。

参考事項	被害の場所東京都○○区○○10丁目7番2号バドリスマンション敷地内

※　なお、被害届の被害の場所欄には「令和○年7月30日付け窃盗の被害者等人定事項等集約報告書に記載の参考事項」と集約報告書の参考事項欄から引用して記載します。

なぜ、このような引用形式にしたのかを考えると、自ずと、記述のスタイルが分かるかと思います。

3　被害届（乗り物盗専用）の場合

←ここでは、警視庁様式の書類（乗り物盗専用）を使用しています。

(1)　自 転 車 盗

被害の模様	私	が、		自転車	を前記場所に止めた車両を盗まれました。	
品名・数量	時価等		特 徴			所 有 者
自 転 車	時価	メーカー・車名	ブリヂストン製・エブリッジ			馬場野武
オートバイ	3万円	年式・型式・インチ	27.5インチ			
種類 原動機付自転車I 原動機付自転車II	相当	排 気 量 等				
		登録(標識)番号	なし			
		防犯登録番号	○○○H10721			
自 動 車	購入年月	車台(体)番号	HG45454			
種類	令和 ○年7月	塗色・形状	緑色			
		自転車種類	1 スポーツ 2 ミニサイクル 3 軽快 4 実用 5 その他（　　　）			
その他	5万円 くらい	施錠設備の有無	1　無　 2　有（後輪に馬蹄錠あり			）
		施錠の状況	1 施錠した。 2 施錠せず。			
1台		変速機・記名・盗難防止装置の有無、ガソリン残量等	5段変速機付き			

←ここでは、自転車の防犯登録番号及び車台（体）番号については、集約報告書から引用しない運用としています。従来どおり被害金品欄のみ記載してください。自転車以外の乗り物盗と記載要領が異なるので注意してください。各県の所属の指示に従ってください。

(2)　オートバイ盗

使用車両	ヤマハ製、ジョグ　　登録番号　○○区　○○1893 車体番号○○ 69-1191195　二輪車防犯登録 H19193945

被害の模様	私	が、		オートバイ	を前記場所に止めた車両を盗まれました。	
品名・数量	時価等		特 徴			所 有 者
自 転 車	時価	メーカー・車名	ヤマハ製・ジョグ			馬場野武
オートバイ	15万 円	年式・型式・インチ	令和○年式・○○・○○○○型			
種類 原動機付自転車I 原動機付自転車II	相当	排 気 量 等	50cc			
		登録(標識)番号	馬場　野武の使用車両			
		防犯登録番号	馬場　野武の使用車両			
自 動 車	購入年月	車台(体)番号	馬場　野武の使用車両			
種類	令和 ○年○月	塗色・形状	白色			
		自転車種類	1 スポーツ 2 ミニサイクル 3 軽快 4 実用 5 その他（　　　）			
		施錠設備の有無	1　無　 2 有（			）
その他	20万 円 くらい	施錠の状況	1 施錠した。 2 施錠せず。	エンジンキーを付けたままでした。		
1台		変速機・記名・盗難防止装置の有無、ガソリン残量等	不明			

←ここでは自動車又はオートバイ等の登録番号及び車台（体）番号については、集約報告書から引用して記載してください。なお、同欄に集約報告書作成日の記載は必要ありません。各県の所属の指示に従ってください。

1　はじめに

　この部分は、各所属でそれぞれ異なるような部分が、特に散見されるため、各書類の作成に当たっては、必ず、各所属の指示に従ってください。

←厳に注意願います。

2　人定事項等集約報告書は必ず作成すること

⑴　はじめに

　被疑者が、たとえ被害者等の人定事項を知っていようと、必ず作成してください。

⑵　後に変更があったら

　人定事項の内容に、変更が生じた場合については、その都度、変更した事項を明らかにした捜査報告書を作成してください。

⑶　交番相談員の代書

　交番相談員が被害届を代書した場合については、人定事項等集約報告書は、警察官が作成してください。

←各県の指示に従ってください。

⑷　触法少年だったら

　触法少年の場合については、人定事項等集約報告書の内容を充足した調査報告書を作成してください。

3　犯罪を立証するために必要があると認める場合

　犯罪を立証するために必要があると認める場合を除いて、「人定事項等集約報告書以外の捜査書類」においては、氏名や年齢以外、個人を特定させることとなる事項は記載しないのは繰り返し述べた通りですが、以下の場合は別となります。

〈犯罪を立証するために必要がある場合とは〉

←ここは特に重要です。

① 「被害場所」、「捜索場所」、「押収場所」、「採取場所等が被害者等の住居地等の場合」

② 「捜査上の必要があって、被害者等の人定事項を捜査関係事項照会書に記載する場合」

③ 「捜査上の必要があって、被害者等の容姿等を撮影する場合」

④ 「被害者等の戸籍謄本」、「住民票」、「身分証等（謄本、複写、写真撮影したものを含む）」

⑤ 「交通事故・事件の当事車両の状況を明らかにするための、実況見分調書への車両番号の記載及び車両番号を含む車両の写真撮影」

4　人定事項等集約報告書の参考事項欄の記載

　被害者等が、未成年者又は被後見人の場合における保護者や、後見人の人定事項等や、住居地から避難している場合における、避難先の名称及び所在地等についても、ここの欄に記載することになります。

5　人定事項等集約報告書の電話番号欄の記載

⬅特に注意を願います。

　他の捜査書類では、電話番号の記載が省略されているため、事実上、「人定事項等集約報告書に電話番号の記載が集約されている」ことから、この電話番号に誤りがあると悪影響が大きいため、誤りのないように注意してください。

6　その他人定事項等集約報告書記載要領

　各欄については、当たり前の記述内容であり、また、県により違いが大きいので、一つひとつの解説は行いませんが、これを見る検察官としては、できるだけ情報を書いてもらえればありがたいところです。

　おや、と思ったら、参考事項欄に記入をしておいてください（正直、少しでも記載があると助かります）。

⬅各県の所属の指示に従ってください。

　また、「○○を希望している～」等の要望等も、書いておく意味があるかと思います。

第４章 その他（各県の所属の指示に従ってください）

1 人定事項を記載した捜査書類の送致

(1) 他と区別する

事件を送致（付）する際に、人定事項を記載した捜査書類につき、他と区別できる何らかの加工を施してください（所属により、付箋を立てたり、書類番号を黒丸で囲んだり、赤丸で囲んだりしています）。

→各県の所属の指示に従ってください。

省略しなければならない人定事項を、誤って記載してしまった場合についても、同様の加工を施してください。

(2) 編綴の順序等

人定事項等集約報告書は、令状請求を行う際には疎明資料に添付し、確実に送致（付）してください。

編綴の順序については、第１回送致（付）時、処分結果通知書の直前に編綴してください（他と異なる場合もありますので、各県の所属の指示に従ってください）。

関係書類の追送の際は、送致（付）書類の末尾に編綴してください（他と異なる場合もありますので、各県の所属の指示に従ってください）。

2　書式変更時の取り扱い

　微罪事件から簡易書式事件や基本書式事件に変更した場合や、交通事故・事件において、特例書式事件から基本書式事件に変更した場合については、変更した時点から作成する捜査書類については、人定事項の記載を省略し、人定事項等集約報告書及び（簡易・基本）書式を変更した経緯について、捜査報告書を作成してください。

　その際、人定事項が記載してある捜査書類については、送致（付）時に、他と区別できる何らかの加工を施してください（所属により、付箋を立てたり、書類番号を黒丸や赤丸で囲んだりしています）。

3　逮捕状請求時における被害者等の個人特定事項の秘匿との違い

⬅ここも、注意してください。

⑴　捜査書類における被害者等の人定事項

　以前、公判手続において、某地方検察庁のマスキング漏れ（送致（付）の後、検察事務官が各種書類に消し漏れがあった際、マスキング処理をしています。人定事項集約報告書の関係も同様です）があったこともあって、被告人に被害者等の人定事項が伝わるおそれがあるため、捜査書類には、必要以上に被害者等の個人情報を記載しないこととしています。

⑵　逮捕状請求時における被害者等の個人特定事項の秘匿

　逮捕状の被疑事実の要旨には、原則、被害者の氏名等を記載していますが、被害者の個人特定事項が被疑者に知られることにより、被害者等の名誉又は社会生活の平穏が著しく害される等のおそれがあると認められる場合については、逮捕状と同時に、被害者等の氏名等を秘匿した「逮捕状に代わるもの」の交付を請求することができます。

4　微罪処分の件について

←各県の所属の指示に
　従ってください。

⑴　はじめに

　原則的には、被害者等についての捜査報告書を作成する場合にお
いては、被害者等人定事項等集約書を作成することになりますが、
例外的に、微罪処分手続書の場合は、被害者等の人定事項を記載で
きることになっています。

⑵　それでも人定事項等集約書を作成する場合

　自転車盗やその占有離脱物横領事件の被害者に、自転車を還付し
て、還付請求を作成する場合と、万引き被害品につき、被害者から
任意提出を受けて、任意提出書と還付請書を作成する場合は、人定
事項等集約書を作成します。

5　人定事項等集約報告書からの引用について

　被害届を始め、人定事項等集約報告書からの引用をする際は、第
２章２のように、「令和○年○月○日付け○○○○の被害者等人定
事項等集約報告書に記載の○○○○（実際は、住居（事件当時や現
在）○○○○方〜と、住居や場所を引用することが多いかと考えま
す。自宅であっても、被害現場であれば記載する県もあるようです）」
とすることとなりますが、これをどの書類のどこに適用するかとい
うことについても、各県によって異なるので、所属の指示に従って
ください（例えば、被害届の中の住居（の欄）にも、引用を適用す
ることもあるようです。ここは空欄の県が大半ですが）。
　今後は、人定事項等集約報告書が書類として存在することを前提
として、各種書類の変更や修正等が行われていくかと考えられます
が、現状は、現在の書類内にある、それぞれの枠や欄の部分を前提
に、対応していくしかないことから、引き続き、各県の所属の指示

に従いながら、各種書類の作成を願います。

　また、人定事項等集約報告書から、個別に引用をする部分（特に立会人の職業の部分等）につき、事件により引用する必要が薄い又は特に無い部分については、引用の記述を省略する（住居のみ等）こと等も考えられます。

←各県の所属の指示に従ってください。

　最後に、本書類の引用に係る運用後、時間や手間等を考慮して、運用が各種改められることがあるかもしれませんので、本編は現状、あくまで「参考」という扱いとしました。

第4編

各論：実況見分調書記載例
（万引き、ひったくり）

1　人定事項等報告書、被害届、写真撮影報告書、現場見取図

◀ここでは、事例を
使って解説します。

【想定事例】

　令和○○年8月7日午後4時50分頃、スーパーマーケット赤塚新町店の警備員川合壮一は、同店の1階食料品売場において、坂田研二がレジ脇のたばこ陳列棚からたばこ4パックを取り、買い物カゴに入れた後、店内をうろついて周囲を気にするような様子であったことから不審に思い、注視していたところ、坂田は、陳列棚の間の通路で当該たばこ4パックをジャンパーの懐に入れ、代金を支払わずに正面出入口から店外へ出たことから、追いかけてその場で声を掛け、現行犯逮捕した。

別記様式

被害者等人定事項等集約報告書

令和○○年 8 月 7 日

警視庁　○○警察署　長
司法警察員　警視　○○○○　　殿

警視庁　○○警察署
司法　警察員　巡査部長　○○○○

　被疑者　　坂田研二　　に対する　　　窃盗　　　被疑事件につき、被害者等
の人定事項等については、下記のとおりであるから報告する。

記

ふりがな 氏　　名	かわい　そういち 川合　壮一
生年月日	平成○年 4 月 15 日　　　　　（事件当時　34　歳）
性　　別	男
住　　居 （事件当時）	埼玉県和光市白子 1 丁目○○番○○号
住　　居 （現在）	同上
職　　業 （勤務先名・通学先名）	会社員（○○警備株式会社　警備員）
電話番号	0487-34-○○○○
事件との 関わり	□被害者　　□告訴・告発人　　☑参考人　　□任意提出権者 □その他（　　　　　　　　　　　　　　）
家族関係	
使用車両	
参考事項	

（注）　□のある欄については、該当の□に✓印を付すこと。

別記様式

被害者等人定事項等集約報告書

令和〇〇年 8 月 7 日

警視庁　〇〇警察署　長
司法警察員　警視　〇〇〇〇　殿

警視庁　〇〇　警察署
司法　警察員　巡査部長　〇〇〇〇

　被疑者　坂田研二　　に対する　　窃盗　　被疑事件につき、被害者等
の人定事項等については、下記のとおりであるから報告する。

記

氏　名 （ふりがな）	神谷　伸一 （かみや　しんいち）
生年月日	昭和〇〇年〇月〇日　　　　　（事件当時　41　歳）
性　別	男
住　居 （事件当時）	東京都板橋区赤塚新町3丁目〇番〇号
住　居 （現在）	同上
職　業 （勤務先名・通学先名）	会社員（株式会社イトーヨーカドー赤塚新町店店長）
電話番号	03-3966-〇〇〇〇
事件との 関わり	☑被害者　　□告訴・告発人　　□参考人　　□任意提出権者 □その他（　　　　　　　　　　　　　）
家族関係	
使用車両	
参考事項	住居は、店舗所在地です。

（注）　□のある欄については、該当の□に✓印を付すこと。

被 害 届

令和〇〇年８月７日

警視庁　〇〇　警察署長殿
　　　　　届出人住居
　　　　　職　　業
　ふりがな　かわい　そういち
　氏　　名　川合　壮一　　　　　　　　　　㊞　　年齢（ 34歳 ）

　　　　　　　　　　　　（電話　自　宅　　　　　　　　　　　　　）
　　　　　　　　　　　　　　　派遣先

次のとおり盗難被害がありましたからお届けします。

被害者の住居 職業、氏名、 年齢	☐　届出人に同じ　　　　☑　下記のとおり 住居 職業　　　　　　　　　　　（電話　　　　　　　　　） ふりがな　かみ や しんいち 氏名　神谷伸一　　　　　　　　　　　　（ 41歳 ）
被害の年月日時	令和〇〇年８月７日（〇曜日）　午後４時50分頃（加ら）　（又は） （―――年　月　日（　曜日）㊞午後　時　分頃まで）
被害の場所	東京都板橋区赤塚新町３丁目〇番〇号 株式会社イトーヨーカドー赤塚新町店１階食料品売場
被害の模様 及　　び 目撃状況等	私は、イトーヨーカドー赤塚新町店の　☐　店長　　です。 　　　　　　　　　　　　　　　　　　　☐　店員 　　　　　　　　　　　　　　　　　　　☐　ガードマン 　上記被害の年月日時、場所において☐　私 　　　　　　　　　　　　　　　　　☐　神谷伸一 が　☐　所有　する次の被害品を　☐　盗まれました。 　　☑　管理　　　　　　　　　　☐　盗んだ（☐　盗もうとした）犯人を捕まえました。 ☑　私　　は、犯人が午後４時50分頃、１階食料品売場のレジ脇のたばこ陳列棚からたばこを取り ☐　上げ買い物カゴに入れ、その後10分くらい経っても買い物カゴの中に先程のたばこだけしか入れ 　ずに周囲を気にするようにキョロキョロしていたのを見て、不審に思い注意して見ていました。 ☐　私　　は、☐　本日　午　時　分頃、 　犯人が 　　　　　　　　　　　　　　　　　　　　　　　　　　　　　売り場で、 　　　　　　　　　　　　　　　　　　　　　　　　　　　　　を 　　　　　　　　　　　　　　　　　　　　　　　　　　　　　盗むところを 　　　　　　　　　　　　　　　　　　　　　　　　　　　　　見ました。 ☑　その後、その男の行動を見ていますと、缶詰類の棚と精米の棚との間の通路で、着てい たジャンパーの懐にたばこのパックを押し込み、空になったカゴをレジの近くへ戻し、代 金を支払わずに店の正面出入口を出て行ってしまいました。私は、男を追いかけ、店外に 出たところで「今店から盗ったものを見せてください。」と声をかけますと、男は、「すみま せん。」と素直に謝り、たばこのパックを取り出しましたので事務所に連れていきました。
既遂未遂の別	☑　既遂　　　　　　☐　未遂

	品　名	個　数	販売価格㊞	特　　徴	所　有　者
被	1　たばこ	2パック	8,600円	メビウス 2パック	□被害者に同じ。 ☑○○○○
害	2　たばこ □別紙記載の とおり	2パック	8,600円	メビウスライト 2パック （1パックは上記すべて10個入りである。）	同上
品	計	4点	17,200円		

被 害 確 認 状 況 及　　び 被 害 品 の 措 置	☑　犯人が盗んだ品物を確認しましたが、当店で取り扱っている商品に間違いありません。 ☑　盗まれた商品は、☑　返してもらいました。 　　　　　　　　　　□　犯人に買い取ってもらいました。 　　　　　　　　　　□
犯人の住居、氏名 又は通称、人相、 着 衣、特 徴 等	☑　犯人は、坂田研二 　　と名乗って☑　います。 　　　　　　　□　いると　　　　　　　　　　　　　　　から聞きました。 ☑　犯人は、☑　身長　　170　　　　センチメートルくらい 　　　　　　☑　体格　　中肉中背 　　　　　　☑　髪型　　七三に分けた 　　　　　　☑　服装　　白色ポロシャツ、紺色ジーンズ 　　　　　　☑　年齢　　40　　　　　歳くらい 　　の☑　男　です。 　　　□　女 　　□ 　　□　わかりません。
その他参考事項	☑　万引きしたことについて、犯人は、「すみません。」と素直に謝りました。 □　私 □　　　　　　の視力は、 ☑　私は、株式会社イトーヨーカドー赤塚新町店に派遣されているガードマンですが、万引き被害について店長神谷伸一から被害の届出を委任されています。 ☑　消費税については、商品個々の本体価格に税率を掛け、1円未満の端数を四捨五入する方法で計算しています。

以上本人の依頼により代書した。

　　　　　　　　　警視庁　　○○　警察署
　　　　　　　　　司法　警察員巡査部長　　○　○　○　○　　㊞

届出受理時間	8 月 7 日午後○ 時○ 分	届出受理者	係	○○○	氏名	○○　○○

注1　□印のある欄については、該当の□印の中にレを付けること。
　2　届出人と被害者とが異なるときは、届出人と被害者との関係及び本人届出の理由をその他参考事項欄に記入すること。

別記様式第2（警視庁様式）

写真撮影報告書（万引き専用）

令和〇〇年8月7日

警視庁　〇〇警察署長
　司法警察員警視　〇〇〇〇　殿

　　　　　　　警視庁　〇〇警察署
　　　　　　　　司法警察員巡査部長　〇〇〇〇　㊞

　被疑者　坂田研二　に対する窃盗被疑事件において、立会人が犯行現場において説明している状況を撮影した結果は、次のとおりであるから報告する。

撮　影　日　時	令和〇〇年8月7日　午後6時15分から 　　　　　　　　　　　午後6時45分まで
撮　影　場　所	東京都　板橋　㋲市㋘郡　赤塚新　㋿町㋸村　3丁目〇番〇号 株式会社イトーヨーカドー赤塚新町店　　　　　店内
状況及び撮影対象	1　本件被害場所の全景 2　立会人が犯行現場を指し示す状況 3　被害品等 4　犯行供用物
立　会　人(甲) ┌住居、職業、┐ └氏名、年齢┘	☐　被疑者　　☐　被害者　　☑　参考人（警備員） 住所　令和〇〇年8月7日付川合壮一の被害者等人定事項 職業　等集約報告書に記載の住居(事件当時)、職業、生年月日 氏名　川合壮一　　　　　年　月　日生（34歳　）
立　会　人(乙) ┌住居、職業、┐ └氏名、年齢┘	☑　被疑者　　☐　被害者　　☐　参考人（　　　　） 住所　東京都八王子市〇〇　〇丁目〇番〇号 職業　無職 氏名　坂田研二　　昭和〇〇年6月5日生（40歳　）
撮　影　者	☑　本職　　☐　当署司法
撮　影　写　真	別添のとおり
参　考　事　項	本報告書に、現場見取図を添付することとした。

（注意）　1　本書は、万引き事件に限り用いることができる。
　　　　　2　☐印のある欄については、該当の☐印の中にレを付けること。

（用紙　日本産業規格A4）

本葉は、被害店舗を南東方向から撮影したものである。

　本葉は、立会人が犯行場所（ジャンパーの懐にたばこを入れた場所）を指し示した状況を撮影したものである。

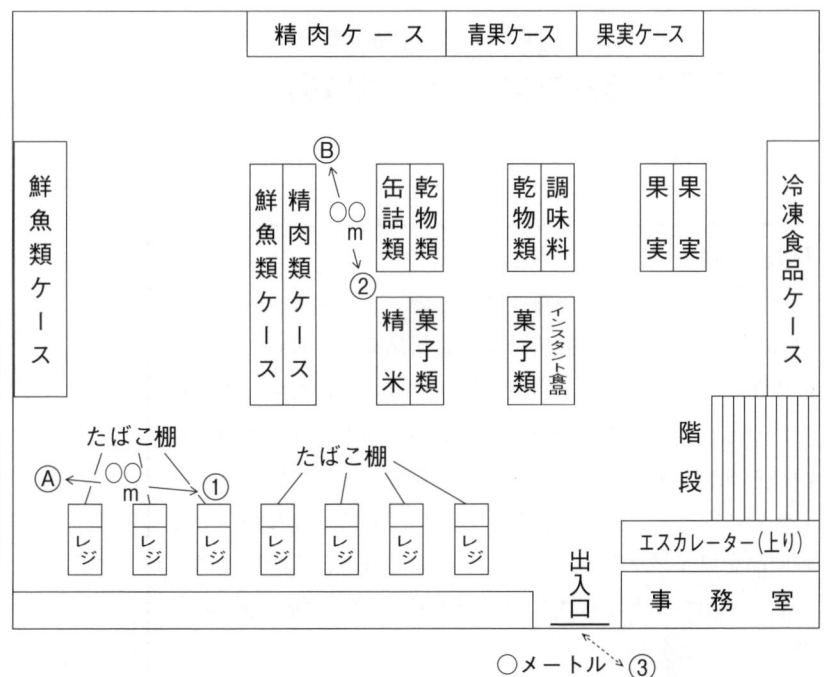

現場見取図
（警視庁方式）

①印は、②で窃取した被害品を被疑者がカゴ
　　に入れた場所
Ⓐ印は、立会人が①を現認した場所　　　　　作成者
②印は、被疑者窃取場所　　　　　　　　　　警視庁○○警察署
Ⓑ印は、立会人が②を現認した場所　　　　　　司法警察員巡査部長
③印は、被疑者確保場所を示す。　　　　　　　○○○○　　㊞

第**4**編……各論：実況見分調書記載例
（万引き、ひったくり）

第2章　万引き②＝ディスカウントストア

基本的内容

1　人定事項等報告書、被害届、写真撮影報告書、現場見取図

⇐ここでは、事例を使って解説します。

【想定事例】

　令和○○年7月4日午後5時30分頃、ディスカウントストアの店長中谷憲一は、同店の1階食料品売場において、高橋一夫が正面出入口から入店後、買い物カゴを持たず、まっすぐ「みそ」等の陳列棚の方向へ向かい、みそパック1個とわかめちりめん1個を手に取ったのを見て、不審に思い、注視していたところ、高橋は、レジの方に歩いて行ったが、上記の商品をマイバッグに入れて、レジを通らず、正面出入口から店外へ出たことから、急いで後を追い、店の前の道路で声を掛け、現行犯逮捕した。

別記様式

被害者等人定事項等集約報告書

令和○○年 7 月 4 日

警視庁　○○警察署　長
司法警察員　警視　○○○○　殿

警視庁　○○警察署
司法　警察員　巡査部長　○○○○

　被疑者　高橋一夫　に対する　　窃盗　　被疑事件につき、被害者等の人定事項等については、下記のとおりであるから報告する。

記

氏　　名 _{ふりがな}	なかや けんいち 中谷　憲一
生年月日	昭和○○年4月15日　　　　　（事件当時　36　歳）
性　　別	男
住　　居 （事件当時）	東京都北区西ヶ原3丁目○○番○号
住　　居 （現在）	上に同じ
職　　業 （勤務先名・通学先名）	会社員（株式会社ディスカウントストア・エース　滝野川店店長）
電話番号	03-3740-○○○○
事件との 関わり	☑被害者　□告訴・告発人　□参考人　□任意提出権者 □その他（　　　　　　　　　　　　）
家族関係	
使用車両	
参考事項	住居、電話番号は店舗所在地、店舗の電話番号です。

（注）　□のある欄については、該当の□に✓印を付すこと。

被　害　届

令和〇〇年7月4日

警視庁　〇〇　警察署長殿
届出人住居
職　業
<ruby>氏<rt>ふ</rt></ruby>　名　中谷　憲一　　　　　　　　　　㊞　年齢（ 36歳 ）
（電話　　　　　　　　）

次のとおり盗難被害がありましたからお届けします。

被害者の住居職業、氏名、年齢	☑ 届出人に同じ　　　☐ 下記のとおり 住居 職業　　　　　　　　　　（電話　　　　　　　） ふりがな 氏名　　　　　　　　　　　　　　（　歳 ）
被害の年月日時	令和〇〇年7月4日（〇曜日）　午後5時25分頃から （～～年～月～日（～曜日））　午後5時35分頃まで の間
被害の場所	東京都北区西ヶ原2丁目〇番〇〇号 株式会社ディスカウントストア・エース滝野川店1階食料品売場
被害の模様及び目撃状況等	私は、株式会社ディスカウントストア・エース滝野川店の ☑店長 ☐店員 です。 上記被害の年月日時、場所において ☑私（　　　） が ☐所有 ☑管理 する次の被害品を ☐盗まれました。☑盗んだ（☐盗もうとした）犯人を捕まえました。 ☑私 は、犯人が店備付のカゴも持たず、正面出入口からまっすぐ「みそ」等の陳列棚の方向へ行き、午後5時25分頃から同30分頃までの間に、みそパックとわかめちりめんの入った袋を手にしたのを見て、不審に思い、注意して見ていました。 ☐私 は、☐本日☐午　時　分頃、 犯人が 　　　　　　　　売場で、を盗むところを見ました。 ☑その後、その男の様子を10メートルくらい離れた場所から見ていました。私は「レジで精算するだろう」と思ってレジの方へ歩いていく姿を見ていたところ、その男の人は、商品をそのままマイバッグに入れて、レジを通らず表出入口から出て行ってしまったため、急いで後を追い、道路へ出たところで、声をかけましたところ万引きを認めましたので事務所に連れていきました。
既遂未遂の別	☑ 既遂　　　　☐ 未遂

	品　名	個数	販売価格（消費税込み）	特　徴	所　有　者
被	1　みそパック	1個	318円	タケヤ味噌（〇〇グラム）	□被害者に同じ。 ☑〇〇〇〇
害	2　わかめちりめん 　□別紙記載のとおり	1袋	263円	味のカクサ株式会社 （〇〇グラム）	同上
品	計	2点	581円		

被害確認状況及び被害品の措置

☑　犯人が盗んだ品物を確認しましたが、当店で取り扱っている商品に間違いありません。
☑　盗まれた商品は、□　返してもらいました。
　　　　　　　　　　☑　犯人に買い取ってもらいました。

犯人の住居、氏名又は通称、人相、着衣、特徴等

☑　犯人は、高橋一夫
　　と名乗って☑います。
　　　　　　　□いると思われます。

☑　犯人は、☑　身長　160　センチメートルくらい
　　　　　　☑　体格　中肉中背
　　　　　　☑　髪型　白髪交じり
　　　　　　☑　服装　白ジャンパー、黒革靴、黒ズボン
　　　　　　☑　年齢　60　歳くらい
　　の　☑　男　　　です。
　　　　□　女

☑　一見サラリーマン風
□　わかりません。

その他参考事項

☑　万引きしたことについて、犯人は、認めています。
☑　私　　　　　　の視力は、左右とも1.5です。
☑　消費税については、商品個々の本体価格に税率を掛け、1円未満の端数を四捨五入する方法で計算しています。

以上本人の依頼により代書した。

警視庁　〇〇　警察署
司法　　届出受理者　〇〇〇　　氏名　〇〇〇〇　印
　　　　警察員巡査部長　〇〇〇〇　　〇〇　〇〇

届出受理時間	7 月 4 日午後 〇時〇分

注1　□印のある欄については、該当の□印の中にレを付けること。
　2　届出受理者と被害者とが異なるときは、届出人と被害者との関係及び本人届出の理由をその他参考事項欄に記入すること。

写真撮影報告書（万引き専用）

令和○○年8月7日

警視庁　○○警察署長

　司法警察員警視　○○○○　殿

　　　　　　　　　警視庁　○○警察署

　　　　　　　　　　司法警察員巡査部長　○○○○　㊞

　被疑者　高橋一夫　に対する窃盗被疑事件において、立会人が犯行現場において説明している状況を撮影した結果は、次のとおりであるから報告する。

撮　影　日　時	令和○○年8月7日　午後6時00分から 　　　　　　　　　午後6時05分まで
撮　影　場　所	東京都　北　⊗区市郡　西ヶ原　町村2丁目○番○○号 　　　　　　　　　　　　　　　　　　　　　　　　店内
状況及び撮影対象	1　本件被害場所の全景 2　立会人が犯行現場を指し示す状況 3　被害品等 4　犯行供用物
立　会　人（甲） ┌住居、職業、┐ └氏名、年齢┘	□　被疑者　☑　被害者　□　参考人（　　　　） 住所　令和○○年7月4日付中谷憲一の被害者等人定事項 職業　等集約報告書に記載の住居（事件当時）、職業、生年月日 氏名　中谷憲一　　　　　　年　月　日生（36歳）
立　会　人（乙） ┌住居、職業、┐ └氏名、年齢┘	☑　被疑者　□　被害者　□　参考人（　　　　） 住所　東京都江戸川区○○3丁目○番○号 職業　無職 氏名　高橋一夫　　昭和○○年12月8日生（60歳）
撮　影　者	☑　本職　　□　当署司法
撮　影　写　真	別添のとおり
参　考　事　項	本報告書に、現場見取図を添付することとした。

（注意）　1　本書は、万引き事件に限り用いることができる。
　　　　　2　□印のある欄については、該当の□印の中にレを付けること。

（用紙　日本産業規格A4）

犯行供与物

被害品

印　　　　　印

①

本葉は、被疑者が被害品等を指し示した状況を撮影したものである。
　↓印は、被害品のみそパック、わかめちりめん
　↓印は、犯行供与物のマイバッグ

わかめちりめん　　　　　　みそパック

②

印　　　　　印

本葉は、被害品を撮影したものである。
　↓印は、被害品のみそパック
　↓印は、被害品のわかめちりめん

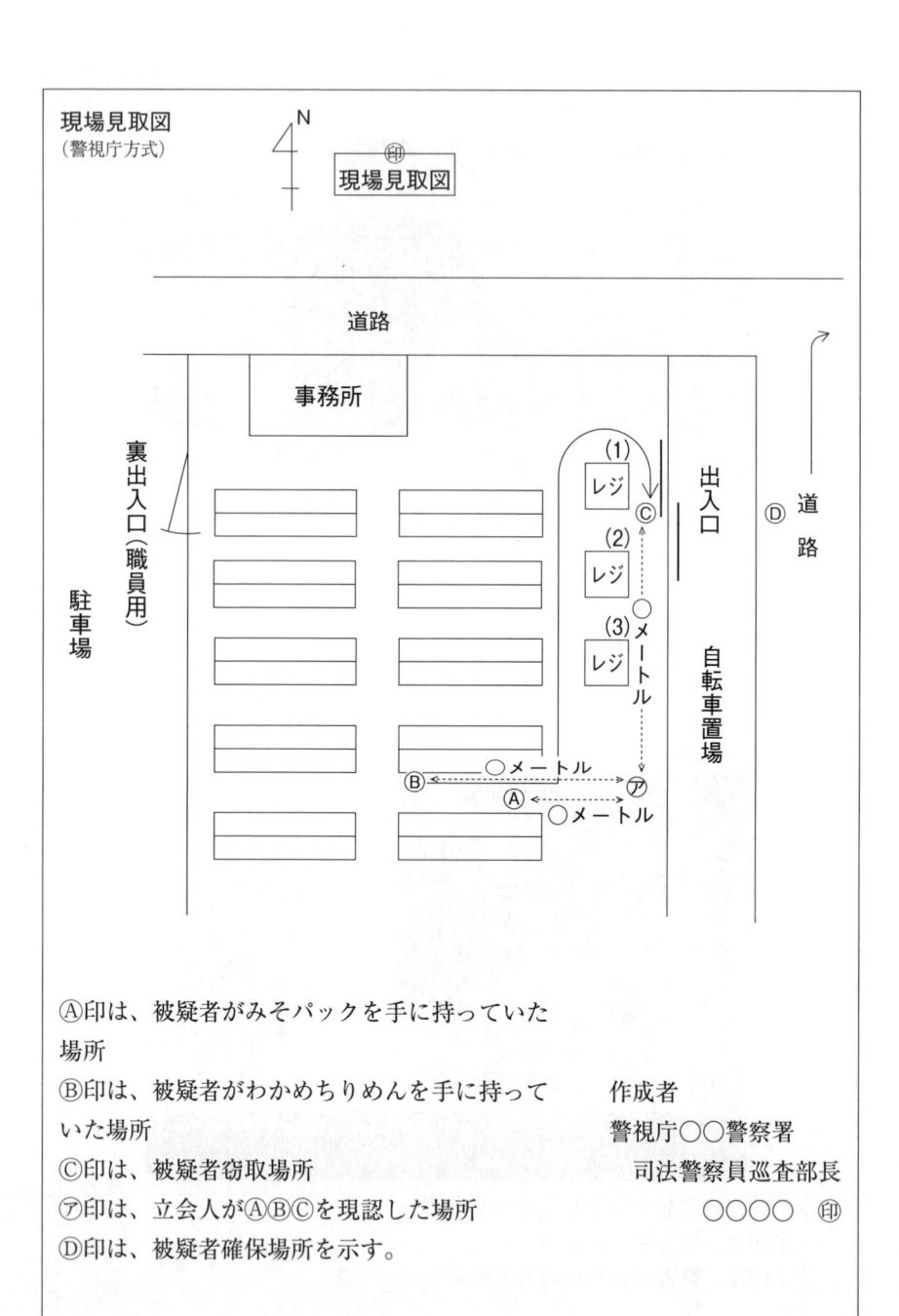

A印は、被疑者がみそパックを手に持っていた
場所

B印は、被疑者がわかめちりめんを手に持って
いた場所

C印は、被疑者窃取場所

㋐印は、立会人がABCを現認した場所

D印は、被疑者確保場所を示す。

作成者
　警視庁○○警察署
　　司法警察員巡査部長
　　　○○○○　　㊞

1 人定事項等報告書、被害届、写真撮影報告書、現場見取図

←ここでは、事例を使って解説します。

【想定事例】

　令和○○年８月10日午後０時０分頃、○○百貨店○○店の店員岡田道夫は、同店の１階食料品売場において鮮魚陳列棚に魚の補充をしていたが、男（石岡サトル）が商品を手当り次第買い物カゴに入れているのを見て、注視していたところ、男は、陳列棚の間の通路に入り、背を向けてしゃがみ、買い物カゴに入れた商品を全て、手持ちのビニール袋に入れ替えた。そして、男は空のカゴをレジの横に戻し、代金を支払わずに西側の出入口から店外へ出たことから、店員岡田道夫は、店の前の道路で声を掛け、現行犯逮捕した。

別記様式

被害者等人定事項等集約報告書

令和○○年 8 月 10 日

警視庁　○○警察署　長
司法警察員　警視　○○○○　殿

警視庁　○○警察署
司法　警察員　巡査部長　○○○○

　被疑者　石岡サトル　に対する　　窃盗　　被疑事件につき、被害者等の人定事項等については、下記のとおりであるから報告する。

記

氏　名 (ふりがな)	岡田　道夫 (おかだ みちお)
生年月日	昭和○○年７月７日　　　　（事件当時　40　歳）
性　別	男
住　居 (事件当時)	千葉県松戸市松戸○○○○番○○号
住　居 (現在)	上に同じ
職　業 (勤務先名・通学先名)	会社員（○○百貨店○○店１階食品売場担当）
電話番号	047-○○○-○○○○
事件との関わり	□被害者　　□告訴・告発人　　☑参考人　　□任意提出権者 □その他（　　　　　　　　　　　　　）
家族関係	
使用車両	
参考事項	

（注）　□のある欄については、該当の□に✓印を付すこと。

別記様式

被害者等人定事項等集約報告書

令和○○年 8 月 10 日

警視庁　○○警察署　長
司法警察員　警視　○○○○　　殿

警視庁　○○警察署
司法　警察員　巡査部長　○○○○

　被疑者　石岡サトル　に対する　　　窃盗　　　被疑事件につき、被害者等
の人定事項等については、下記のとおりであるから報告する。

記

ふりがな 氏　名	しらい　かずお 白井　和夫
生年月日	昭和○○年○月○日　　　　　　（事件当時　43　歳）
性　別	男
住　居 （事件当時）	東京都葛飾区○○１丁目○○番○号
住　居 （現在）	上に同じ
職　業 （勤務先名・通学先名）	会社員（株式会社○○百貨店○○店店長）
電話番号	03-○○○○-○○○○
事件との 関 わ り	☑被害者　□告訴・告発人　□参考人　□任意提出権者 □その他（　　　　　　　　　　　　　　　　）
家族関係	
使用車両	
参考事項	

（注）　□のある欄については、該当の□に✓印を付すこと。

被　害　届

令和〇〇年８月10日

警視庁　〇〇　警察署長殿
届出人住居
職　業
氏　名　岡田　道夫　　　　　　　　　㊞　　年齢（40歳）
（電話　　　　　　　　　　　）

次のとおり盗難被害がありましたからお届けします。

被害者の住居、職業、氏名、年齢	☐　届出人に同じ　　　　☑　下記のとおり 住居 職業　　　　　　　　（電話　　　　　　　　　　　） 氏名　　　　　　　　　　　　　　白井和夫（43歳）
被害の年月日時	令和〇〇年８月10日（〇曜日）　午後０時00分頃（から）　（の間） （　　年　月　日（　曜日）㊞午　　時　分頃まで）
被害の場所	東京都足立区〇〇１丁目〇〇番〇号 株式会社〇〇百貨店〇〇店１階食料品売場
被害の模様及び目撃状況等	私は、株式会社〇〇百貨店〇〇店　の ☐店長 ☑店員 ☐　です。 上記被害の年月日時、場所において ☐私 ☑白井和夫　（店長） が ☐所有 ☑管理 する次の被害品を ☐盗まれました。 ☑盗んだ（☐盗もうとした）犯人を捕まえました。 ☐私　　　は、犯人が を見て、不審に思い注意して見ていました。 ☑私　　　は、☑本日 ☐日 午後　０時40分頃、 犯人が株式会社〇〇百貨店〇〇店１階食料品　　　　売場で、 白菜の漬物など　　　　　　　　　　　　　　　　を盗むところを 〇〇メートル離れたところから　　　　　　　　見ました。 ☑　本日午後０時頃、１階鮮魚陳列棚に、魚の補充をしていたところ、年齢40歳くらいの男性が店舗備付の黄色プラスチックカゴを左手に１個持ち、商品を手当り次第に入れているのを見ました。私は、引き続き、魚の補充をしながらその男性の方を見ていたら、その男性が陳列棚と陳列棚の間の通路に入り、私の方に背を向けしゃがみこんで、ビニール袋に商品を入れ替えていたのです。私は「万引きだ。」と思い、その男性の後を付けていったところ、その人は空のカゴをレジのところへ戻し、支払いもせず西出入口から出て行ったので、店の前の道路で声をかけたのです。
既遂未遂の別	☑　既遂　　　　　☐　未遂

（その2）

（消費税の取扱いは警視庁での運用です）　（消費税込み）

	品　名	個　数	販売価格㊞	特　徴	所　有　者
被	1　白菜の漬物	1個	158円		□被害者に同じ。☑○○○○
	2　なめこ	1袋	118円		同上
	3　トマト	1パック	268円		同上
	4　エシャレット（野菜）	1個	148円		同上
	5　りんご	1パック	498円		同上
害	6　柿	1パック	598円		同上
	7　もずく	3パック	750円		同上
	8　大福	1パック	150円		同上
	9　ふかひれスープ	2個	736円		同上
	10　かぼちゃスープ	1個	268円		同上
品	11　HIミルク	1缶	1,835円		同上
	12　紙おむつ（エリエールフレンド）	1袋	1,900円		同上
	□別紙記載のとおり				
	計	15点	7,427円		

被害確認状況及び被害品の措置
☑犯人が盗んだ品物を確認しましたが、当店で取り扱っている品物に間違いありません。
☑盗まれた商品は、☑返してもらいました。□犯人に買い取ってもらいました。

犯人の住所、氏名又は通称、人相、着衣、特徴等
☑犯人は、石岡サトルと名乗っています。
☑犯人は、☑身長　180　センチメートルくらい ☑体格　中肉中背 ☑髪型　ショートヘアー ☑服装　白色シャツ、黒色ズボン ☑年齢　40　歳くらい
の ☑男　□女 です。
□
□
□わかりません。

その他参考事項
☑万引きをしたことについて、犯人は、認めています。
□私　の視方法は、裸眼で両目とも1.0です。店内は明るい状態でした。
☑私は店員ですが、店長から万引きを被害者を届け出る権限を与えられています。
☑消費税については、商品個々の本体価格に税率を掛け、1円未満の端数を四捨五入する方法で計算しています。

以上本人の依頼により代筆した。

警視庁　○○警察署
司法　警察員　巡査部長　○○○　○　○○○　印
氏名　○○　○○

届出受理時間	8月10日午後○時○分	届出受理者	係　○○○

注1　□印のある欄については、該当の□印の中にレを付けること。
2　届出人と被害者とが異なるときは、届出人と被害者との関係及び本人届出の理由をその他参考事項欄に記入すること。

写 真 撮 影 報 告 書（万引き専用）

令和○○年 8 月10日

警視庁　○○警察署長

　司法警察員警視　○○○○　殿

警視庁　○○警察署

司法警察員巡査部長　○○○○　㊞

　被疑者 石岡サトル に対する窃盗被疑事件において、立会人が犯行現場において説明している状況を撮影した結果は、次のとおりであるから報告する。

撮　影　日　時	令和○○年 8 月10日　午後 0 時40分から 　　　　　　　　　　午後 0 時50分まで
撮　影　場　所	東京都　足立　区市郡　○○　町村　1 丁目○○番○号 株式会社○○百貨店○○店 1 階食料品売場　　　店内
状況及び撮影対象	1　本件被害場所の全景 2　立会人が犯行現場を指し示す状況 3　被害品等 4　犯行供用物
立　会　人(甲) ┌住居、職業、┐ └氏名、年齢┘	□　被疑者　□　被害者　☑　参考人（売場担当） 住所　令和○○年 8 月10日付岡田道夫の被害者等人定事項 職業　等集約報告書に記載の住居(事件当時)、職業、生年月日 氏名　岡田道夫　　　　　　　年　月　日生（ 40歳 ）
立　会　人(乙) ┌住居、職業、┐ └氏名、年齢┘	☑　被疑者　□　被害者　□　参考人（　　　） 住所　東京都足立区○○ 3 丁目○○アパート103 職業　無職 氏名　石岡サトル　昭和○○年 5 月 3 日生（ 46歳 ）
撮　影　者	☑　本職　　□　当署司法
撮　影　写　真	別添のとおり
参　考　事　項	本報告書に、現場見取図を添附することとした。

(注意)　1　本書は、万引き事件に限り用いることができる。
　　　　2　□印のある欄については、該当の□の中にレを付けること。

（用紙　日本産業規格A4）

本葉は、被害店舗を東方から撮影したものである。

　本葉は、被疑者が犯行場所（商品を買い物かごからビニール袋に入れ替えた場所）を指し示した状況を撮影したものである。

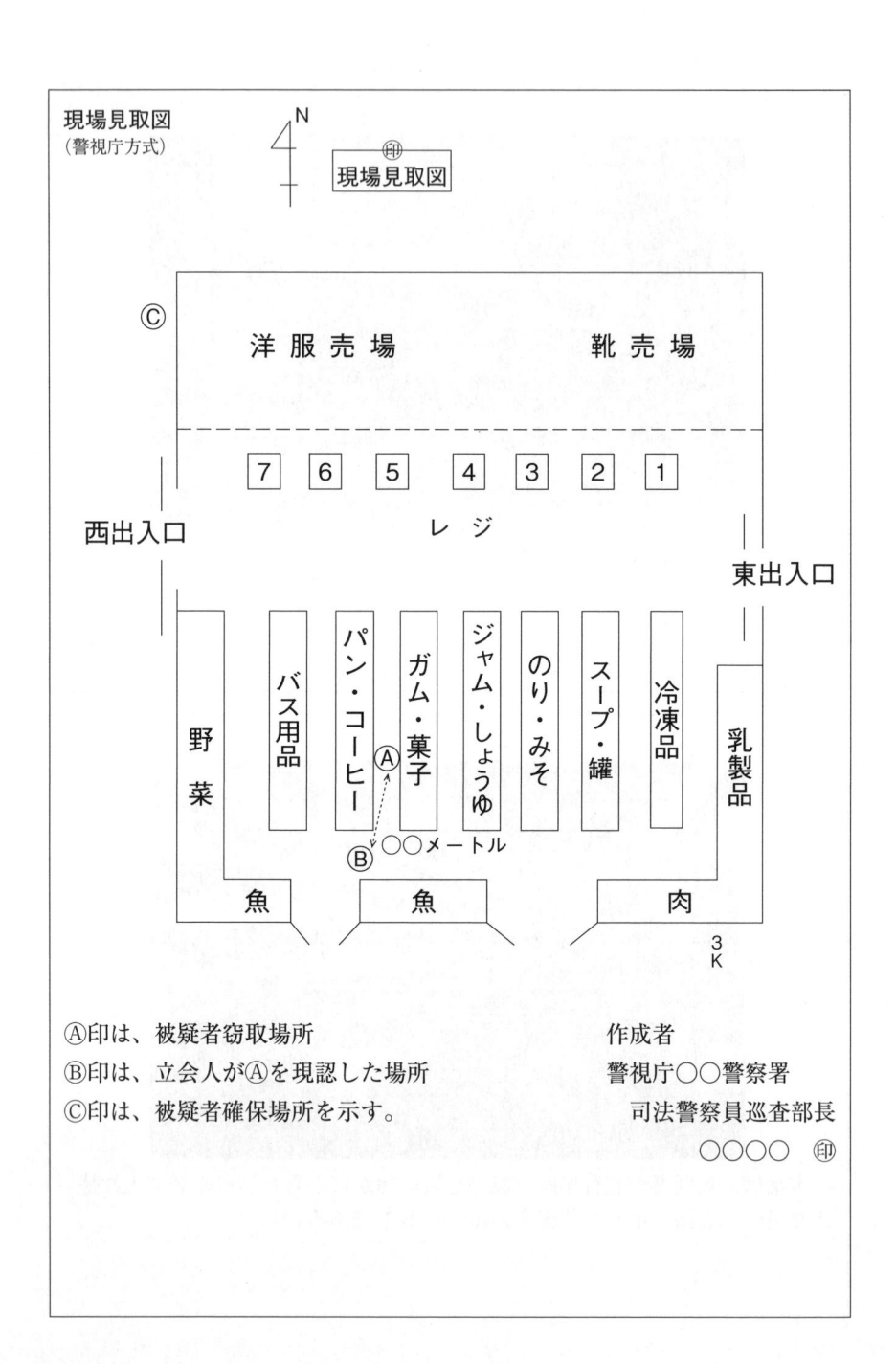

現場見取図
（警視庁方式）

Ⓐ印は、被疑者窃取場所
Ⓑ印は、立会人がⒶを現認した場所
Ⓒ印は、被疑者確保場所を示す。

作成者

警視庁〇〇警察署

司法警察員巡査部長

〇〇〇〇　㊞

第4章 ひったくり①

1 人定事項等報告書、被害届、実況見分調書（簡易書式）

←ここでは、事例を使って解説します。

【想定事例】

　令和○○年9月13日午後8時20分頃、斎藤奈津子は、イヤホンで音楽を聞きながら徒歩で帰宅途中、右側後方から走行してきた白色ライトバンに追い抜かれる際、同車の助手席に乗っていた男に、右肩にかけて所持していたショルダーバッグをひったくられ、同車はそのまま逃走した。

別記様式

被害者等人定事項等集約報告書

令和○○年 9 月 13 日

警視庁　○○警察署　長
司法警察員　警視　○○○○　　殿

警視庁　○○警察署
司法　警察員　巡査部長　○○○○

　被疑者　　　不詳　　　に対する　　　窃盗　　　被疑事件につき、被害者等の人定事項等については、下記のとおりであるから報告する。

記

氏　　名 （ふりがな）	斉藤　奈津子 （さいとう　なつこ）
生年月日	平成○○年○月○日　　　　　（事件当時　21　歳）
性　　別	女
住　　居 （事件当時）	神奈川県横浜市青葉区高島町2丁目○○番○○号
住　　居 （現在）	上に同じ
職　　業 （勤務先名・通学先名）	会社員（株式会社大和商事　総務課）
電話番号	045-338-○○○○
事件との 関わり	☑被害者　　□告訴・告発人　　□参考人　　□任意提出権者 □その他（　　　　　　　　　　　　）
家族関係	
使用車両	
参考事項	相手方に個人情報を知られたくないため秘匿の希望あり

（注）　□のある欄については、該当の□に✓印を付すこと。

被　害　届

令和○○年9月13日

警視庁○○　警察署長　殿

届出人住居

氏名　　斉藤　奈津子　㊞

（電話　　　　　）

次のとおり　盗　難　　被害がありましたからお届けします。

被害者の住居、職業、氏名、年齢	斉藤奈津子（当時21歳）
被害の年月日時	令和○○年9月13日　午後8時20分頃
被害の場所	東京都渋谷区代官山町○○番○○号 株式会社　本所工業南側道路上
被害の模様	私は、東急東横線代官山駅に向かい徒歩で帰宅途中、左手に生け花を持ち、右肩にショルダーバッグをかけ、スマートホンを聞きながら、前記被害場所付近まで来たら、不良のような男性が歩道にたむろしていたので、車道を歩き、前記被害場所まで来たところ、後方からライトをつけた白っぽいライトバンが私の右側を追い抜きざま、助手席に乗っていた男が自動車を出して左手を出して私の右側の肩にかけていたショルダーバッグをいきなりひったくったのです。そしてその車は、スピードを上げて代官山駅方面に走りました。

被害者氏名	斉藤　奈津子

	品　　　名	数　量	時　　価	特　　　　　徴	所　有　者
被 害 金 品	ショルダーバッグ 在中品	1個	50,000円	ヴァレンチノ製茶色革製 大きさ20×30センチ メートル大のもの	斉藤奈津子
	1　現金 　　60,000円 内訳 {1万円札4枚 {5千円札2枚 {千円札10枚				同　　上
	2　財布	1個	20,000円	ヴァレンチノ製茶色革製	同　　上
	3　自動車免許証	1通		斉藤奈津子名義のもの	同　　上
	4　定期券	1枚		斉藤奈津子名義、東横線横 浜・代官山駅間の令和○○ 年10月1日まで有効のもの	同　　上
	5　化粧ポーチ	1個	5,000円	化粧品在中	同　　上
	6　預金通帳	1通		京東銀行渋谷支店発 行、斉藤奈津子名義 現在高15万2,345円 口座番号○○号	同　　上

犯人の住居、氏名 又は通称、人相 着　衣、特　徴　等	犯人は白色ライトバンに乗った若い男の2人連れで、人相、服装、車のナンバーは覚えていませんが、運転していた男はメガネをかけていました。
遺留品その他参考 となるべき事項	被害に遭ったときの私の服装は、白色ブラウスにグリーン色のスカートで、ショルダーバッグに入れたスマートホンを聞きながら歩いていました。 私の身長は159センチメートルです。

※　　以上本人の依頼により代書した。
　　　　　　　警視庁○○警察署
　　　　　　　　　司法警察員巡査部長　　○　○　○　○　　㊞

届出受理時間	9月13日午後○時○分	届出受理者	係	○○○	氏名	○○○○

注意　1　届出人と被害者とが異なるときは、届出人と被害者との関係及び本人届出の理由を遺留品
　　　　　その他参考となるべき事項欄に記入すること。
　　　2　届出人の依頼によって警察官が代書したときは、※印欄に「以上本人の依頼により代書した。
　　　　　所属、官職、氏名」を記載し、押印すること。

実 況 見 分 調 書 （甲の1）

令和○○年9月13日

警視庁○○警察署

司法警察員巡査部長　　○　○　○　○　㊞

　被疑者　　不　詳　　に対する　　窃　盗　　被疑事件につき、本職は、下記のとおり実況見分をした。

日　　　　　　時	令和○○年9月13日　　午後8時45分から 　　　　　　　　　　　　午後9時15分まで
場　所、身　体 又　　は　　物	東京都渋谷区代官山町○○番○○号 株式会社本所工業南側道路上及びその付近
目　　　　　　的	犯行の状況を明らかにして証拠を保全するため
立　　会　　人 ┌住居、職業、┐ └氏名、年齢┘	令和○○年9月13日付斉藤奈津子の被害者等人定事項 等集約報告書に記載の住居（事件当時）、職業 　　被害者　斉藤奈津子（当時21歳）

実況見分の経過	現場の位置	現場は、警視庁渋谷警察署代官山交番の北東方図測480メートル、渋谷区立神小学校の南西方図測30メートルの地点である。
	現場付近の状況	現場付近は、住宅地、工場、倉庫の混在地であり、近くに商店、飲食店等は見当たらない。昼夜間とも人車の通行量は少ない。
	現場の状況	1．現場は幅員7.5メートルの舗装道路で白線により歩車道の区別がなされている。 2．立会人は、「私がショルダーバッグをひったくられたのはここです。その時の犯人の車の位置はここです。」と指示したので、当時の被害者の位置に⊗、被疑者の車両の位置にⓎという標識を置き写真撮影した。また、それぞれの位置について測定したところ下図のとおりであった。 　　さらに立会人は「ここと、ここに駐車車両（乗用車）があったのを覚えています。」と指示説明したので、それぞれの場所に Ⓐ、Ⓑ の標識を置き、写真撮影したのち、その位置を測定したところ、「現場の見取図」のとおりであった。 3．現場付近に照明の設備はなく、真っ暗な状況である。
参　考　事　項		1．見分時は曇天であった。 2．実況見分の結果を明らかにするため、当署司法巡査○○○○の撮影した現場写真○○葉を本調書末尾に添付した。

	方　位
（図省略）	N
現場付近の見取図	

	方　位
	N
現　場　の　見　取　図	

現場の見取図（図）

歩道

緑石

本所工業株式会社　渋谷区代官山町○番○号

有限会社丸田

5m

被疑者車両　Y

6.5m

7.5m

至代官山駅

30cm　←歩いてきた方向

2m

1.8m

Ⓐ　　Ⓑ

緑石

ブロック塀

倉庫　株式会社レスリー

歩道　↕0.8m

不良のような男性

（注意）　現場の写真は、別葉とし、撮影者をしてその職名を記入し、署名押印させること。

1

X印 ———→

Y印

㊞　　　　　　　　　　　　㊞

本葉は、犯行場所等を撮影したものである。
　　X印は、被害者の位置
　　Y印は、被疑者車両の位置

2

A 地点

㊞　　　　　　　　　　　　㊞

B 地点

本葉は、駐車車両の位置を撮影したものである。

1　人定事項等報告書、被害届、実況見分調書（基本書式）、写真撮影報告書

⬅ここでは、事例を
使って解説します。

【想定事例】

　令和○○年5月13日午後8時10分頃、木村明美は、帰宅するため住宅街（歩道部分2メートルを含む幅員6メートルの道路）を自転車で走行中、右側後方から走行してきた白色ライトバンに追い抜かれる際、同車の助手席に乗っていた男に、自転車の前カゴに入れていた手提バッグをひったくられ、同車はそのまま逃走した。

別記様式

被害者等人定事項等集約報告書

令和○○年 5 月 13 日

警視庁　○○警察署　長
司法警察員　警視　○○○○　　殿

警視庁　○○警察署
司法　警察員　巡査部長　○○○○

　被疑者　○○○○　に対する　　窃盗　　被疑事件につき、被害者等
の人定事項等については、下記のとおりであるから報告する。

記

氏　　名 （ふりがな）	木村　明美 （きむら　あけみ）
生年月日	平成○○年○月○日　　　　　（事件当時　22　歳）
性　　別	女
住　　居 （事件当時）	東京都調布市入間町１丁目○○番○号
住　　居 （現在）	上に同じ
職　　業 （勤務先名・通学先名）	会社事務員
電話番号	03-○○○○-○○○○
事件との 関わり	☑被害者　　□告訴・告発人　　□参考人　　□任意提出権者 □その他（　　　　　　　　　　　　　　　　　　）
家族関係	
使用車両	
参考事項	

(注)　□のある欄については、該当の□に✓印を付すこと。

被　害　届

令和○○年 5 月13日

警視庁○○　警察署長　殿

届出人住居

氏　　名　　　　　木　村　明　美　　　　㊞
　　（ふ　り　が　な）　　　　（き　むら　あけ　み）

（電話　　　　　　　　　　）

次のとおり　　盗　難　　被害がありましたからお届けします。

被害者の住居、職業、氏名、年齢	木村明美　（当時22歳）（き むらあけ み）
被害の年月日時	令和○○年 5 月13日　午後 8 時10分頃
被害の場所	東京都調布市仙川 1 丁目○○番○○号 仙川有料駐車場先路上
被害の模様	私は今日、自転車に乗って京王線仙川駅から帰宅途中、道路左端を走っていたとき、自転車の右側後方から追い抜きざま白色ライトバンに乗っていた若い男に自転車の前カゴに入れていた、現金等在中の黒色手提バッグをひったくられてしまったのです。

別記様式第6号　　　　　　　　　　　　　　　　　　　　　　　　　　（その2）

	被害者氏名	木村　明　美

	品　　名	数　量	時　　価	特　　　徴	所　有　者
被害金品	手提バッグ	1個	8,000円	黒色革製　30×30センチメートル大	木村明美
	在中品 現金 　　35,000円 内訳{1万円札 　　　5千円札	 3枚 1枚			
	財布	1個	3,000円	赤色革製（2つ折り15×5センチメートル大）	同上
	クレジットカード	1枚		ABCカード（木村明美名義、ABC社発行）	ABC社
	自動車運転免許証	1通		東京都公安委員会発行	木村明美
	定期券	1枚		木村明美名義京王線仙川から新宿まで令和○○年8月5日まで有効のもの	同上
	化粧品	1式	5,000円	口紅ほか5点在中	同上

犯人の住居、氏名又は通称、人相、着衣、特徴等	白っぽいライトバン（トヨタ○○○○）に乗車する年齢20歳前後の若い男の2人組で、助手席の男はパーマ頭に白っぽい長袖のシャツを着用していました。
遺留品その他参考となるべき事項	化粧品の内容については、後で調べて答申書を提出します。

※　以上本人の依頼により代書した。
　　　　　　警視庁○○警察署
　　　　　　　司法警察員巡査部長　　○　○　○　○　　㊞

届出受理時間	5月13日午後○時○分	届出受理者	係	○○○	氏名	○○○○

注意　1　届出人と被害者とが異なるときは、届出人と被害者との関係及び本人届出の理由を遺留品
　　　　　その他参考となるべき事項欄に記入すること。
　　　2　届出人の依頼によって警察官が代書したときは、※印欄に「以上本人の依頼により代書した。
　　　　　所属、官職、氏名」を記載し、押印すること。

実　況　見　分　調　書

令和○○年 5 月13日

　　　警視庁○○警察署

　　　　　司法警察員巡査部長　　○　○　○　○　　　㊞

　被疑者　　不　詳　　に対する　　窃　盗　　被疑事件につき、本職は、下記のとおり実況見分をした。

記

1　実況見分の日時
　　　令和○○年 5 月13日午前 8 時30分から午前 8 時55分まで
2　実況見分の場所、身体又は物
　(1)　東京都調布市○○町○丁目○番○○号
　　　警察庁○○警察署裏庭
　(2)　東京都調布市仙川 1 丁目○○番○○号
　　　　仙川有料駐車場先路上及び付近一帯
3　実況見分の目的
　　　本件の犯行手段方法を明らかにし、証拠を保全するため。
4　実況見分の立会人（住居、職業、氏名、年齢）
　　　令和○○年 5 月13日付木村明美の被害者等人定事項等集約報告書に記載の住居（事件当時）、職業　　（被害者）　木村明美（当時22歳）
5　実況見分の経過
　(1)　現場の位置
　　　　現場は、私鉄京王線仙川駅の南方目測80メートル、本署仙川交番の北東方目測500メートルの地点に位置する（別添現場見取図その 1 参照）。
　(2)　現場付近の模様
　　　　現場付近は、京王線仙川駅付近であるが、住宅街であって、見分時は人通りが多かった（別添現場見取図その 2 参照）。
　(3)　現場の模様及び状況
　　　ア　現場は前記仙川有料駐車場先路上である。

　　　　駐車場先路上は幅員6メートル（ただし歩道部分2メートル含む）のアスファルト舗装道路である。

　イ　同駐車場の北東側には幅6メートルの駐車場出入口がある。

　　　立会人は同駐車場出入口前（別添現場見取図その3の×点参照）に白色自転車を置き、「私が手提バッグをひったくられたのはこの場所です。ひったくられた時の犯人の車の位置はこの辺です。」と指示説明したので、それぞれの位置を測定したところ、別添現場見取図その3のとおりであった。

　　　また、自転車の見分をしたところ、自転車の前カゴの位置については、地面から前カゴの上部まで

　　　　　　90センチメートル

　　　であった。

　ウ　現場見分に先立ち警察庁○○警察署裏庭で犯行状況を再現見分したところ、立会人は、

　　　　　「このようにひったくられた」

　　　と指示説明した。また、当時の明るさについて、

　　　　　「新聞が読めるくらいの明るさだった」

　　　と指示説明した。

⑷　証拠資料

　　なし

⑸　気象状況

　　見分時は、晴天であった。

本実況見分の結果を明確にするため、現場の見取図3枚、当署司法巡査○○○○の撮影した現場写真○○葉を本調書末尾に添付した。

（見取図省略）

1

本葉は令和○○年5月13日午後8時40分頃、東京都調布市仙川1丁目○○番○○号、仙川駐車場先路上において、被害者、木村明美の自転車前かごから、バッグ等を窃取した犯行の状況を再現し、警視庁○○警察署裏庭において撮影したものである。

×印は被疑者役、当署○○巡査、①印は被害者役当署○○巡査を示す。

被疑者○○○○は職務質問時に「自転車に乗った女の人の右横に来た時、体を半分ひねるようにして右手を伸ばし、自転車の前かごからバッグをひったくった。」と説明している。

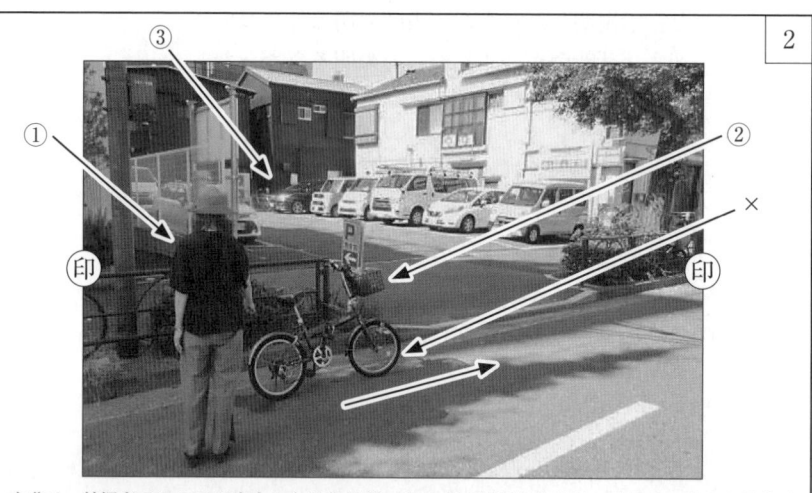

2

本葉は、被疑者○○○○が案内した犯行場所である東京都調布市仙川1丁目○○番○○号仙川有料駐車場先路上の状況を南方から撮影したものである。

×印は被害現場を示す。

①印は被害者（立会人）を示す。　　　②印は被害時に被害者が乗っていた自転車を示す。

③印は仙川駐車場を示す。

↗印は被害時、被害者の進行方向を示す。

第５編

各論：実況見分調書記載例（置引き等）

第1章 | 置引き①＝駅構内

1 人定事項等報告書、被害届、実況見分調書（簡易書式）

← ここでは、事例を使って解説します。

【想定事例】
令和○○年12月18日午後３時30分頃、坂梨太郎は、東京駅のホーム上で、新幹線を待つ待機列に並んでいたが、飲み物を買うため、手提げカバンを待機列に置き、約10メートル離れた自動販売機まで歩いて飲み物を購入し、数分後に元の場所へ戻ったところ、手提げカバンがなくなっていた。

別記様式

被害者等人定事項等集約報告書

令和○○ 年 12 月 18 日

警視庁　○○警察署　　長
司法警察員　警視　○○○○　　殿

警視庁　○○警察署
司法　警察員　巡査部長　甲野太郎

　被疑者　　　不詳　　　に対する　　　窃盗　　　被疑事件につき、被害者等
の人定事項等については、下記のとおりであるから報告する。

記

ふりがな 氏　　名	さかなし　たろう 坂梨　太郎
生年月日	昭和○○年○月○日　　　　　　（事件当時　45　歳）
性　　別	男
住　　居 （事件当時）	埼玉県戸田市水堀1丁目○番○号
住　　居 （現在）	上に同じ
職　　業 （勤務先名・通学先名）	会社員（第一生命保険株式会社　埼玉東営業部）
電話番号	0429-35-○○○○
事件との 関わり	☑被害者　　□告訴・告発人　　□参考人　　□任意提出権者 □その他（　　　　　　　　　　　　　　　　　）
家族関係	
使用車両	
参考事項	

（注）　□のある欄については、該当の□に✓印を付すこと。

被　害　届

令和○○年12月18日

警視庁○○　　警察署長　殿

　　　　届出人住居

　　　　氏　　名　　　　坂 梨 太 郎　　　　㊞
　　　　<small>ふ り が な</small>　　　　　<small>さか なし た ろう</small>

　　　　　　　　　（電話　　　　　　　　　　　　）

次のとおり　　盗　難　　被害がありましたからお届けします。

被害者の住居、職業、<small>ふりがな</small>氏名、年齢	坂梨太郎（当時45歳） <small>さかなしたろう</small>
被 害 の 年 月 日 時	令和○○年12月18日　午後３時30分頃から同日午後３時35分頃までの間
被 害 の 場 所	東京都千代田区丸の内１丁目○番○号 東日本旅客鉄道株式会社東京駅20番線ホーム
被 害 の 模 様	私は本日仕事の関係で新潟へ行こうと、午後３時30分頃東京駅の20番線ホームで新幹線待ちをしていたのです。その際、のどがかわいたので、ホーム上に手提カバンを置き、近くの自動販売機のある所まで行ってドリンクを選んで購入して缶を持って元の場所へ戻ってきたところカバンがなくなっていたのです。その間約５分だと思いますが、カバンは盗まれたものと思いますのでお届けします。

別記様式第6号 （その2）

被害者氏名	坂　梨　太　郎

	品　　　名	数　量	時　　価	特　　　　　徴	所　有　者
被害金品	1　手提カバン	1個	5,000円	黒色革製、縦　横　厚さ○×○×○センチメートル	坂梨太郎
	2　現金15万3,000円内訳1万円札15枚、千円札3枚				同　上
	3　財布	1個	3,000円	黒色革製、2つ折り縦　横　○×○センチメートル	同　上
	4　本	1冊	1,200円	立花隆著「宇宙からの帰還」	同　上

犯人の住居、氏名又は通称、人相、着 衣、特 徴 等	分かりません。
遺留品その他参考となるべき事項	1．私が手提カバンを置いた場所は20番線ホームの5号車乗車位置で、カバンを置いた当時、私の前にサラリーマン風の男性が10人くらい、私の後に大学生風の若い男が2人くらい並んでいました。 2．本は車中で読むため、その日買ったばかりの新品です。 3．小銭は別の小銭入れに入れておいたので盗まれていません。

※　以上本人の依頼により代書した。
　　　　　警視庁○○警察署
　　　　　　司法警察員巡査部長　　甲　野　太　郎　㊞

届出受理時間	12月18日午後○時○分	届出受理者	係	○○	氏名	○○○○

注意　1　届出人と被害者とが異なるときは、届出人と被害者との関係及び本人届出の理由を遺留品
　　　　その他参考となるべき事項欄に記入すること。
　　　2　届出人の依頼によって警察官が代書したときは、※印欄に「以上本人の依頼により代書した。
　　　　所属、官職、氏名」を記載し、押印すること。

実況見分調書（甲の1）

令和○○年12月18日

警視庁○○警察署

司法警察員巡査部長　　甲　野　太　郎　㊞

　被疑者　　不　詳　　に対する　　窃　盗　　被疑事件につき、本職は、下記のとおり実況見分をした。

日　　　　　　時	令和○○年12月18日　午後4時20分から 　　　　　　　　　　　午後4時40分まで
場　所、身　体 又　　は　　物	東京都千代田区丸の内1丁目○番○号 東日本旅客鉄道株式会社東京駅20番線ホーム
目　　　　　　的	犯罪現場の模様を明らかにし、証拠を保全するため
立　　会　　人 ┌住居、職業、┐ └氏名、年齢┘	令和○○年12月18日付坂梨太郎の被害者等人定事項等集約報告書に記載の住居（事件当時）、職業 　　　被害者　坂梨太郎　（当時45歳）

実況見分の経過	現　場　の　位　置	［注］省略
	現場付近の状況	現場の見取図参考。
	現　場　の　状　況	1．現場は20番線ホームの5号車乗車待機場所である。立会人は「この場所に手提カバンを置いたのです。」と指示説明したので、その地点を⊗として距離関係を計測したところ現場の見取図のとおりであった。 2．被害場所の西方12メートルの位置に自動販売機が3台設置してあり、立会人は「私が使った自動販売機はこれです。」と指示したので、その位置を①として距離関係を計測したところ図のとおりであった。
参　　考　　事　　項		実況見分時は晴天であった。

	方 位
	N（図省略）
現 場 付 近 の 見 取 図	

	方 位
	N
現 場 の 見 取 図	

19番線ホーム

線　路

5号車乗車位置　　　　　　　　　　6号車乗車位置

20番線ホーム　　　　　　　　5 m　　黄色線

4 m　　　　　　　10 m　　　4 m　　白線

12 m　　　　　　待機場所

①　　　　　　　　⊗

10 m　　　　　　　　カバンを置いた所

自動販売機
3台　　　　　　21番線ホーム

線　路

22番線ホーム

(注意)　現場の写真は、別葉とし、撮影者をしてその職名を記入し、署名押印させること。

被害現場

本葉は、被害現場の状況を撮影したものである。

←先は、被害品をおいていた場所に類似の手提げカバンをおいて撮影

本葉は、被害者が使用した自動販売機を撮影したものである。

1 人定事項等報告書、被害届、実況見分調書（簡易書式）、現場見取図、写真撮影報告書

←ここでは、事例を
使って解説します。

【想定事例】

令和○○年９月18日午前11時40分頃、高橋由美恵は、駅前のショッピングセンターの敷地内にある休憩スペースにおいて、知人に電話をかけるため、椅子に座り、テーブルの上にセカンドバッグを置いて手帳を開き、スマートフォンを閲覧していたところ、その隙に大木勇が同セカンドバッグを窃取したことに気付き、逃走する大木勇に向かって「ドロボー、ドロボー」と叫びながら追いかけた。すると、事態を察した警備員鮫島吾郎が駆け付け、高橋由美恵と共に大木勇を追いかけ、同ショッピングセンター地下１階のアイスクリーム売場のイートインスペースで、警備員鮫島吾郎が大木勇を現行犯逮捕した。

別記様式

被害者等人定事項等集約報告書

令和○○年 9 月 18 日

警視庁　○○警察署　長
司法警察員　警視　○○○○　殿

　　　　　　　　　　警視庁　○○警察署
　　　　　　　　　　司法　警察員　巡査部長　○○○○

　被疑者　大木　勇　に対する　　窃盗　　被疑事件につき、被害者等
の人定事項等については、下記のとおりであるから報告する。

記

氏　名 ふりがな	高橋　由美恵 たかはし　ゆみえ
生年月日	平成○○年○月○日　　　　　（事件当時　26　歳）
性　別	女
住　居 （事件当時）	東京都中野区中央6丁目○番○号　エクシードマンション 303号室
住　居 （現在）	上に同じ
職　業 （勤務先名・通学先名）	無職
電話番号	03-3692-○○○○
事件との 関わり	☑被害者　　□告訴・告発人　　□参考人　　□任意提出権者 □その他（　　　　　　　　　　　　　）
家族関係	
使用車両	
参考事項	

（注）　□のある欄については、該当の□に✓印を付すこと。

別記様式

被害者等人定事項等集約報告書

令和○○年 9 月 18 日

警視庁　　○○警察署　　長
司法警察員　　警視　○○○○　　殿

警視庁　○○警察署
司法　警察員　巡査部長　○○○○

　被疑者　　大木　勇　　に対する　　　窃盗　　　被疑事件につき、被害者等
の人定事項等については、下記のとおりであるから報告する。

記

<ruby>氏<rt>ふりがな</rt></ruby>　　名	鮫島　吾郎
生年月日	昭和○○年○月○日　　　　　　　（事件当時　53　歳）
性　　　別	男
住　　　居 （事件当時）	東京都国立市北 5 丁目○番○○号
住　　　居 （現在）	上に同じ
職　　　業 （勤務先名・通学先名）	警備員（△△警備株式会社）
電話番号	042-○○○-○○○○
事件との 関 わ り	□被害者　　□告訴・告発人　　☑参考人　　□任意提出権者 □その他（　　　　　　　　　　　　　）
家族関係	
使用車両	
参考事項	

（注）　□のある欄については、該当の□に✓印を付すこと。

被　害　届

令和〇〇年9月18日

警視庁〇〇　警察署長　殿

届出人住居

氏　名　　　　高橋　由美恵　　㊞
（ふりがな　たか　はし　ゆ　み　え）

（電話　　　　　　　　　　）

次のとおり　　盗　難　　被害がありましたからお届けします。

被害者の住居、職業、氏名、年齢	高橋由美恵（当時26歳）（ふりがな　たかはしゆみえ）
被害の年月日時	令和〇〇年9月18日　午前11時40分頃
被害の場所	東京都中野区中野5丁目〇〇番〇号 株式会社ミルキーウェイショッピングセンター3階 　屋外テラスコーナー
被害の模様	私は、本日の午前11時40分頃、ミルキーウェイショッピングセンターの3階にある屋外テラスコーナーで知人にスマホをかけようとして、その電話番号を調べるためセカンドバッグからアドレス帳を取り出し、セカンドバッグをテーブルの上に置き、アドレス帳を見ていた一瞬の隙にセカンドバッグを男の人にひったくられました。逃げていく犯人に向かって「ドロボー、ドロボー」と叫びながら3階、2階へと追いかけたところ、ガードマンが駆けつけてくれ、一緒に犯人の男が逃げていった地下1階のアイスクリーム売場の所まで追いかけて、その犯人を捕まえてくれました。

被害者氏名	高 橋　由美恵

	品　　　名	数　量	時　　価	特　　　　徴	所　有　者
被害金品	セカンドバッグ 在中品 1　現金 　　43,000円 内訳 1万円札4枚、 千円札3枚	1個	55,000円	黒色革製、縦　横　厚さ ○×○×○センチメートル	高橋由美恵 同　　上
	2　財布	1個	3,000円	黄色革製、2つ折り 縦　横　○×○センチメートル	同　　上
	3　手帳	1冊	20,000円	グッチ小型手帳	同　　上

犯人の住居、氏名 又は通称、人相、 着　衣、特　徴　等	分かりません。
遺留品その他参考 となるべき事項	

※　　以上本人の依頼により代書した。 　　　　　　警視庁○○警察署 　　　　　　　　司法警察員巡査部長　　○　○　○　○　　㊞

届出受理時間	9月18日午後○時○分	届出受理者	係	○○○	氏名	○○○○

注意　1　届出人と被害者とが異なるときは、届出人と被害者との関係及び本人届出の理由を遺留品
　　　　　その他参考となるべき事項欄に記入すること。
　　　2　届出人の依頼によって警察官が代書したときは、※印欄に「以上本人の依頼により代書した。
　　　　　所属、官職、氏名」を記載し、押印すること。

実 況 見 分 調 書（甲の1）

令和○○年9月18日

　　　　警視庁○○警察署

　　　　　司法警察員巡査部長　　○　○　○　○　㊞

　被疑者　　大　木　　勇　　に対する　　窃　盗　　被疑事件につき、
本職は、下記のとおり実況見分をした。

日　　　　　　時	令和○○年9月18日　　午後6時00分から 午後6時50分まで
場　所、身　体 又　　は　　物	東京都中野区中野5丁目○○番○○号 　株式会社ミルキーウェイショッピングセンター、3階屋外テラスコーナー及び同所から地下1階アイスクリーム売場に至る階段通路
目　　　　　　的	犯行の状況を明らかにし証拠を保全するため
立　　会　　人 ┌住居、職業、┐ └氏名、年齢┘	被害者　令和○○年12月18日付高橋由美恵の被害者等人定事項等 　　　　集約報告書に記載の住居（事件当時）、職業 　　　　　　　　　　　　　　　高橋由美恵　（当時26歳） 逮捕者　令和○○年12月18日付鮫島吾郎の被害者等人定事項等 　　　　集約報告書に記載の住居（事件当時）、職業 　　　　　　　　　　　　　　　鮫島吾郎　（当時53歳）

実 況 見 分 の 経 過	現　場　の　位　置	現場は、JR中野駅北口より、北方目測300メートル、○○警察署より東方図測500メートルの所にあるショッピングセンタービルである。
	現場付近の状況	現場は、ショッピングセンターとして、飲食店、商店が立ち並び、営業時間内（午前10時から午後9時）はかなり人通りが多い。
	現　場　の　状　況	1．被害現場は、ミルキーウェイショッピングセンター3階北側の壁際に設置された屋外テラスコーナーである。当センターは、5階建のショッピングビルで飲食、喫茶、衣料、食料、パチンコ店が入店しており、各階へは、エレベーター、エスカレーター、階段で通じている（現場見取図1参照）。 2．現場の屋外テラスコーナーにはテーブルやイスが東西に置かれており、立会人高橋由美恵は西から2番目のテーブルとイスを指示し「セカンドバッグはこのテーブルの上に置いたのです。」と説明した。同地点は見取図に①と図示した。さらに立会人高橋由美恵は、「バッグがなくなったことに気がつきドロボーと叫んだら、若い男が階段を下りていったので追いかけました。」と説明した。 3．立会人鮫島吾郎は、1階守衛室前から階段方向を指示し「ここに立っていたら階段を駆け下りていく若い男を目撃した。」と説明した。目撃地点をⒶ、男の位置を④と図示した（※記号図示の記載については以下同じ）。 4．1階から地下に通じる階段を下りると食料品売場となっており、下りたすぐ前にお菓子店．その東側がアイスクリーム売場であり、通路にはベンチが配置され通り抜けできないようになっていた。立会人鮫島吾郎は、アイスクリーム売場前のベンチを指示し「犯人はここで先に行けなくなり、捕まった。」と説明した。

参　　考　　事　　項	1．見分時は晴天であった。 2．令和○○年9月18日撮影した現場写真○葉及び見分時撮影した現場写真○葉を本見分調書末尾に添付する。

（簡）様式第５号　　　　　　　　　　　　　　　　　　　　　　　　　　　　　（その２）

	別紙のとおり	方　位
現場付近の見取図		N
	別紙のとおり	方　位
現　場　の　見　取　図		N

（注意）　現場の写真は、別葉とし、撮影者をしてその職名を記入し、署名押印させること。

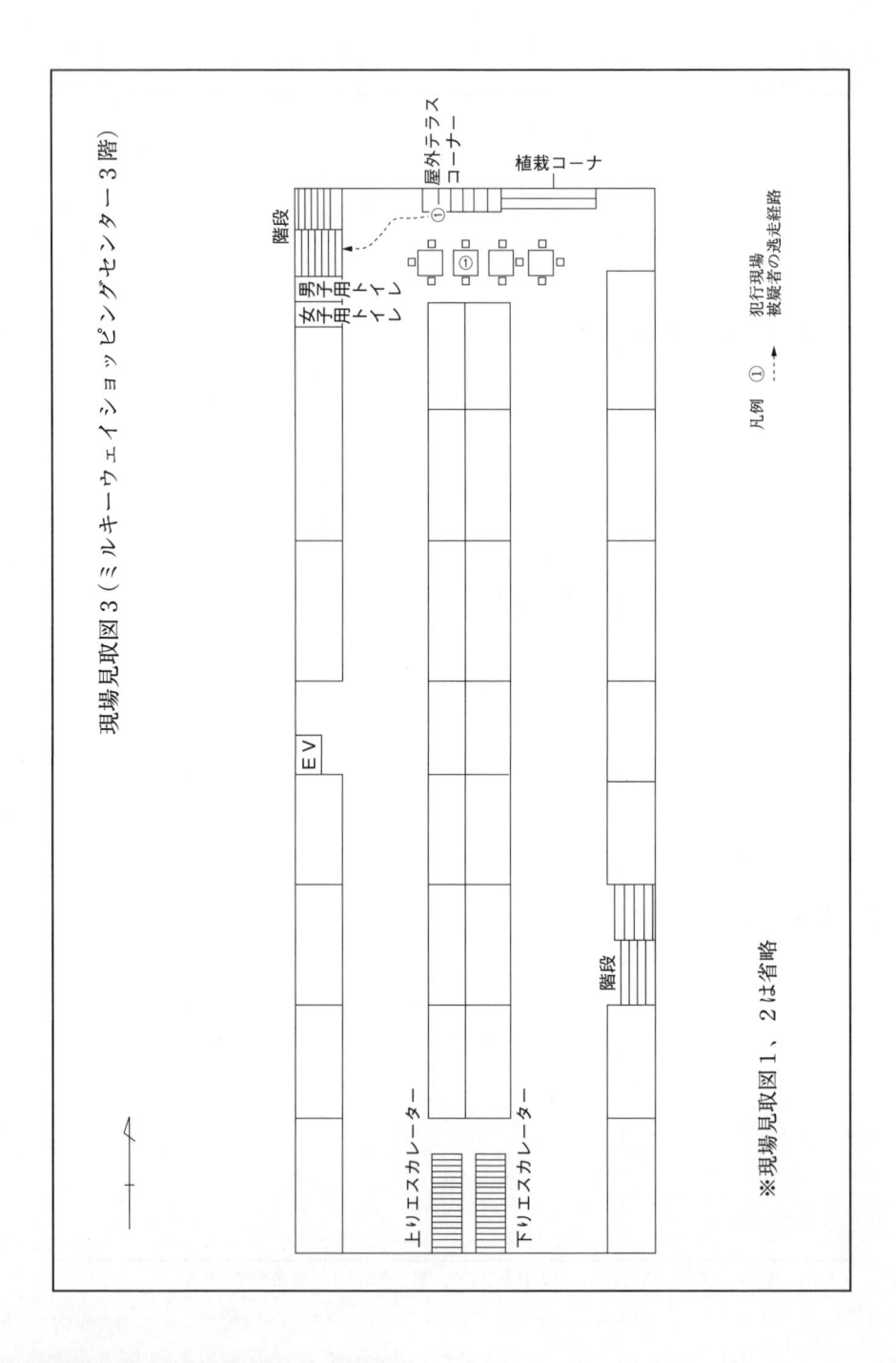

現場見取図3（ミルキーウェイショッピングセンター3階）

※現場見取図1、2は省略

現場見取図４（ミルキーウェイショッピングセンター１階）

至早稲田通り
守衛室
階段
男子用トイレ
女子用トイレ
5m
ⓐ
ⓘ
Ⓒ
ＥＶ
案内所
上りエスカレーター
下りエスカレーター
階段
至中野駅

凡例
ⓐ……逮捕者鮫島吾郎が被疑者大木勇を目撃した位置
--Ⓒ……被疑者大木勇の逃走経路
Ⓒ……被害者のセカンドバッグを遺留した地点

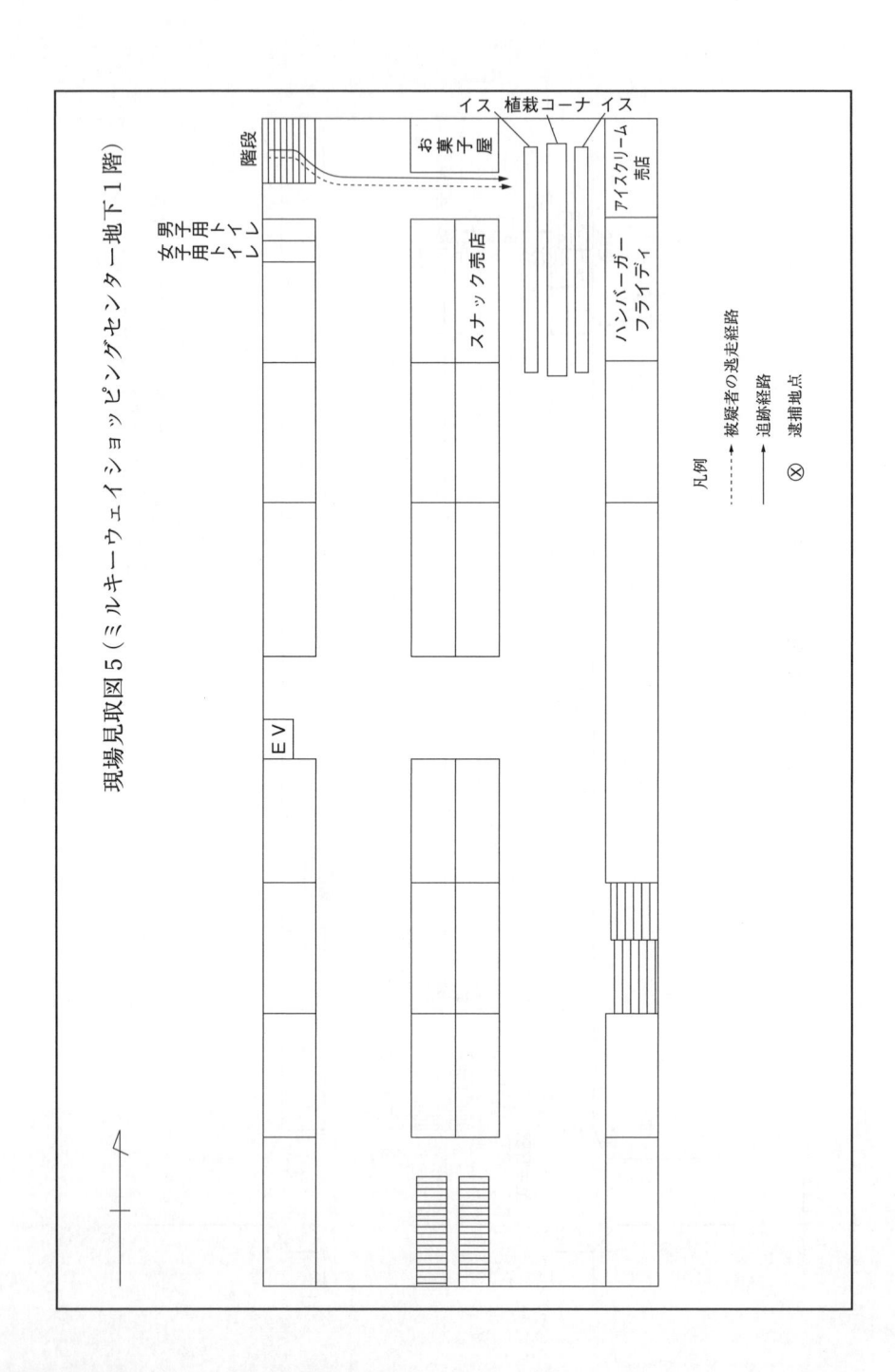

本葉は、被害場所において被害者がテーブル上にセカンドバッグを置いて、アドレス帳を見ている状況を再現したもの（状況を南方から撮影したものである。）
　　〇印は、被害者
　　→印は、被害品のセカンドバッグ
　　→印は、イートインスペース方向

本葉は、被害場所において被害者がテーブル上にセカンドバッグを置いて、スマートフォンを見ている状況を再現したもの（状況を南方から撮影したものである。）。
　　〇印は、被害者
　　→印は、被害品のセカンドバッグ
　　→印は、イートインスペース方向

　本葉は、被疑者にセカンドバッグを盗まれたことに気付き「ドロボー。」と叫んだ状況を再現し、撮影したもの。
　　○印は、被害者
　　□印は、仮想被疑者（本職）

　本葉は、逮捕現場を撮影したもの。
　　×印は、逮捕現場
　　○印は、逮捕者
　　←印は、階段方向

第3章 すり＝ディスカウントストア内

基本的内容

1 人定事項等報告書、被害届、 犯行再現状況報告書

←ここでは、事例を
使って解説します。

【想定事例】

　令和○○年3月15日午後3時45分頃、栗田富士子は、ディスカウントストア「ポロ」店へ買い物に行き、陳列棚から商品を手に取って見ていたところ、警察官○○巡査部長から「奥さん、財布ありますか。」と声を掛けられた。そこで、左腕に通して提げていた手提バッグをの中を捜すと、財布がなく、栗田はこの時点で、財布が盗まれたことを初めて知った。すると、警察官○○巡査部長から「この財布ですか。」と財布を見せられるとともに、財布がすられていたこと及びすり犯人は逮捕されたことを告げられた。

別記様式

被害者等人定事項等集約報告書

令和○○ 年 3 月 15 日

警視庁　○○警察署　長
司法警察員　警視　○○○○　殿

警視庁　○○警察署
司法　警察員　巡査部長　○○○○

　被疑者　山本一夫　に対する　窃盗　被疑事件につき、被害者等
の人定事項等については、下記のとおりであるから報告する。

記

氏　　名 （ふりがな）	くりた　ふじこ 栗田　富士子
生年月日	昭和○○年○月○日　　　　　（事件当時　46　歳）
性　　別	女
住　　居 （事件当時）	東京都目黒区洗足２丁目○番○号
住　　居 （現在）	上に同じ
職　　業 （勤務先名・通学先名）	無職（主婦）
電話番号	03-3911-○○○○
事件との 関 わ り	☑被害者　　□告訴・告発人　　□参考人　　□任意提出権者 □その他（　　　　　　　　　　　　　　　）
家族関係	
使用車両	
参考事項	

（注）　□のある欄については、該当の□に✓印を付すこと。

被　害　届

令和○○年 3 月15日

警視庁○○　警察署長　殿

届出人住居

氏　名　　　　栗 田 富 士 子　　㊞
　　　　　　　　（ふ　り　が　な）（くり　た　ふ　じ　こ）

（電話　　　　　　　　　）

次のとおり　　盗　難　　被害がありましたからお届けします。

被害者の住居、職業、氏名、年齢	栗田富士子（当時46歳）（くりたふじこ）
被害の年月日時	令和○○年 3 月15日　午後 3 時45分頃
被 害 の 場 所	東京都品川区小山 3 丁目○○番○号 ディスカウントストア「ポロ」武蔵小山店台所用品売場
被 害 の 模 様	私は本日、午後 3 時30分頃から、「ポロ」店へ出かけて同店内で、左腕に手提バッグ（黒色ビニール製）と、お店の黄色い買い物カゴを提げて、買い物をし、午後 3 時50分頃、台所用品売場の棚にある茶碗を、見ていたのです。その時、刑事さんから「奥さん、財布ありますか。」と声をかけられたので、手提バッグの中を捜したところ、中に財布は入っていませんでした。すぐに刑事さんから「この財布ですか。」と赤色の財布を見せられたのですが、この時初めてなくなっていたことを知ったのです。警察の方が財布を盗んだ人を捕まえたということですが、いつ盗まれたのか全く分かりませんでした。

	品　　　名	数　量	時　価	特　　　　　徴	所　有　者
被害金品	現金 　67,050円 内訳 　1万円札　6枚 　5千円札　1枚 　千円札　　2枚 　50円貨　1個 財布	 1個	 3,000円	 赤色革製中折れ式のもの	栗田富士子 同　上

被害者氏名　栗　田　富士子

犯人の住居、氏名又は通称、人相、着衣、特徴等	犯人は「山本一夫」という名前の男の人であることが警察の方から聞き分かりました。
遺留品その他参考となるべき事項	財布が入っていた手提バッグの中には黒色ハンドバッグも入っていましたが、このハンドバッグに異状はありませんでした。

※　以上本人の依頼により代書した。
　　　　　　警視庁○○警察署
　　　　　　　司法警察員巡査部長　　○　○　○　○　㊞

届出受理時間	3月15日午後○時○分	届出受理者	係	○○○	氏名	○○○○

注意　1　届出人と被害者とが異なるときは、届出人と被害者との関係及び本人届出の理由を遺留品
　　　　　その他参考となるべき事項欄に記入すること。
　　　2　届出人の依頼によって警察官が代書したときは、※印欄に「以上本人の依頼により代書した。
　　　　　所属、官職、氏名」を記載し、押印すること。

犯行再現状況報告書

令和○○年3月20日

警視庁○○○警察署

司法警察員警部補　　○　○　○　○　　㊞

　被疑者　　山本　一夫　　に対する　　窃　盗　　被疑事件につき、本職は、下記のとおり実況見分をした。

記

1　実況見分の日時
　　　令和○○年3月20日　午前10時35分から午後10時55分まで
2　実況見分の場所、身体又は物
　　　警視庁○○○警察署　刑事課室前廊下
3　実況見分の目的
　　　本件犯行の手段を明らかにし、証拠を保全するため。
4　実況見分の立会人（住居、職業、氏名、年齢）
　　　東京都品川区○○2丁目○○番○号
　　　無職
　　　被疑者　山本一夫（当時56歳）
5　実況見分の経過
　　　被害者栗田富士子の代役を当署刑事課○○○○、被害者が所持していた手提バッグ、被害品の財布は実際に盗まれたもの（任意提出を受けたもの）を利用し、被疑者が犯行当時所持していた上着は被疑者が着用していたもの、手提バッグは代用品を利用して、被疑者の説明に基づきその模様を再現し、実況見分をした。
　　1　被疑者に対し犯行当時の模様について説明を求めたところ
　　　　　被疑者は左腕に上着をかけ左手に、セカンドバッグを抱くようにして持ち、さらに左手に買い物カゴを持ち
　　　　「このようにしていた。」
　　と説明した。
　　　　さらに、被害者の状況について、説明を求めたところ
　　　　「左手にバッグを提げ、買い物カゴを持っていた。」

と説明したので、被疑者の説明に基づき、被害者の被害当時の模様を再現し見分するに

　　　被害者は、左腕に手提バッグを通して提げ、右手に買い物カゴを持った姿勢であった。

　さらに手提バッグ内に入っていた財布の状態について説明を求めたところ

　　　　「このように入っていた。」

と説明し、手提バッグ内に財布を入れたのでその模様を見分するに

　　　手提バッグの中央部分にあるホック式止め金は、外れた状態でその中に赤色財布を縦に入れた状態で、手提バッグの上部から財布まで13センチメートルの位置で、バッグ内をのぞき込まなければ見えない状態

である（写真1、2参照）。

2　被疑者に対し、どの辺りで被害者のバッグを見つけたか説明を求めたところ

　　　被疑者は被害者の横に立ち

　「この付近です。」

と説明したので

　　　被疑者は、本人　　　甲

　　　被害者は、代役　　　×

として写真撮影し測定するに

　　　甲から×までは1.35メートル

で被害者のバッグの方に顔を向けた姿勢であった。

　その位置から確認するに被害者のバッグ内の財布は確認することはできない（写真2参照）。

3　被疑者に対し、犯行の模様について説明を受けたところ

　　　被疑者は被害者の左斜め後方に接近し、被害者が左腕に提げていた手提バッグ内をのぞき込み右手をのばし、右手先をバッグ内に手甲中間付近まで差し入れ、その手を抜いて

　「女の人が向きを変えたので、こうした。」

と説明し、さらに被疑者は

　　　　「女の人がこのようにしたので、こうして盗んだ。」

と説明したので、その模様を再現し写真撮影し見分するに

　　　　被害者が右の方へ体の向きを変えたため被疑者はいったん右
　　手をバッグ内から抜き被害者が再度体を左の方に戻したところ
　　で、被疑者は右手をのばし、右手先をバッグ内に差し入れ拇指、
　　示指、中指、薬指、小指の５本の指で財布をつかみ、抜き取る
　　状況であり、被疑者の右手先は手首までバッグ内に入った状況
　　で財布をつかむ状況

であった。

　　その時の位置は

　　　　被疑者甲から被害者×までは0.4メートルであった（写真３
　　～６参照）。

　４　被疑者に財布を抜き取った後について説明を求めたところ

　　　　抜き取った財布を左胸付近に抱くようにして、所持していた
　　セカンドバッグと胸の間に挟んで隠し、被害者から離れた

状況であった（写真７参照）。

　　被疑者はその後右手で財布を取り出し、財布を広げ

　　　　「ここに千円札、ここに１万円札が入っていたのでこのよう
　　にした。」

と説明しながら財布のカード入れの所に入れた千円札を右手で抜き
取り着用のズボン右外ポケットに入れその後、財布の札入れ部分に
入れた１万円札を右手で抜き取り、その右手を右の方に移動したと
ころで被疑者は

　　　　「ここで捕まった。」

と説明したので、被疑者の説明に基づき、その模様を再現し写真撮
影した（写真８～11）。

　５　証拠資料

　　なし

本見分の結果を明らかにするため、司法警察員○○○○が撮影した写真
○葉を本調書末尾に添付した。

　　　　　　　　　　　　　　　　　（見取図、写真○葉省略）

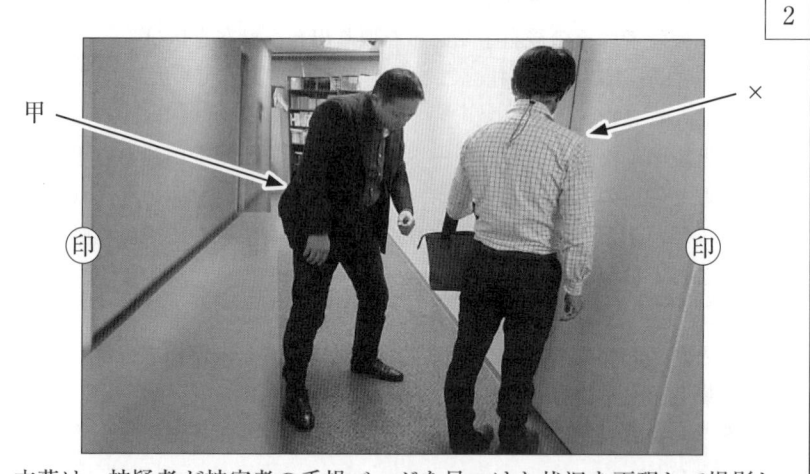

本葉は、手提バッグ内の財布の状況を再現して撮影したものである。

　←印は、被害品の二つ折り財布

本葉は、被疑者が被害者の手提バッグを見つけた状況を再現して撮影したものである。

　　←印甲は、被疑者（山本一夫　本人）

　　←印×は、被害者役　（栗田富士子　役）

第4章　自動販売機ねらい・未遂

基本的内容

1　人定事項等報告書、被害届、実況見分調書（簡易書式）、写真撮影報告書

⬅ここでは、事例を使って解説します。

【想定事例】

　令和○○年３月15日午前○時頃、○○○○○○株式会社の代表取締役中村次郎は、○○警察署の警察官から、「今朝、午前６時過ぎ頃、貴社が○○営業所のビル出入口付近に設置している新聞の自動販売機をドライバーで壊して現金を盗もうとした男がおり、逮捕したので、自動販売機を確認してほしい」旨の電話連絡を受け、直ちに当該自動販売機を確認した。すると、当該自動販売機の扉の部分が破損していたが、施錠はされたままで扉は開けられておらず、盗まれたものはなかった。

別記様式

被害者等人定事項等集約報告書

令和○○年 3 月 15 日

警視庁　○○警察署　長
司法警察員　　警視　○○○○　　殿

警視庁　○○警察署
司法　警察員　巡査部長　緑川真一

　被疑者　　木内　明　　に対する　　　窃盗　　　被疑事件につき、被害者等
の人定事項等については、下記のとおりであるから報告する。

記

ふりがな 氏　　名	なかむら　じろう 中村　次郎
生年月日	昭和○○年○月○日　　　　　　（事件当時　58　歳）
性　　別	男
住　　居 （事件当時）	東京都千代田区神田 7 丁目○番○号
住　　居 （現在）	上に同じ
職　　業 （勤務先名・通学先名）	○○○○○○株式会社　代表取締役
電話番号	03-3291-○○○○
事件との 関わり	☑被害者　　□告訴・告発人　　□参考人　　□任意提出権者 □その他（　　　　　　　　　　　　　　　）
家族関係	
使用車両	
参考事項	

（注）　□のある欄については、該当の□に✓印を付すこと。

別記様式第６号　（犯罪捜査規範第61条）　　　　　　　　　　　　　　　　　（その１）

被　　害　　届

令和○○年３月15日

警視庁○○　警察署長　殿

届出人住居

氏名（ふりがな）　　中村次郎（なかむら じろう）　㊞

（電話　　　　　　　　）

次のとおり　　窃盗未遂　　被害がありましたからお届けします。

被害者の住居、職業、氏名（ふりがな）、年齢	中村次郎（なかむらじろう）（当時58歳）
被害の年月日時	令和○○年３月15日
被害の場所	東京都千代田区内神田４丁目○番○号 ○○○○○○株式会社○○営業所の敷地内
被害の模様	本日、○○警察署の係の方から電話をいただき、「貴社が○○営業所の敷地内に設置している、○○○○○新聞の自動販売機を壊し現金を盗もうとした犯人を捕まえたので確認して欲しい。」とのことでした。すぐにその現場に行き、自動販売機を確認したところ、その自動販売機の扉の部分が壊されておりましたが、その扉に施錠がされていて、開けられておらず盗まれたものもありませんでした。

被害者氏名	中 村 次 郎

	品　名	数　量	時　価	特　　徴	所　有　者
被害金品				㊞	

犯人の住居、氏名又は通称、人相、着衣、特徴等	犯人の名前は、木内　明（当時24歳）ということを警察の人から教えてもらいました。
遺留品その他参考となるべき事項	被害の年月日については、警察の人から聞いて分かったものです。

※　以上本人の依頼により代書した。
　　　　　警視庁○○警察署
　　　　　　　司法警察員巡査部長　　緑　川　真　一　㊞

届出受理時間	3月15日午前○時○分	届出受理者	係	○○○	氏名	○○○○

注意　1　届出人と被害者とが異なるときは、届出人と被害者との関係及び本人届出の理由を遺留品その他参考となるべき事項欄に記入すること。
　　　2　届出人の依頼によって警察官が代書したときは、※印欄に「以上本人の依頼により代書した。所属、官職、氏名」を記載し、押印すること。

実 況 見 分 調 書（甲の１）

令和○○年３月15日

警視庁○○警察署

司法警察員巡査部長　緑 川 真 一　㊞

被疑者　木 内　　明　に対する　窃 盗　被疑事件につき、本職は、下記のとおり実況見分をした。

日　　　　　　時	令和○○年３月15日　午前６時05分から 午前６時20分まで
場　　所、身　　体 又　　は　　物	東京都千代田区内神田４丁目○番○号 ○○○○○○○株式会社○○営業所敷地内に設置された○○ ○○○新聞自動販売機及びその付近一帯
目　　　　　　的	犯行の状況を明らかにし、証拠を保全するため
立　　会　　人 ⎡住居、職業、⎤ ⎣氏名、年齢 ⎦	令和○○年３月15日付中村次郎の被害者等人定事項等 集約報告書に記載の住居（事件当時）、職業 　　被害者　　　　　　中村　次郎（当時58歳）

実況見分の経過	現 場 の 位 置	別紙のとおり
	現場付近の状況	別紙のとおり
	現 場 の 状 況	別紙のとおり
参　考　事　項		別紙のとおり

現場付近の見取図	
現 場 の 見 取 図	

（注意）　現場の写真は、別葉とし、撮影者をしてその職名を記入し、署名押印させること。

別　紙

1　現場の位置

　　現場は、警視庁○○警察署○○５丁目交番の西方図測50メートル、JR神田駅改札口の西南西方図測○○メートル（○○通りと○○通りが交差する５差路〔通称○○交差点〕の南西角）に位置する。

2　現場付近の状況

　　現場付近は（道路に沿ってJR神田駅から通称○○通りに至る都道を挟んで）、商店・ビルが混在し密集している。

　　この都道はバス通りで、深夜・早朝は人通り、車両の交通量とも少ないが、日中は多い。

3　現場の状況

(1)　被害現場は、東西に走る幅員○メートルの都道、さらに幅員○メートルの歩道に面した○○○○○○株式会社○○営業所の敷地内に設置された、○○○○○新聞自動販売機で、歩道との間に柵フェンス等は設置されておらず、人の出入りは自由にできる。

(2)　当○○○○○新聞自動販売機は○○営業所建物内に、○○○○○営業所前バス停から東南東６メートル、歩道端から南方垂直に２メートルの地点に北向きに設置され、大きさは、横28センチメートル、奥行36センチメートル、高さ140センチメートルである。

　　前面扉部は施錠されているが、東側扉部の上部○○センチメートルのところから○○センチメートルの所まで最大幅５センチメートル、長さ50センチメートルにわたり、工具痕があるが扉は開かない。

　　この自動販売機上部の中心部には、長さ○○センチメートル、木製柄付きマイナスドライバー１本が先端を北に向けて置かれている。

(3)　この自動販売機周囲を見分するに、遺留品、痕跡等は発見できなかった。

参考事項

1　見分時は曇天であった。

2　当署司法巡査馬場野賢が、写真撮影に従事し、写真○葉を本調書に添付した。

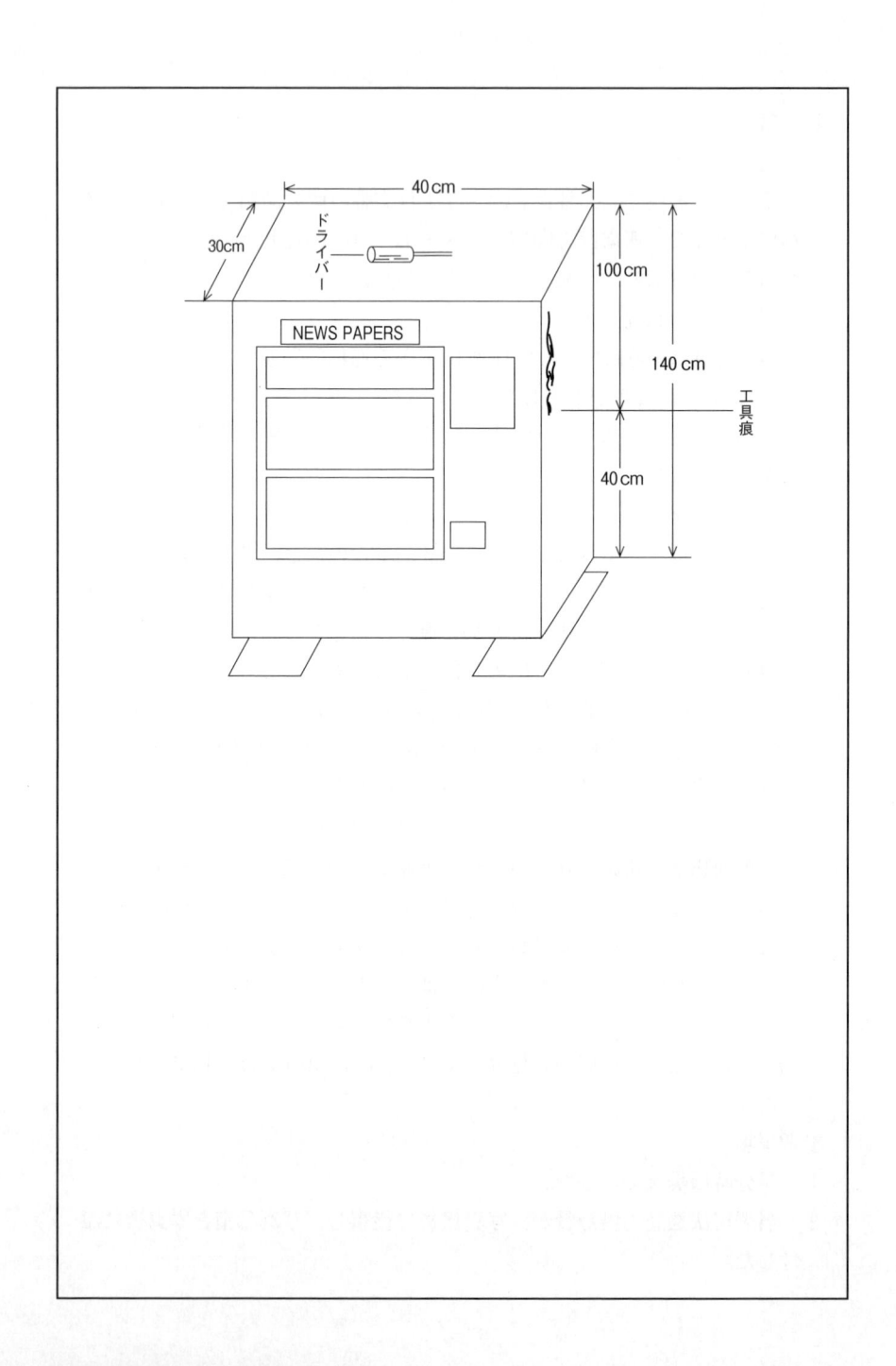

写真撮影報告書

令和○○年 3 月15日

警視庁○○警察署長
司法警察員　警視正　○○○○　殿

警視庁○○警察署
司法警察員巡査部長　緑 川 真 一 ㊞

　被疑者　木内明　に対する　窃盗未遂　被疑事件につき、本件の犯行現場の状況を明らかにするため、写真撮影を実施した状況については下記のとおりであるので、写真 3 葉を添付し報告する。

記

1　撮影日時
　　令和○○年 3 月15日午前 6 時05分から同日午前 6 時20分までの間

2　撮影場所
　　東京都千代田区内神田 4 丁目○番○号
　　　○○○○○○株式会社○○営業所前

3　撮影物件
　　東京都千代田区内神田 4 丁目○番○号
　　　○○○○○○株式会社○○営業所敷地内に設置された○○○○○新聞自動販売機及びその付近一帯

4　立会人
　　令和○○年 3 月15日付中村次郎の被害者等人定事項等集約報告書
　　に記載の住居（事件当時）、職業
　　中村次郎（58歳）

5　その他
　　本撮影に際し、当署司法巡査馬場野賢が補助に当たった。

本葉は、本件の犯行場所を南西から撮影したものである。
　→は、被疑者が現金等を窃取しようとして破損した新聞自動販売機を示す。

前葉の犯行現場を近接し南方から撮影したものである。
　↓は、被疑者が本件を敢行するために使用したと申し立てたドライバーを示す。
　↓は、破損箇所を示す。

　本葉は、被疑者が新聞自動販売機を破損させたと申し立てたドライバーを撮影したものである。

基本的内容

1　人定事項等報告書、被害届、実況見分調書（簡易書式）

←ここでは、事例を使って解説します。

【想定事例】

　令和○○年5月15日午前9時頃、金田達治は、業務用の白色乗用車を運転して仕事先である工事現場に向かい、同現場の近くの道路脇に駐車し、「すぐ傍だから鍵を掛けなくても大丈夫だろう。」と考えて、免許証や弁当等が入ったボストンバッグを車内に置いたまま、ドアロックをせずに同現場に行った。そして、午後0時頃、昼休みになり、弁当等を取りに車へ戻ったところ、運転席の後部座席に置いていたボストンバッグがなくなっていた。

別記様式

被害者等人定事項等集約報告書

令和〇〇年 5 月 21 日

警視庁　〇〇警察署　長
司法警察員　警視　〇〇〇〇　　殿

警視庁　〇〇警察署
司法　警察員　巡査部長　〇〇〇〇

　被疑者　勝山泰司　に対する　　窃盗　　被疑事件につき、被害者等の人定事項等については、下記のとおりであるから報告する。

記

ふりがな 氏　　名	かねだ　たつじ 金田　達治
生年月日	平成〇年〇月〇日　　　　　（事件当時　28　歳）
性　　別	男
住　　居 （事件当時）	東京都練馬区5丁目〇〇番〇号
住　　居 （現在）	上に同じ
職　　業 （勤務先名・通学先名）	電気工事工（大正電工株式会社）
電話番号	03-3755-〇〇〇〇
事件との 関わり	☑被害者　　□告訴・告発人　　□参考人　　□任意提出権者 □その他（　　　　　　　　　　　　　　　　）
家族関係	
使用車両	〇〇〇〇〇〇〇〇〇〇〇〇〇
参考事項	

（注）　□のある欄については、該当の□に✓印を付すこと。

被　害　届

令和○○年 5 月21日

警視庁○○　警察署長　殿

　　　　届出人住居

　　　　氏　　　名　　　　　金　田　達　治　　　　㊞
　　　　　　　　　　　　　　（電話　　　　　　　　　）

　　次のとおり　　盗　難　　被害がありましたからお届けします。

被害者の住居、職業、氏名、年齢	金田達治（当時28歳）
被 害 の 年 月 日 時	令和○○年 5 月15日　午前 9 時30分頃から午後 0 時30分頃までの間
被 害 の 場 所	東京都西東京市本町 6 丁目○○番○○号 伊義義雄方前路上に駐車中の普通貨物自動車（練馬45た○○○○号）内
被 害 の 模 様	私は、5 月15日午前 9 時頃、仕事先の工事現場横の道路に白色のバンを駐車させましたが、工事現場と車を停めた道路は目と鼻の先でしたので車のドアロックは全部しませんでした。運転席側ガラス窓は10センチメートルくらい開けておいたままでした。 　駐車したバンの運転席後ろの座席上には、弁当や着替えの洋服等を入れたボストンバッグを載せたままにしておきました。午後 0 時頃、食事をしようと思い、バンの所に行きバッグを捜しましたがなくなっていました。

別記様式第6号

被害者氏名	金 田 達 治

	品　　　名	数　量	時　　価	特　　　　　徴	所　有　者
被 害 金 品	ボストンバッグ （在中品）	1個	8,000円	黒色ナイロン製　ACE製	金田達治
	1　スポーツ 　　シャツ	1枚	5,000円	紺色　サイズM　ポロ製	同　　上
	2　ジーパン	1本	3,000円	紺色　サイズ29インチ LEE製	同　　上
	3　弁当箱	1個	2,000円	黒色　3段組　タイガー製	同　　上
	4　免許証入れ	1個	2,000円	黒革製で名刺10枚入りのもの	同　　上
	5　自動車免許証	1通		東京都公安委員会発行	同　　上

犯人の住居、氏名 又は通称、人相、 着衣、特徴等	犯人の名前を勝山泰司（当時51歳）と警察の方から聞きましたが私の知らない人です。
遺留品その他参考 となるべき事項	1．ただ今犯人の写真を見せていただきましたが、この写真の男は、被害当日の午前11時頃に、ベージュ色の帽子をかぶり私の駐車したバンの周りをうろうろしていました。 2．届出が遅れたのは、仕事が忙しかったからです。

※　以上本人の依頼により代書した。
　　　　　　警視庁○○警察署
　　　　　　　司法警察員巡査部長　　○　○　○　○　　㊞

届出受理時間	5月21日午後○時○分	届出受理者	係	○○○	氏名	○○○○

注意　1　届出人と被害者とが異なるときは、届出人と被害者との関係及び本人届出の理由を遺留品
　　　　　その他参考となるべき事項欄に記入すること。
　　　2　届出人の依頼によって警察官が代書したときは、※印欄に「以上本人の依頼により代書した。
　　　　　所属、官職、氏名」を記載し、押印すること。

実 況 見 分 調 書（甲の1）

令和○○年5月21日

　　　警視庁○○警察署

　　　　　司法警察員　巡査部長　　○　○　○　○　㊞

　被疑者　　不　詳　　に対する　　窃　盗　　被疑事件につき、本職は、下記のとおり実況見分をした。

日　　　　　時	令和○○年5月21日　午前10時00分から 　　　　　　　　　　　午前10時20分まで
場　所、身　体 又　　は　　物	東京都西東京市本町6丁目○○番○○号 伊藤義雄方前路上及び付近一帯
目　　　　　的	犯行の状況を明らかにし証拠を保全するため
立　　会　　人 ┌住居、職業、┐ └氏名、年齢┘	令和○○年5月21日付金田達治の被害者等人定事項等集約報告書に記載の住居（事件当時）、職業 　　　被害者　金田達治（当時28歳）
実況見分の経過	現場の位置	現場は、西東京市立保谷小学校正門の北西方図測90メートル、保谷郵便局正面出入口の北東方図測50メートルに位置する。
	現場付近の状況	現場付近は、主要道路である新青梅街道から北へ目測120メートル入った住宅街であり、人車の交通量は昼夜とも少ない。
	現場の状況	1．現場は伊藤義雄方東側の南北に走る舗装された幅員6.5メートルの道路上である。 2．普通貨物自動車（練馬45た○○○○号）が、伊藤方東側道路上に、前部を北に向け道路西隅に停められている。 3．この車両のエンジンキーは抜かれ、ドアは閉められ、ウインドーガラスも閉じられているが、ドアロックは4枚ドアと後部ドアとも施錠されていない。 4．立会人は、運転席後部座席上を指示し「ここに置いていたボストンバッグを盗まれたのです。」と説明した。 5．車両ドア部や車両を見分するに痕跡、遺留品等の発見に至らなかった。
参　考　事　項	1．見分時は晴天であった。 2．本見分の結果を明らかにするため当署司法巡査○○○○撮影の現場写真○葉を本調書末尾に添付した。

（簡）様式第5号　　　　　　　　　　　　　　　　　　　　　　　　　　　　　　　　（その2）

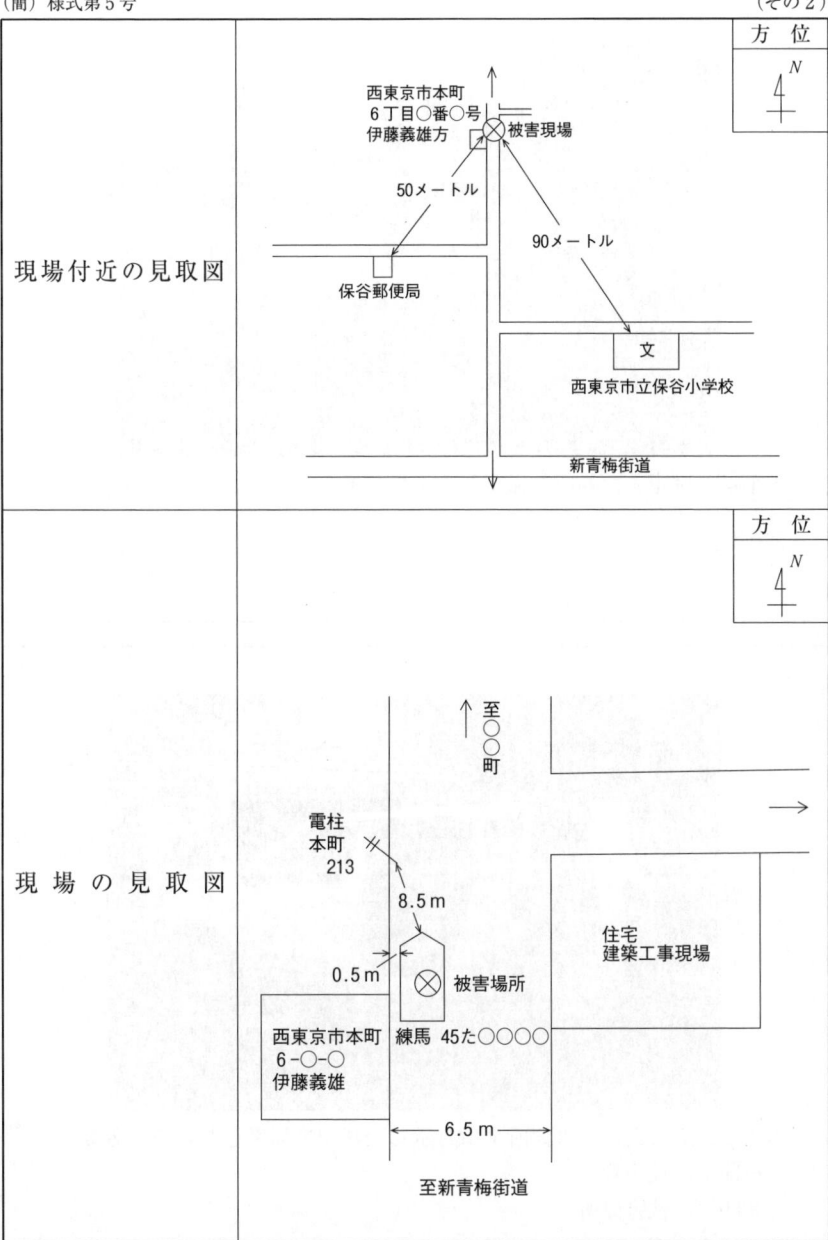

（注意）　現場の写真は、別葉とし、撮影者をしてその職名を記入し、署名押印させること。

本葉は、駐車した場所を撮影したものである。

被害者

本葉は、立会人が被害箇所を指し示した状況を撮影したものである。
　←印は、被害者
　×印は、被害箇所

第6編

各論：実況見分調書記載例（乗り物盗）

1　人定事項等報告書、被害届、実況見分調書（簡易書式）

← ここでは、事例を使って解説します。

【想定事例】
　令和○○年3月12日午後5時頃、石川久人は、JR○○線○○駅の駅前にある、市営駐輪場にバイクを止め、バイクロック等の施錠もせず、スーパーマーケットやドラッグストアで買い物をし、午後6時過ぎに駐輪場に戻ったところ、バイクがなくなっていた。

別記様式

被害者等人定事項等集約報告書

令和○○年 3 月 12 日

警視庁　○○警察署　長
司法警察員　警視　○○○○　殿

警視庁　○○警察署
司法　警察員　巡査部長　○○○○

　被疑者　　　不詳　　　に対する　　　窃盗　　　被疑事件につき、被害者等の人定事項等については、下記のとおりであるから報告する。

記

氏　名 （ふりがな）	いしかわ ひさと 石川 久人
生年月日	昭和○○年○月○日　　　（事件当時　41　歳）
性　別	男
住　居 （事件当時）	東京都○○市○○○３丁目○○番○号
住　居 （現在）	上に同じ
職　業 （勤務先名・通学先名）	自動車整備工（北浜オート株式会社）
電話番号	042-395-○○○○ ケータイ　080-○○○○-○○○○
事件との 関わり	☑被害者　□告訴・告発人　□参考人　□任意提出権者 □その他（　　　　　　　　　　　　　　　　）
家族関係	
使用車両	ホンダ・FRZ、登録番号　目黒区さ○○○○、 防犯登録番号　不明、車台番号 HA02-163 ○○○○
参考事項	

（注）　□のある欄については、該当の□に✓印を付すこと。

別記様式（乗り物盗専用）

警視庁○○　警察署長　殿		被　害　届		令和　○○　年　3　月　12　日		

届 出 人 住 居
職 業（勤務先）
氏　名　　石川久人（いしかわ　ひさと）　㊞　　　　　　　　（ 41 歳）
（ふりがな）
（電話）　　　　　　　　　　　　携帯　　　　　　　　　　　）

次のとおり盗難被害がありましたからお届けします。

被害者の住居、職業、氏名、年齢電話番号	①　届出人に同じ　　　2　下記のとおり 住居 ふりがな 職業 氏名 年齢（　歳）（電話）　　　　　　　　　携帯　　　　　　　　　　）
被害の年月日時	令和　○○　年　3　月　11　日（○曜日）午後　5　時　00　分頃から その間 令和　○○　年　3　月　12　日（○曜日）午後　6　時　00　分頃まで
被 害 の 場 所	東京都○○市○○3丁目○番○号○○市営○○駐輪場内
被 害 の 模 様	私　　が、　オートバイ　を前記場所に置いていたところ、盗まれました。

	品名・数量	時価等		特　　　　徴	所 有 者
被害金品	自　転　車 ⟨オートバイ⟩ ┌ 種類 │ 原動機付自転車Ⅰ └ 原動機付自転車Ⅱ 自　動　車 ┌ 種類 │ └ その他 ┌ │ └ 　　　　1台	時価 10万円 相当 購入年月 平成 ○年○月 20万円 くらい	メーカー・車名	ホンダ・ＦＲＺ	石川久人
			年式・型式・インチ	不明	
			排 気 量 等	90cc	
			登録(標識)番号	石川久人の使用車両	
			防犯登録番号	石川久人の使用車両	
			車台(体)番号	石川久人の使用車両	
			塗色・形状	緑	
			自転車種類	1 スポーツ 2 ミニサイクル 3 軽快 4 実用 5 その他（　　）	
			施錠設備の有無	①　無　　2　有（　　　　　　　　　）	
			施錠の状況	①　施錠した。②　施錠せず。	
			変速機・記名・盗難防止装置の有無、ガソリン残量等	不明	

積載物等	数　量	時　価	特　　　　徴	所 有 者
なし				

犯人の住居、氏名又は通称、人相、着衣、特徴等	①　犯人は、②　わかりません。
遺留品その他参考となるべき事項	①　無 ②　有

※　以上本人の依頼により代書した。　　　　　　　警視庁○○警察署
　　　　　　　　　　　　　　　　　　　　司法警察員巡査部長○○○○　㊞

受理日時	3 月 12 日　午後　○○時○○分	届出受理者	係	○ ○ ○	氏名	○ ○ ○ ○

注意1　届出人と被害者とが異なるときは、届出人と被害者との関係及び本人届出の理由を遺留品その他参考と
　　　　なるべき事項欄に記入すること。
　　2　届出人の依頼により警察官が代書したときは、※印欄に「以上本人の依頼により代書した。所属、官職、
　　　　氏名」を記載し、押印すること。
　　3　選択項目は、該当する番号を○で囲み、記載事項が多岐にわたる場合には別紙（乗り物盗専用）を用いる
　　　　こと。
備考　用紙の大きさは、日本産業規格Ａ４とする。

実 況 見 分 調 書 （甲の１）

令和○○年３月12日

警視庁○○警察署

司法警察員巡査部長　　○　○　○　○　㊞

被疑者　不　詳　に対する　窃　盗　被疑事件につき、本職は、下記のとおり実況見分をした。

日　　　　時	令和○○年３月12日　午後６時30分から 午後６時55分まで
場　　所、身　　体 又　　は　　物	東京都○○市○○３丁目○番○号 ○○市営自転車置場及びその付近一帯
目　　　　的	犯行の手段方法を明らかにし、証拠を保全するため
立　　会　　人 ［住居、職業、 氏名、年齢］	令和○○年３月12日付石川久人の被害者等人定事項等集約報告書に記載の住居（事件当時）、職業 　　　被害者　石川久人（当時41歳）

実況見分の経過	現場の位置	現場はJR○○線○○駅西口改札口の西方目測80メートル、当署○○交番の南西方図測130メートルに位置する。
	現場付近の状況	現場付近は、会社、商店、飲食店等のビル等が密集している○○駅西口の盛り場であり、昼夜間とも人車の通行量は多い。
	現場の状況	１．現場は○○市営自転車置場内で同置場は、南北○○メートル東西○○メートルで場内はアスファルト舗装されている。 ２．同自転車置場は周囲を高さ1.5メートルの金網フェンスで囲まれており、出入口は西側の２箇所のみであるが、門扉等はなく、人の出入りは24時間自由である。 ３．場内は５列の置場となっており、各列40台前後の自転車及びオートバイが置かれ満車状態であった。 ４．立会人は、東端の列の南側箇所を指示し、「ここにオートバイを置いていたところ盗まれました。」と説明した。
参　考　事　項		見分時は曇天であった。

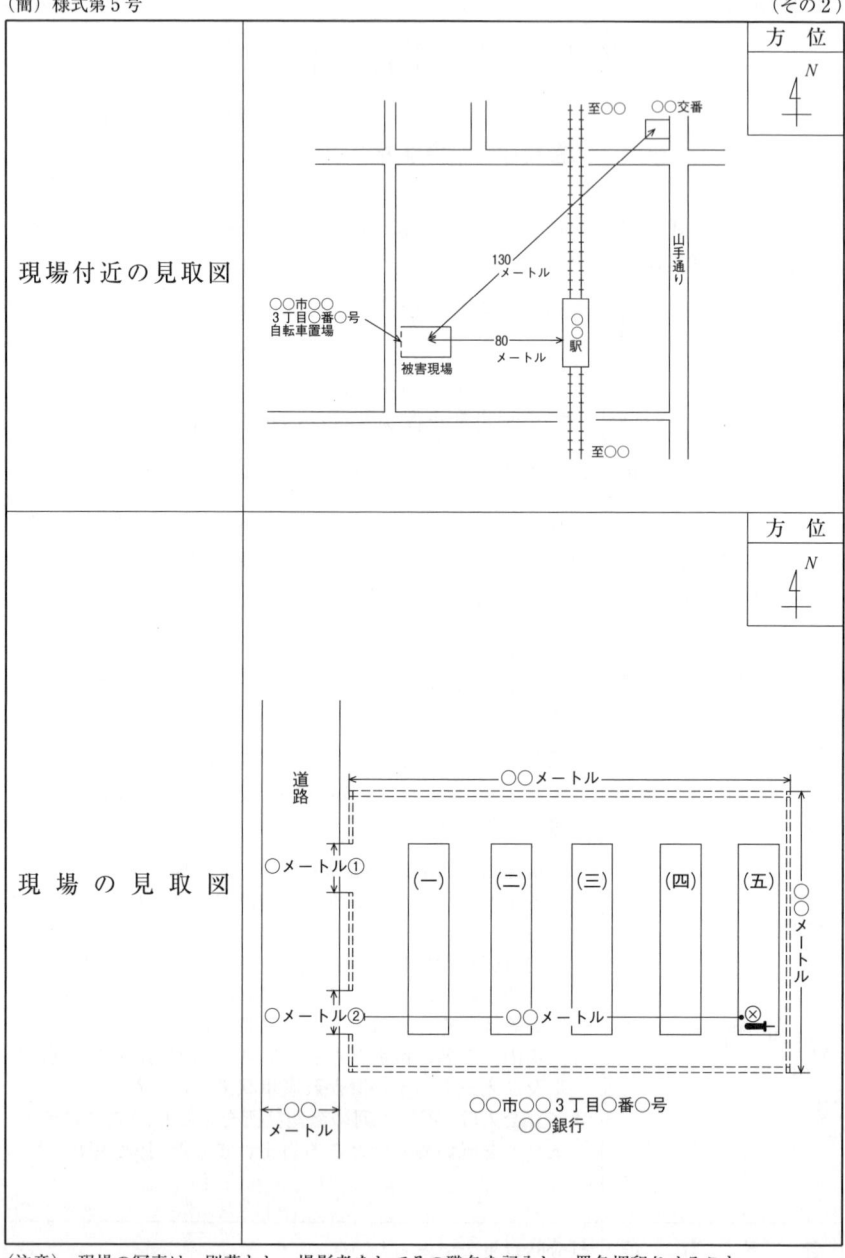

現場付近の見取図

現場の見取図

（注意）　現場の写真は、別葉とし、撮影者をしてその職名を記入し、署名押印させること。

印　　　　　　　　　印

　　本葉は、被害者が犯行現場の自転車置場を示した状況を撮影したもので
ある。

駐輪スペース（五）　　2

印　　　　　　　　　印

　　本葉は、犯行現場の駐輪スペースを撮影したものである。
　　↓は、被害者がオートバイを駐輪させていたスペース（五）である。

第2章　自転車盗

1　人定事項等報告書、被害届、写真撮影報告書（実況見分調書代用）

⬅ここでは、事例を使って解説します。

【想定事例】

　令和○○年○月○日午後１時頃、川崎律子は、○○公園の駐輪場に自転車を止め、さらに馬蹄錠で施錠し、公園で友人とピクニックをした後、午後５時10分頃に駐輪場に戻ったところ、自転車がなくなっていた。

別記様式

被害者等人定事項等集約報告書

令和○○年 ○ 月 ○ 日

警視庁　○○警察署　長
司法警察員　警視　○○○○　　殿

警視庁　○○警察署
司法　巡査　○○○○

　被疑者　○○○○　に対する　　窃盗　　被疑事件につき、被害者等の人定事項等については、下記のとおりであるから報告する。

記

ふりがな 氏　　名	かわさき　りつこ 川崎　律子
生年月日	平成○○年○月○日　　　　　（事件当時　22　歳）
性　　別	女
住　　居 (事件当時)	東京都○○区○○6丁目○番○号
住　　居 (現在)	上に同じ
職　　業 (勤務先名・通学先名)	会社員（株式会社○○○）
電話番号	03-○○○○-○○○○ ケータイ　090-○○○○-○○○○
事件との 関わり	☑被害者　　□告訴・告発人　　□参考人　　□任意提出権者 □その他（　　　　　　　　　　　　　　　）
家族関係	
使用車両	
参考事項	

(注)　□のある欄については、該当の□に✓印を付すこと。

警視庁○○警察署長 殿	**被 害 届**	令和 ○○ 年 ○ 月 ○ 日	

届 出 人 住 居

職業（勤務先）

ふりがな　かわさきりつこ
氏　　　名　川崎律子　㊞　　　　　　　　　　　　　（ 22 歳）

（電話　　　　　　　　　　　　携帯　　　　　　　　　　　）

次のとおり盗難被害がありましたからお届けします。

被害者の住居、職業、氏名、年齢電話番号	① 届出人に同じ　　2　下記のとおり
	住居 ふりがな 職業 氏名　　　　　　　　　　　　　　　　　年齢（　歳） （電話　　　　　　　　　携帯　　　）

被害の年月日時	令和 ○○ 年 ○ 月 ○ 日（　曜日）午後 1 時 00 分頃から （～　　　年　　　月　　㊞　日（　曜日）午後 5 時 10 分頃まで） の間

被害の場所	東京都○○区○○4丁目○○番○号○○公園駐輪場

被害の模様	私　が、　　自転車　を前記場所に置いていたところ、盗まれました。

品名・数量	時価等	特　　徴		所有者
⊘ 自 転 車	時価	メーカー・車名	ブリヂストン	川崎律子
オートバイ	○○○○円	年式・型式・インチ	27インチ	
［種類 原動機付自転車Ⅰ 原動機付自転車Ⅱ		排 気 量 等	なし	
		登録（標識）番号	なし	
	相当	防犯登録番号	○○○○A 12345	
自 動 車		車台（体）番号	K7A 123456	
［種類	購入年月 令和 ○○年○月	塗色・形状	ピンク	
		自転車種類	1 スポーツ 2 ミニサイクル ③ 軽快 4 実用 5 その他（　　）	
その他		施錠設備の有無	1 無　② 有（　　　　　　　）	
［		施錠の状況	① 施錠した。 2 施錠せず。	馬蹄錠をかけました。	
1台	○万円 くらい	変速機・記名・盗難防止装置の有無、ガソリン残量等	後輪の泥よけに川崎律子と白色ペンキで記名しています。	

積載物等	数 量	時 価	特　　徴	所有者
なし				

犯人の住居、氏名又は通称、人相、着衣、特徴等	1　犯人は、 ②　わかりません。

遺留品その他参考となるべき事項	① 無 2 有

※　　以上本人の依頼により代書した。　　　　　警視庁○○警察署

　　　　　　　　　　　　　　　　　　　　　　司法巡査　○○○○　㊞

受理日時	○ 月 ○ 日 午後 ○○時○○分	届出受理者	係	○○○	氏名	○○○○

注1　届出人と被害者とが異なるときは、届出人と被害者との関係及び本人届出の理由を遺留品その他参考とな
　　　るべき事項欄に記入すること。
　2　届出人の依頼により警察官が代書したときは、※印欄に「以上本人の依頼により代書した。所属、官職、氏
　　　名」を記載し、押印すること。
　3　選択項目は、該当する番号を○で囲み、記載事項が多岐にわたる場合には別紙（乗り物盗専用補充用紙）を
　　　用いること。
備考　用紙の大きさは、日本産業規格Ａ４とする。

写真撮影報告書

令和○○年○月○○日

警視庁○○警察署長

司法警察員　警視　　○○○○殿

警視庁○○警察署

司法警察員警部補　　○○○○　　㊞

　被疑者○○○○に対する窃盗被疑事件につき、被疑者の指示説明に基づき犯行場所を確認し、写真撮影した経過は下記のとおりであるから報告する。

記

1　撮影年月日

　令和○○年○月○日午後○時○○分から同日午後○時○○分までの間

2　撮影者

　本職

3　写真撮影の経過

　被疑者は犯行場所について、東京都○○区○○４丁目○○番○号○○公園駐輪場を指差し、窃取場所を具体的に指示したことから、同路上の全景と被疑者が窃取場所を指示している様子を写真撮影した。

4　その他

　本職が撮影した現場写真○葉を本報告書末尾に添付した。

【注】　警視庁の場合は、東京地検との協議の結果、平成16年４月から、被疑者供述調書や被害届等により被害状況や犯行の手段・方法が明らかにされていれば、実況見分調書に代えて、被害現場等を確認するための写真撮影報告書を作成し、送致することができることになっている。

　本葉は、犯行場所である東京都○○区○○４丁目○○番○号先路上の全景を南から撮影したものである。

　本葉は、被疑者が犯行場所を指示している状況を撮影したものである。
　なお、当日は被害自転車が存在しないので、同じ場所にあった自転車を撮影した。

第**6**編……各論：実況見分調書記載例
（乗り物盗）

第3章　自動車盗①

1　人定事項等報告書、被害届、実況見分調書（簡易書式）

← ここでは、事例を使って解説します。

【想定事例】

　株式会社大和工業所の会社員山崎幸行は、仕事上の急用が生じたため、令和○○年9月26日午後6時頃、自家用の白色乗用車で出社した。同社には、社屋と隣接して社員用の駐車場が備えられていたが、山崎は急いでいたため、会社前の路上に駐車し、キーをつけたまま、ロックせずに同車を離れた。そして、仕事を終え、午後8時頃に会社を出たところ、自家用の白色乗用車がなくなっていた。

別記様式

被害者等人定事項等集約報告書

令和○○年 9 月 26 日

警視庁 　○○警察署　　長
司法警察員　　警視　○○○○　　殿

警視庁　○○警察署

司法　　警察員　巡査　○○○○

　　被疑者　　　　不詳　　　　に対する　　　　窃盗　　　　被疑事件につき、被害者等の人定事項等については、下記のとおりであるから報告する。

記

ふりがな 氏　　　名	やまざき　さちゆき 山崎　幸行
生年月日	平成○○年○月○日　　　　　　　（事件当時　21　歳）
性　　　別	男
住　　　居 （事件当時）	東京都○○市旭町２丁目○番○号
住　　　居 （現在）	上に同じ
職　　　業 （勤務先名・通学先名）	会社員（株式会社大和工業所）
電話番号	042-○○○○-○○○○ ケータイ　090-○○○○-○○○○
事件との 関わり	☑被害者　　□告訴・告発人　　□参考人　　□任意提出権者 □その他（　　　　　　　　　　　　　　　　　）
家族関係	
使用車両	登録番号　八王子 300 た○○○○、防犯登録番号なし 車台番号○○○-112233
参考事項	

（注）　□のある欄については、該当の□に✓印を付すこと。

別記様式 　　　　　　　　　　　　　　　　　　　　　　　　　　　（乗り物盗専用）

警視庁○○○警察署長 殿	被 害 届	令和 ○○ 年 9 月 26 日

届 出 人 住 居

職 業（勤 務 先）

氏　　　名　山崎幸行 ㊞　　　　　　　　　　　　　　　（ 21 歳）
（ふりがな　やまざきちゆき）

（電話）　　　　　　　　　　　　携帯（　　　　　　　）

次のとおり盗難被害がありましたからお届けします。

被害者の住居、職業、氏名、年齢 電話番号	① 届出人に同じ　　2 下記のとおり
	住居（ふりがな）　職業　氏名　　　　　　　　　　　　年齢（　　歳）
	（電話）　　　　　　携帯

被害の年月日時	令和 ○○ 年 9 月 26 日（○ 曜日）午後 6 時 00 分頃から （　　　　年　㊞月　　日（　　曜日）午後 8 時 00 分頃まで）の間

被害の場所	東京都立川市旭町3丁目○○番○○号　株式会社大和工業所東側道路上

被害の模様	私　が、　　自動車　を前記場所に置いていたところ、盗まれました。

		時価等	特　徴		所有者
被害金品	自 転 車 オートバイ	時価 ○○万円	メーカー・車名	ニッサン・レパード	山崎幸行
			年式・型式・インチ	平成○○年式・○○－○○○○型	
	種類 原動機付自転車Ⅰ 原動機付自転車Ⅱ		排 気 量 等	3000cc	
		相当	登録（標識）番号	山崎幸行の使用車両	
			防犯登録番号	山崎幸行の使用車両	
	自 動 車		車台（体）番号	山崎幸行の使用車両	
	種類 自家用普通 乗用自動車	購入年月 令和 ○年○月	塗色・形状	白色、セダン	
			自転車種類	1 スポーツ 2 ミニサイクル 3 軽快 4 実用 5 その他（　　）	
	その他		施錠設備の有無	1 無 ② 有（　　　　　）	
		○○万円	施錠の状況	1 施錠した。ドアロックせず、鍵は付けたままでした。 ② 施錠せず。	
	1台		変速機・記名・盗難防止装置の有無、ガソリン残量等	ガソリンは、ほぼ満タンでした。	

積載物等	数量	時 価	特　徴	所有者
別紙のとおり				

犯人の住居、氏名又は通称、人相、着衣、特徴等	1 犯人は、 ② わかりません。	
遺留品その他参考となるべき事項	1 無 ② 有	搭載していた後付カーナビの機体番号は「○○○○」です。

※　以上本人の依頼により代書した。　　　　　警視庁○○警察署
　　　　　　　　　　　　　　　　　　　　　司法巡査○○○○　㊞

受理日時	○ 月 ○ 日 午後 ○ 時○○分	届出受理者	係	地域第四	氏名	○ ○ ○ ○

注1　届出人と被害者とが異なるときは、届出人と被害者との関係及び本人届出の理由を遺留品その他参考となるべき事項欄に記入すること。
　2　届出人の依頼により警察官が代書したときは、※印欄に「以上本人の依頼により代書した。所属、官職、氏名」を記載し、押印すること。
　3　選択項目は、該当する番号を○で囲み、記載事項が多岐にわたる場合には、別紙（乗り物盗専用補充用紙）を用いること。
備考　用紙の大きさは、日本産業規格Ａ４とする。

別紙

		被害者氏名	山崎幸行

	品　　名	数　量	時　価	特　徴	所　有　者
被 害 金 品 （積載物等）	（記載事項　無　有） 1　自動車検査証 　（※車検証の記載は警視庁では記載しますが道府県によっては異なります） 2　鍵 3　音楽CD	1通 1本 10枚	 5,000円	○○運輸支局発行 「山崎」と刻印あるキーホルダー付き	山崎幸行 同上 同上
犯人の住居、氏名又は通称、人相、着　衣、特　徴　等	（記載事項　　無　有）				
遺留品その他参考となるべき事項	（記載事項　　無　有）				

注　記載事項がある場合には、「有」を○で囲み必要事項を記載し、記載事項がない場合には、「無」を○で囲むこと。

備考　用紙の大きさは、日本産業規格Ａ４とする。

実 況 見 分 調 書（甲の1）

令和○○年9月26日

警視庁○○警察署

司法警察員　巡査部長　　○　○　○　○　㊞

被疑者　不　詳　に対する　窃　盗　被疑事件につき、本職は、下記のとおり実況見分をした。

日　　　　　時	令和○○年9月26日　午後8時30分から 午後9時00分まで
場　所、身　体 又　　は　　物	東京都立川市旭町3丁目○○番○○号 株式会社大和工業所東側道路上及び付近一帯
目　　　　　的	犯行の状況を明らかにし現場を特定するため
立　　会　　人 ┌住居、職業、┐ └氏名、年齢┘	令和○○年9月26日付山崎幸行の被害者等人定事項等 集約報告書に記載の住居（事件当時）、職業 　　被害者　山崎幸行（当時21歳）

実況見分の経過	現場の位置	現場は、JR青梅線中神駅の南方目測200メートル、立川市立○○小学校の北方目測30メートルの地点である。
	現場付近の状況	現場付近は、住宅地、工場・倉庫の混在地であり、近くに商店、飲食店等は見当たらない。昼夜間とも、人車の通行量は少ない。
	現場の状況	現場は幅員7.5メートルのアスファルト舗装道路である。 　現場西側には大和工業所があり、その南側には被害者の勤務先駐車場がある。 　立会人は⊗点にて「私はここに頭を駅方向に向けて車を置きました。」と指示説明した。 　立会人が指示した地点は、交差点から7.3メートル、電柱（立川○○○）から3.5メートルの地点で、見分時⊗点から北側方向へ赤色乗用車、青色ライトバンの順で左端に駐車車両があった。
参　考　事　項		見分時は晴天であった。

現場付近の見取図	（図省略）　　　方位　N
現場の見取図	方位　N

現場の見取図（右下部分）

JR
中神駅
↑

電柱
（立川○○○）
○
　3.5m

株式会社
大和工業所

表門

裏門

← 7.5m →

⊗

7.3m

駐車場

三光工業
旭町1-○-○

小○○学校

（注意）　現場の写真は、別葉とし、撮影者をしてその職名を記入し、署名押印させること。

本葉は、被害場所⊗地点を撮影したものである。

本葉は、駐車箇所を撮影したものである。
　　←⊗印は、駐車箇所

第4章　自動車盗②

1　人定事項等報告書、被害届、実況見分調書（簡易書式）

⬅ここでは、事例を使って解説します。

【想定事例】

　令和〇〇年2月15日午後6時頃、梅沢俊治は、白色乗用車を運転し、路肩にエンジンをかけたまま車を止めて、反対車線側の歩道にある公衆電話ボックスで電話をしていたところ、自車が動き出すのを見たことから、急いで追いかけた。

　すると、同車は、約100メートル先の交差点の手前で赤信号で停止し、梅沢が追い付いて車内を覗くと、土木作業員風の木下義治が運転席に乗車していたことから、梅沢は同車の前に立ち塞がり、「俺の車だ、降りろ。」と叫んだが、木下は急ハンドルをきって梅沢をかわし、逃走した。

別記様式

被害者等人定事項等集約報告書

令和○○年 2 月 15 日

警視庁　　○○警察署　　長
司法警察員　　警視　○○○○　　殿

警視庁　○○警察署
司法　警察員　巡査部長　○○○○

　被疑者　　木下義治　　に対する　　　　窃盗　　　　被疑事件につき、被害者等の人定事項等については、下記のとおりであるから報告する。

記

ふりがな 氏　名	うめざわ　としはる 梅沢　俊治
生年月日	昭和○○年○月○日　　　　　　（事件当時　45　歳）
性　別	男
住　居 （事件当時）	東京都杉並区○○１丁目○○番○号
住　居 （現在）	上に同じ
職　業 （勤務先名・通学先名）	土木建築請負業
電話番号	03-3355-○○○○
事件との 関わり	☑被害者　　□告訴・告発人　　□参考人　　□任意提出権者 □その他（　　　　　　　　　　　　　　　）
家族関係	
使用車両	登録番号　練馬46 さ○○○○号、車台番号 VR・56V1630000
参考事項	

（注）　□のある欄については、該当の□に✓印を付すこと。

被　害　届

令和○○年2月15日

警視庁○○　警察署長　殿

届出人住居

氏　　名　　　　梅　沢　俊　治　　㊞

（電話　　　　　　　　　）

次のとおり　　盗　難　　被害がありましたからお届けします。

被害者の住居、職業、氏名、年齢	梅沢俊治（当時45歳）
被害の年月日時	令和○○年2月15日　午後6時00分頃
被害の場所	東京都杉並区永福2丁目○○番○号 永福2丁目都営住宅前路上
被害の模様	私は、今日の夕方永福2丁目都営住宅前の電話ボックス脇に車のエンジンをかけたまま車のドア鍵もかけずにその電話ボックスで電話をしていたのです。するといつの間にか車が動き出したので、慌てて追いかけました。約100メートル先で、信号機がある所で、赤信号のため停まっている私の車に追いつきました。車の中を見ると、顔色が黒く、紺色のシャツを着た一見土木作業員風の男が乗っており、私は車の前に立ちふさがったのですが、急ハンドルをきられてかわされ、そのまま逃げられてしまいました。その時「俺の車だ、降りろ。」といったのですが、その男はそのまま逃げたのです。

別記様式第6号 (その2)

<table>
<tr><td colspan="2">被害者氏名</td><td colspan="4">梅 沢 俊 治</td></tr>
</table>

<table>
<tr><th></th><th>品　名</th><th>数　量</th><th>時　価</th><th>特　徴</th><th>所 有 者</th></tr>
<tr><td rowspan="6">被害金品</td><td>(自家用)普通貨物自動車</td><td>1台</td><td>20万円相当</td><td>車名　タウンエース
　塗色　白色
型式　L-YR56V
登録番号
　梅沢俊治の使用車両
車体番号
　梅沢俊治の使用車両
排気量1800CC
鍵付きのもの</td><td>梅沢俊治</td></tr>
</table>

<table>
<tr><td>犯人の住居、氏名又は通称、人相、着衣、特徴等</td><td>犯人は、年齢35歳くらい、坊主頭、顔色は黒っぽく、紺色のシャツを着た男で、見た感じは土木作業員風です。</td></tr>
<tr><td>遺留品その他参考となるべき事項</td><td>　この車の所有者が私の名前ではなく「上田一郎」となっているのは、現在名義変更中だからです。</td></tr>
</table>

※　以上本人の依頼により代書した。
　　　警視庁高井戸警察署
　　　　司法警察員巡査部長　○　○　○　○　㊞

| 届出受理時間 | 2月15日午後○時○分 | 届出受理者 | 係 | ○○○ | 氏名 | ○○○○ |

注意　1　届出人と被害者とが異なるときは、届出人と被害者との関係及び本人届出の理由を遺留品その他参考となるべき事項欄に記入すること。
　　　2　届出人の依頼によって警察官が代書したときは、※印欄に「以上本人の依頼により代書した。所属、官職、氏名」を記載し、押印すること。

実 況 見 分 調 書 （甲の1）

令和○○年2月15日

警視庁○○警察署

司法警察員巡査部長　　○　○　○　○　㊞

　被疑者　　木 下 義 治　　に対する　　窃 盗　　被疑事件につき、
本職は、下記のとおり実況見分をした。

日　　　　　　　時	令和○○年2月15日　午後9時15分から 午後9時40分まで
場　所、身　体 又　は　物	東京都杉並区永福2丁目○○番○号 永福2丁目都営住宅前路上及びその付近
目　　　　　　　的	犯行の状況を明らかにし証拠を保全するため
立　　会　　人 ┌住居、職業、┐ └氏名、年齢　┘	令和○○年2月15日付梅沢俊治の被害者等人定事項等 集約報告書に記載の住居（事件当時）、職業 　　被害者　梅沢俊治（当時45歳）

実況見分の経過	現 場 の 位 置	現場は京王井の頭線永福町駅西口改札口の南方図測400メートル、杉並区立永福小学校正門の東方図測150メートルに位置する。
	現場付近の状況	現場付近は、都営住宅や会社寮など中高層住宅と、一戸建住宅が混在する住宅街で昼間は人の行き来量が多いが夜間は少ない。
	現 場 の 状 況	1．現場は、永福2丁目都営住宅集会所東側の南北に走る、幅員7.5メートルの舗装された通称「永福町通り」と呼ばれる道路上である。 　　また、この道路の両脇にはそれぞれ幅員○○メートルの歩道が設置されている。 2．立会人は都営住宅東側道路上に立ち、「ここにエンジンをかけたまま、車を駐車しておいたところ盗まれました。」と説明し、さらに、「車は甲州街道の方を前にしてました。」と説明した。その車の位置関係は、現場の見取図のとおりである。 3．さらに立会人は、都営住宅東側で歩道に接した公衆電話ボックス、「杉並○○○番」を指示し、「車を離れ、ここで電話してました。」と説明し、車と電話ボックス距離を測定したところ○○メートルであった。
参　考　事　項		1．見分時は晴れであった。 2．犯行の状況を明らかにするため本職撮影のインスタント写真2葉を添付する。

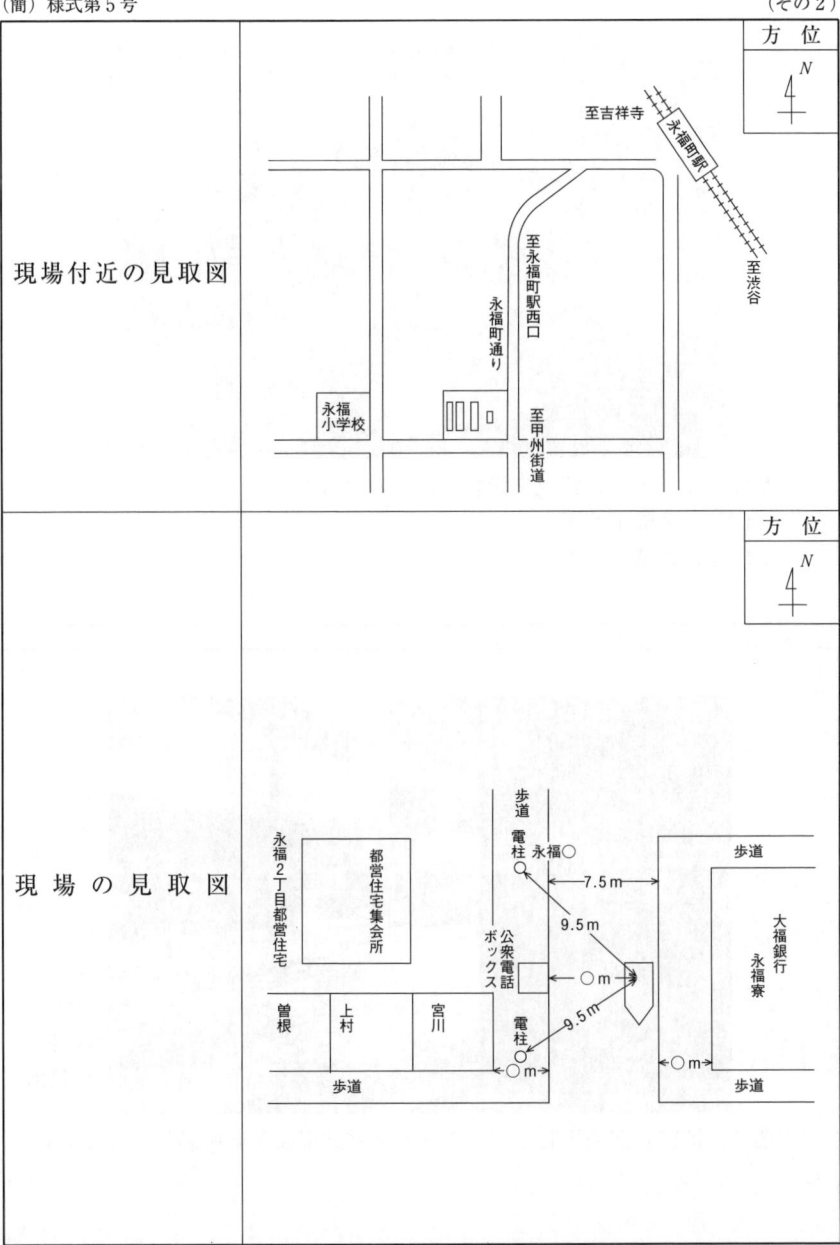

（注意） 現場の写真は、別葉とし、撮影者をしてその職名を記入し、署名押印させること。

1

電話
ボックス

⊗駐車
箇所

印

印

本葉は、犯行現場の状況を撮影したものである。
　←印は、⊗駐車箇所
　↓印は、電話ボックス

2

印

印

⊗駐車
箇所

　本葉は、被害者が使用した電話ボックスと駐車箇所を撮影したものである。

1 人定事項等報告書、被害届、被害者実況見分調書（簡易書式）、被疑者実況見分調書（簡易書式）、写真撮影報告書

← ここでは、事例を
使って解説します。

【想定事例】

令和○○年6月18日午後○時頃、○○警察署の警察官○○巡査が警ら中、自転車に乗った不審な小山賢二に職務質問し、自転車の照会を実施したところ、盗難被害届（被害者山本一郎が自宅の敷地内に自転車を施錠して止めて置いたところ、何者かに盗まれたとの届出）の出ている自転車であることが発覚した。

なお、小山が同自転車を取得した経緯は、令和○○年6月18日午後○時頃、パチンコ「白鷺会館」駐輪場に無施錠で乱雑に置かれていた同自転車（防犯登録シールが剥がされ、泥よけ部分の記名が消されていた）を盗んだというものであり、諸状況からみて、占有離脱物横領の事案であると判断された。

別記様式

被害者等人定事項等集約報告書

令和○○年 ○ 月 ○ 日

警視庁　○○警察署　長
司法警察員　警視　○○○○　殿

警視庁　○○警察署
司法　巡査　○○○○

　被疑者　　不詳　　に対する　　窃盗　　被疑事件につき、被害者等の人定事項等については、下記のとおりであるから報告する。

記

ふりがな 氏　　名	やまもと　いちろう 山本　一郎
生年月日	昭和○○年○月○日　　　　　（事件当時　50　歳）
性　　別	男
住　　居 （事件当時）	東京都○○市○○５丁目７番８号
住　　居 （現在）	上に同じ
職　　業 （勤務先名・通学先名）	会社員（立花商事株式会社　営業係）
電話番号	042-○○○-○○○○ ケータイ　080-○○○○-○○○○
事件との 関わり	☑被害者　　□告訴・告発人　　□参考人　　□任意提出権者 □その他（　　　　　　　　　　　　　　）
家族関係	
使用車両	
参考事項	

（注）　□のある欄については、該当の□に✓印を付すこと。

別記様式（乗り物盗専用）

警視庁○○ 警察署長 殿	被害届	令和 ○○ 年 ○ 月 ○ 日

届出人住居

職業（勤務先）

ふりがな やまもと いちろう
氏　名 山本 一郎 ㊞　　　　　　　　　（ 50 歳）

（電話　　　　　　　　　　　携帯　　　　　　　　　　　　　）

次のとおり盗難被害がありましたからお届けします。

被害者の住居、職業、ふりがな氏名、年齢電話番号	① 届出人に同じ　　　2 下記のとおり
	住居職業氏名 年齢（ 歳） （電話　　　　　　　　　携帯　　　　　　　　　　　）
被害の年月日時	令和○○ 年 ○ 月 ○ 日（○ 曜日）午前 ○ 時 ○ 分頃から 令和○○ 年 ○ 月 ○ 日（○ 曜日）午後 ○ 時 ○ 分まで　の間
被害の場所	被害者等人定事項等集約報告書記載の住居（事件当時）自宅南側敷地内
被害の模様	私　　　　　　　　　が、前記場所に止めた車両を盗まれました。

被害金品	品名・数量	時価等	特　徴	所有者
	⃝自 転 車 オートバイ ［種類 原動機付自転車Ⅰ 原動機付自転車Ⅱ］ 自 動 車 ［種類 ］ その他 ［　　　　　］ 1台	時価 10,000円 相当 購入年月 平成 ○○年○月 3万0000円	メーカー・車名 ブリヂストン製・エース号	山本一郎
			年式・型式・インチ 24インチ	
			排 気 量 等	
			登録(標識)番号 なし	
			防犯登録番号 ○○○○A－6655	
			車台(体)番号 G54321	
			塗色・形状 青色	
			自転車種類 1 スポーツ 2 ミニサイクル ③ 軽快 4 実用 5 その他（　　）	
			施錠設備の有無 1 無 ② 有（前輪差込錠　　　　　）	
			施錠の状況 ① 施錠した。 　　　　　　 2 施錠せず。	
			変速機・記名・盗難防止装置の有無、ガソリン残量等 前輪の泥よけに黒マジックで山本と記名あり。	

積載物等	数 量	時 価	特　徴	所有者
なし				

犯人の住居、氏名又は通称、人相、着衣、特徴等	1 犯人は、 ② わかりません。
遺留品その他参考となるべき事項	① 無 2 有

※　以上本人の依頼により代書した。

警視庁○○警察署
司法巡査　○○　○○　㊞

受理日時	○ 月 ○ 日 午後 ○○ 時○○分	届出受理者	係	地域	氏名 丙野四郎

注意1　届出人と被害者とが異なるときは、届出人と被害者との関係及び本人届出の理由を遺留品その他参考となるべき事項欄に記入すること。
　　2　届出人の依頼により警察官が代書したときは、※印欄に「以上本人の依頼により代書した。所属、官職、氏名」を記載し、押印すること。
　　3　選択項目は、該当する番号を○で囲み、記載事項が多岐にわたる場合には別紙（乗り物盗専用）を用いること。
以上は謄本である。
　　令和○○年6月18日　　○○県○○警察署　司法警察員 巡査部長　甲野 一郎 ㊞

┌─────────────────────────┐
注：謄本の認証文の記載は朱書きとする。以下同じ。
└─────────────────────────┘

実 況 見 分 調 書 （甲の2）

令和○○年○月○日

警視庁○○警察署

司法巡査　　○　○　○　○　　㊞

被疑者　　　　不詳　　　　に対する　☑窃　　　盗　　被疑事件に
　　　　　　　　　　　　　　　　　　　□占有離脱物横領

つき、本職は、下記のとおり実況見分をした。

日　　　　時	令和○○年○月○日　　午後○時○分から 　　　　　　　　　　　　午後○時○分まで
場　　　　所	被害者等人定事項等集約報告書記載の山本方南側敷地内
目　　　　的	本件犯行の状況を明らかにし、証拠を保全するため。
立　　会　　人 ┌住居、職業、┐ └氏名、年齢┘	被害者 令和○○年○月○日付山本一郎の被害者等人定事項等集約報告書 に記載の住居（事件当時）、職業 　　　　　山　本　一　　郎　　　　　　　　50歳
現　場　の　状　況	1　被害現場は、　　　山本一郎方南側敷地内　　　　である。 2　立会人が指示した被害場所は、現場の見取図に×で示した地点であった。 3　立会人は、「自転車を止めておいたのはここです。」と説明した。
現　場　の　見　取　図	
参　　考　　事　　項	1．見分時の天候は　晴れ　であった。 2．証拠資料（有・無）

（注意）　1　本書は、自転車盗難事件に限り用いることができる。

　　　　　2　□印のある欄については、該当の□印の中にレを付けること。

以上は謄本である。

令和○○年6月18日

○○県○○警察署　司法警備員　巡査部長　甲野　一郎　㊞

実 況 見 分 調 書（甲 の 2）

令和○○年 6 月18日

警視庁○○警察署

司法警察員巡査部長　　甲 野 一 郎　㊞

被疑者　　小 山 賢 二　　に対する　　□窃　　　　盗　　被疑事件に
☑占有離脱物横領

つき、本職は、下記のとおり実況見分をした。

日　　　　　時	令和○○年 6 月18日	午後 6 時30分から 午後 7 時00分まで
場　　　　　所	○○県○○市○○ 4 丁目○○番○号 パチンコ店「白鷺会館」駐輪場及びその付近	
目　　　　　的	本件犯行の状況を明らかにし、証拠を保全するため	
立　　会　　人 ┌住居、職業、┐ └氏名、年齢┘	○○県○○市○○ 3 丁目○番○○号井草アパート202 号室 　　○○大学 4 年生　被疑者　小山賢二（当時22歳）	

実況見分の経過	現 場 の 状 況	1　被害現場は、駐輪場である。 2　立会人が指示した被害場所は、現場の見取図に×で示した地点であった。 3　立会人は、「ここに停めてあった自転車を盗りました。」と説明した。
	現 場 の 見 取 図	
参　考　事　項		1．見分時の天候は　晴天　であった。 2．証拠資料（有・無）

（注意）　1　本書は、自転車盗難事件に限り用いることができる。
　　　　　2　□印のある欄については、該当の□印の中にレを付けること。

令和〇〇年 6 月18日

警視庁〇〇警察署長

　　司法警察員　警視正　〇　〇　〇　〇　殿

　　　　　　　警視庁〇〇警察署

　　　　　　　　司法警察員巡査部長　甲　野　一　郎　㊞

<h2 style="text-align:center">写　真　撮　影　報　告　書</h2>

　　　　　　　　　　　被疑者　小　山　賢　二

　上記の者に対する占有離脱物横領被疑事件につき令和〇〇年 6 月
18日〇〇県〇〇市〇〇 4 丁目〇〇番〇号パチンコ店「白鷺会館」脇
駐輪場において自転車の置いてあった状況について写真撮影したの
で別添写真のとおり報告する。

印　　　　　　　　　　　　　　印

本葉は、パチンコ店「白鷺会館」駐輪場入口を東方から撮影したもので
ある。

→印は、駐輪場入口を示す。

自転車
の置い
てあっ
た場所

A

印

本葉は、パチンコ店「白鷺会館」駐輪場を東方から写真撮影したもので
ある。

↓印は、自転車の置いてあった場所

Aは被疑者

　本件は自転車に乗った不審者を職務質問したところ、盗難被害届の出ている車両であり、ただ、事案としては占有離脱物横領だったものである。

　実務上、このような事件の取扱いは多く、盗んだ後で乗り捨てした物を、さらに第三者が盗んで乗り捨てたり、自己の占有下に置いて乗り回したりする典型例である。

　最初の自転車（住居侵入）事件については未検挙のため、当時の被害届や実況見分調書等については謄本を作り、本件の一件書類と合わせて送致することとなる。

　本件の書類についても謄本を作り、未検挙の自転車（住居侵入）事件書類と合わせて綴って保管しておくこととなる。

第6編
記載例…実況見分調書
り物盗）

第7編
各論…実況見分調書記載例（　人盗）

第8編
各論…実況見分調書記載例（犯行・傷害等）

第9編
各論…実況見分調書記載例（軽犯罪法等）

第10編
CADソフト・クロッキーの使用方法

第 **6** 編……各論：実況見分調書記載例（乗り物盗）

第6章　占有離脱物横領事件：自転車②

基本的内容

1　人定事項等報告書、犯罪事実現認報告書、被害届、実況見分調書（簡易書式）

◆ここでは、事例を使って解説します。

【想定事例】

　令和○○年5月2日午後7時20分頃、○○警察署の警察官Sは、JR○○駅北口前の歩道に駐輪されている自転車を1台ずつ覗き込んでいる不審者白井実を発見し、同人の様子を注視していたところ、同人はそのうちの1台の自転車を引き出し、乗り出したことから、追跡して職務質問した。すると、白井は、「自分の自転車が盗まれてしまったが、よく似た自転車を見つけ、鍵が破損していたからちょうど良いと思って乗った」旨を自供し、占有離脱物横領の被疑者と認めた。

　なお、当該自転車につき照会を実施したところ、所有者は上田勝男であり、「今年の3月3日に、レンタルビデオ店ノッコの前に無施錠で駐輪していたところ、盗難被害に遭った」ものであることが判明した。

別記様式

被害者等人定事項等集約報告書

令和○○年 5 月 2 日

警視庁　○○警察署　長
司法警察員　警視正　○○○○　殿

警視庁　○○警察署
司法　警察員　巡査部長　○○○○

　被疑者　白井　実　に対する　占有離脱物横領　被疑事件につき、被害者等の人定事項等については、下記のとおりであるから報告する。

記

氏　　名 (ふりがな)	上田　勝男 (うえだ　かつお)	
生年月日	平成○年○月○日	（事件当時　32　歳）
性　　別	男	
住　　居 (事件当時)	東京都○○市○○３丁目○○番○○号	
住　　居 (現在)	上に同じ	
職　　業 (勤務先名・通学先名)		
電話番号	042-○○○-○○○○ ケータイ　090-○○○○-○○○○	
事件との関わり	☑被害者　　□告訴・告発人　　□参考人　　□任意提出権者 □その他（　　　　　　　　　　　　　　　）	
家族関係		
使用車両		
参考事項	被害自転車は本年３月３日　レンタルビデオ店「ノッコ」前で盗難に遭った車両	

（注）　□のある欄については、該当の□に✓印を付すこと。

別記様式第15号

犯 罪 $\binom{捜 \enspace ㊞ \enspace 査}{事実現認}$ 報 告 書

令和○○年 5 月 2 日

警視庁○○警察署長
　司法警察員警視正　　○　○　○　○　殿
　　警視庁○○警察署
　　　司法警察員巡査部長　　○　○　○　○　㊞

次の犯罪 $\binom{を \enspace 捜 \enspace 査}{事実を現認}$ したから報告する。

罪　名、罰　条	占有離脱物横領　刑法第254条
被　疑　者	本　　籍 （国　籍）　○○県○○市大字浪岡山城○○番地 住　　居　東京都○○市○○ 3 丁目○番○号 　　　　　竹山コーポ202号室 職　　業　喫茶店ウェイター 氏　　名　白井　実 生年月日　昭和○○年 8 月17日生（当時27歳）
捜　査　の　端　緒	本職の職務質問による。
犯　罪　事　実	被疑者は、令和○○年 5 月 2 日の午後 7 時20分頃、東京都○○市○○ 2 丁目○番○○号先路上において、上田勝男が何者かに窃取され同所に置き去りに（放置）されていた自転車 1 台（時価5,000円相当）を発見したのに、警察署長に届けるなど正規の届け出をせず、自己の用途に供する目的で自宅に持ち帰り、もって横領したものである。
証　拠　関　係	1．被疑者白井実の供述調書　　1 通 2．参考人上田勝男の供述調書　1 通
現認時の状況又は 捜　査　経　過	1．本職は、令和○○年 5 月 2 日午後 6 時30分頃から管内○○市○○ 2 丁目○番JR○○駅北口前にて、緊急配

注意　必要に応じ、現場見取図を添付すること。

備に従事していたところ、同日、午後７時20分頃、同駅の１番バス発着所東側歩道上に置かれていた30数台の自転車の鍵のある部分を１台ずつのぞき込んでいる一見職人風の挙動不審者を発見した。同人の行動を注視していると、同所の西側（手前）から４、５台目にあった１台の自転車をいきなり引き出し西方○○方向に乗り出したので、本職は不審に思い、約40メートルその男を追跡し、東京都○○市○○２丁目○番○○号先歩道上で呼び止め、職務質問を開始した。

2．前記被疑者に対し、その自転車は「あなたの物ですか。」と尋ねたところ、「自分のです。」と申し立てたが、前輪の鍵がかかった状態のまま曲げられて走行できる状態になっており、そわそわして立ち去る気配もあったので、付近の○○署○○駅前交番に任意同行を求め、さらに追及したところ、「パチスロをやっているうちに自分の自転車が盗まれてしまい、探しているうち自分のによく似ているこの自転車を見つけ、鍵も曲げられて外れていたのでこれはいいなと思い乗り出しました」と自供した。

3．本職は、自転車に貼付されている防犯登録番号（○○○○）を電話連絡により本署経由で照会センターに照会したところ、所有者は東京都○○市○○３丁目○○番○○号上田勝男であることが判明した。直ちに上記上田勝男に電話連絡したところ、「本年３月３日午後10時頃から午後10時10分頃の間に、レンタルビデオ店『ノッコ』前で盗難に遭った」旨を同人が申し立てたので、盗難品であることが判明した（別添参考人供述調書参照）。

4．以上のことから前記被疑者を窃取された自転車を発見しながら、警察署に届け出ることなく横領した占有離脱物横領の被疑者と認めた。

注意　必要に応じ，現場見取図を添付すること。

別記様式（乗り物盗専用）

○○県○○　警察署長　殿	被 害 届　　　令和 ○○ 年 5 月 2 日

届出人住居

職業（勤務先）

氏　　名　　上田勝男　（ふりがな：うえだかつお）　　㊞　　　　　　年齢（ 32 歳）

（電話　　　　　　　　　携帯　　　　　　　　　　　　　　　　　）

次のとおり盗難被害がありましたからお届けします。

被害者の住居、職業、氏名、年齢（ふりがな）電話番号	① 届出人に同じ　　2 下記のとおり 住居 職業 氏名 （電話　　　　　　　　携帯　　　　　　　　　　　　　年齢（　歳））
被害の年月日時	令和 ○○ 年 3 月 3 日（ ○ 曜日）午後 10 時 00 分頃から　　　　　　　の間 　　　　　　年　　　月　　　日（　　曜日）午後 10 時 10 分頃まで
被害の場所	東京都○○市○○6丁目○番○号 レンタルビデオ店「ノッコ」前路上
被害の模様	私　　　　　　　　　　　　　が、前記場所に止めた車両を盗まれました。

被害金品	品名・数量	時価等	特　　　　　徴		所有者
	（自転車）	時価	メーカー・車名	セキド社	届出人に同じ
	オートバイ	5,000 円	年式・型式・インチ	26インチ	
	［種類 原動機付自転車Ⅰ 原動機付自転車Ⅱ］		排気量等	なし	
			登録（標識）番号	なし	
		相当	防犯登録番号	○○○○	
			車台（体）番号	○○○○○○	
	自動車 ［種類 ］		塗色・形状	黒色	
		購入年月 平成 ○年○月	自転車種類	1 スポーツ 2 ミニサイクル 3 軽快 ④ 実用 5 その他（　）	
			施錠設備の有無	① 無　2 有（　　　）	
	その他		施錠の状況	1 施錠した。② 施錠せず。	
	［　　1台 ］	1 万円	変速機・記名・盗難防止装置の有無、ガソリン残量等		

積載物等	数　量	時　価	特　　　　　徴	所 有 者
なし				

犯人の住居、氏名又は通称、人相、着衣、特徴等	1 犯人は、 ② わかりません。	
遺留品その他参考となるべき事項	① 無 2 有	

※　以上本人の依頼により代書した。　　　　　警視庁○○警察署 　　　　　　　　　　　　　　　　　司法警察員巡査部長○○○○　　㊞

受理日時	5月2日 午後 ○○時○○分	届出受理者	係	○ ○ ○	氏名	○ ○ ○ ○

注意1　届出人と被害者とが異なるときは、届出人と被害者との関係及び本人届出の理由を遺留品その他参考となるべき事項欄に記入すること。

　　2　届出人の依頼により警察官が代書したときは、※印欄に「以上本人の依頼により代書した。所属、官職、氏名」を記載し、押印すること。

　　3　選択項目は、該当する番号を○で囲み、記載事項が多岐にわたる場合には別紙（乗り物盗専用）を用いること。　　　　　　　　　　　　　　　　　　　　　　　（用紙　日本産業規格Ａ４）

実 況 見 分 調 書 （甲の2）

令和○○年5月2日

警視庁○○警察署

司法警察員巡査部長　　○　○　○　○　㊞

被疑者　白 井　　実　に対する □窃 盗　被疑事件に
☑占有離脱物横領

つき、本職は、下記のとおり実況見分をした。

日　　　時	令和○○年5月2日　午後7時45分から 午後8時05分まで
場　　　所	東京都○○市○○2丁目○番○○号 JR○○駅北口北側歩道上
目　　　的	本件犯行の状況を明らかにし、証拠を保全するため。
立　会　人 ［住居、職業、 氏名、年齢］	○○県○○市○○3丁目○番○号竹山コーポ202号室 喫茶店ウェイター 　被疑者　白井　実（当時23歳）
現　場　の　状　況	1　被害現場は、駅前からバス発着所と商店街に続く道路である。 2　立会人が指示した被害場所は、現場の見取図に×で示した地点であった。 3　立会人は、○○バス○○行バス乗場東側の歩道上を指示し「ここから鍵の壊れていた自転車を乗り出した」と説明した。
現　場　の　見　取　図	
参　考　事　項	1　見分時の天候は晴天であった。 2　証拠資料（有・無）

（注意）　1　本書は、自転車盗事件に限り用いることができる。
　　　　　2　□印のある欄については、該当の□印の中にレを付けること。

第6編
各論・実況見分調書
記載例(乗り物盗)

第7編
各論・実況見分調
書記載例(侵入盗)

第8編
各論・実況見分調書
記載例(窃盗・傷害等)

第9編
各論・実況見分調書
記載例(軽犯罪法等)

付編
CADソフト・ク
ロッキーの使用方法

本葉は、犯行現場の状況を撮影したものである。

　本葉は、被疑者が被害自転車を駐輪していた場所を指し示した状況を撮影したものである。

第７編

各論：実況見分調書記載例（侵入盗）

第1章　忍び込み窃盗

1　人定事項等報告書、被害届、実況見分調書（基本書式）

←ここでは、事例を使って解説します。

【想定事例】

　令和○○年4月18日午後11時30分頃、八坂公一は、店舗兼自宅の戸締まりをしてから2階で家族と共に就寝し、翌朝午前7時頃、店の開店準備のため起床して1階へ下りたところ、居間の整理タンスの引き出しが開けられており、中にしまっていた八坂の財布及び壁に掛けていた息子八坂公二のカメラ1台がなくなっていることに気付いた。

　また、玄関を見ると、戸は閉まっていたが鍵は解錠状態であり、袖ガラスが割れて室内にガラス片が散らばっており、玄関のたたきを上がった床板の上には、土足痕があった。

別記様式

被害者等人定事項等集約報告書

令和○○年 4 月 19 日

警視庁　○○警察署　長
司法警察員　警視　○○○○　殿

警視庁　○○警察署
司法　警察員　巡査部長　○○○○

　被疑者　　　不詳　　　に対する　　　窃盗　　　被疑事件につき、被害者等の人定事項等については、下記のとおりであるから報告する。

記

氏　　名 （ふ り が な）	八坂　公一 （やさか　こういち）			
生 年 月 日	昭和○○年○月○日　　　　（事件当時　40　歳）			
性　　別	男			
住　　居 （事件当時）	東京都○○区栄町2丁目○○番○号			
住　　居 （現在）	上に同じ			
職　　業 （勤務先名・通学先名）	酒類販売業（リカー八坂）			
電 話 番 号	080-○○○○-○○○○			
事件との 関 わ り	☑被害者　　□告訴・告発人　　□参考人　　□任意提出権者 □その他　（　　　　　　　　　　　　　　　）			
家 族 関 係				
使 用 車 両				
参 考 事 項				

（注）　□のある欄については、該当の□に✓印を付すこと。

被　害　届

令和○○年 4 月19日

警視庁○○　警察署長　殿

届出人住居

氏　　　名　　　　　八　坂　公　一　　㊞
　　　　　　　　　　ふ　り　が　な　　　　や　さか　こう　いち

（電話　　　　　　　　　　）

次のとおり　　盗　難　　被害がありましたからお届けします。

被害者の住居、職業、氏名、年齢	八坂公一（当時40歳） や さか こう いち
被　害　の　年　月　日　時	令和○○年 4 月18日　午後11時30分頃から翌19日午前 7 時00分頃までの間
被　害　の　場　所	令和○○年 4 月19日付け八坂公一の被害者等人定事項等集約報告書に記載の住居（事件当時）　私どもの店舗及び居宅内
被　害　の　模　様	昨18日の午後11時30分頃、家族と一緒に 2 階で、寝ました。 　今朝、7 時頃、店を開ける準備のため 1 階の店舗へ下りていったところ、1 階 4 畳半の居間の整理ダンスが荒らされ中に入れておいた現金と壁にかけておいた息子のカメラ 1 台がなくなっていました。

被害者氏名	八　坂　公　一

	品　　　名	数　量	時　　価	特　　　　徴	所　有　者
被害金品	1．現金 　12万3000円 　くらい 　内訳 1万円札　12枚 100円硬貨　30個 10円、5円　数枚			100円硬貨は、ビニールで包まれ棒状になっているもの	八坂公一
	2．カメラ	1台	7万円 相当	アサヒペンタクス MEスーパー ボディ番号 　196○○○○ レンズ番号 　325○○○○ 黒皮ケース入り	八坂公二 （長男）

犯人の住居、氏名又は通称、人相、着衣、特徴等	分かりません。
遺留品その他参考となるべき事項	1．店舗と居室との間は自由に出入りでき、また2階へは内階段で通じています。 2．店の屋号は、「リカー八坂」といい個人経営です。 3．カメラは私どもの長男公二（当時25歳）のものです。

※　以上本人の依頼により代書した。
　　　　警視庁○○警察署
　　　　司法警察員巡査部長　　○　○　○　○　㊞

届出受理者	係	○○○	氏名	○○○○

注意　1　届出人と被害者とが異なるときは、届出人と被害者の関係及び本人届出の理由を遺留品その他参考となるべき事項欄に記入すること。
　　　2　届出人の依頼によって警察官が代書したときは、※印欄に「以上本人の依頼により代書した。所属、官職、氏名」を記載し、押印すること。

実 況 見 分 調 書

令和○○年 4 月25日

警視庁○○警察署

司法警察員巡査部長　　田 所　　信　　㊞

　被疑者　　不 詳　　に対する　　窃 盗　　被疑事件につき、本職は、下記のとおり実況見分をした。

記

1　実況見分の日時

　　令和○○年 4 月19日　午前 7 時50分から午前 9 時10分まで

2　実況見分の場所、身体又は物

　　令和○○年 4 月19日付八坂公一の被害者等人定事項等集約報告書に記載の住居（事件当時）　八坂公一店舗併用住宅及びその付近一帯

3　実況見分の目的

　　犯行現場の模様、犯行手段方法を明らかにし証拠を保全するため

4　実況見分の立会人（住居、職業、氏名、年齢）

　　令和○○年 4 月19日付八坂公一の被害者等人定事項等集約報告書に記載の住居（事件当時）、酒店経営　　被害者 八坂公一（当時40歳）

5　実況見分の経過

　(1)　現場の位置

　　　現場は、JR○○線○○駅西口改札の北西方図測180メートル、○○信用金庫○○支店正面出入口の北方図測90メートルに位置する。

（別添現場付近の見取図 1 参照）

　(2)　現場付近の状況

　　　現場付近は、幅員12メートルの通称○○通りを挟み両側に商店及び一般住宅が軒を並べて密集している。交通の便は路線バスがあり、○○駅まで徒歩で 2 、3 分を要する位置にあり、深夜、早朝を除き人車の交通量は多い。

　　　ア　東側は、塀・フェンス等の隔てるものがなく、南北に走る幅員12メートルの舗装された久米川通りと接する。

イ　南側は、高さ1.5メートルのブロック塀を隔てて平屋の住宅江川方となる。

ウ　西側は、塀等の隔てるものがなく、幅員1.5メートルの未舗装の路地を隔てて空地となる。

エ　北側は同じく塀等の隔てるものがなく、幅員1.2メートルの未舗装の路地を隔てて山口自転車店となる。（別添現場付近の見取図2参照）

(3)　現場の模様

ア　家屋の構造

被害現場は120平方メートルの敷地に東向きに建てられた木造2階建黒色瓦葺、外壁白色モルタルの店舗併用住宅である。

（現場写真①参照）

間取りは、階下は店舗、居間、台所、便所、浴室があり、2階は8畳和室、6畳和室の2部屋で延べ面積は78平方メートルである。

（別添現場の見取図参照）

イ　屋内侵入の方法と状況

(ア)　敷地への出入口は、南側が、ブロック塀がある以外他に仕切るものがなく、出入りは自由である。また敷地内はコンクリート舗装されている。

（別添現場の見取図参照）

(イ)　建物への出入口は、東側の店舗出入口と北側の玄関の2箇所である。

東側店舗出入口には、鉄製シャッター設備があり、見分時には下りていて施錠されている。

立会人はシャッターの状況について

昨晩と変わりありません。

と説明した。

北側玄関は、アルミサッシ製2本引きガラス戸で施錠設備は「引き戸用本締錠」であり、見分時は戸は閉まっているが、解錠状態であった。

引き戸の中央部の東側引き戸側のガラスが、三角形の手拳大

に割れていて、そのガラス片が建物内のたたき上に落ちている。

　引き戸について指紋検出を行ったところガラス面から潜在指紋３個を検出しゼラチン紙に転写し採取した。

　前記引き戸の東側引き戸のガラスが脱落した縁の西側上端及び、東端の箇所にそれぞれ幅５ミリメートルの工具痕が認められた。

　立会人は

　　　昨日は鍵をかけて寝ています。今朝見るとガラスが割れ、鍵が開けられていましたが、戸は閉まってました。

と説明した。

　工具痕については、それぞれシリコンラバーにより採取した。

　　　　　　　　　　　　（別添現場の見取図・現場写真○○参照）

ウ　被害箇所の模様

(ｱ)　玄関のたたきを上がった床板の上に、南側に向けた左右の土足痕が２個認められる。

　立会人は、

　　　昨晩こんな足跡はありませんでした。

と説明した。

　この足跡２個はアセテート紙で採取した。

(ｲ)　台所は北側に流し、西側に食器戸棚が置かれており、食器戸棚は、整然として、引出し、戸は閉じられている。

　立会人は、

　　　昨日のままで、荒らされた様子はありません。

と説明した。

(ｳ)　茶の間は、台所の南に位置し、北側東寄りに玄関に通じる２本引きガラス戸、東側は、店舗に通じる２本引きガラス、戸南側は、４畳半に通じる１本引き襖、西側には、風呂場、便所に通じる２本引きガラス戸があり、いずれも閉まっている。

　立会人は、

　　　　　　　昨晩は、戸を閉めて寝ており、今朝も閉まってました。

と説明した。

　　　前記茶の間中央にはテーブル、南東隅にはテレビ、南西側には2階へ通じる階段がある。

　　　立会人は

　　　　　この部屋は変わったところはありません。

と説明した。

　　　　　　　　　　　　　　　　　　（別添現場の見取図参照）

(4)　風呂場及び便所について

　　　立会人は

　　　　　変わったところはありません。

と説明した。

　　　この風呂場及び便所の西側にはそれぞれ2本引きガラス高窓があるが、施錠されている。

(5)　4畳半は、茶の間の南側に位置し、北側に1本引き襖、東側に店舗に通じる4本引き襖、南側に2本引きガラス腰高窓、西側にも2本引きガラス腰高窓があり襖及び窓は全て閉まっている。

　　　南側及び西側窓は、クレセント錠で施錠されている。

　　　立会人は

　　　　　昨晩と変わりありません。

と説明した。

　　　同室南西隅には、「洋ダンス」と引出し4個を東に向けた「整理ダンス」があり、4段すべての引出しが引き出されている。

　　　立会人は、2段目の引き出しを示し、

　　　　　この引出しの中に入れてあった、店舗用に準備していた現金がなくなっています。と説明した。

　　　整理ダンスついて指紋検出を行ったところ2段目、3段目の引出し前面から潜在指紋3個を検出し、ゼラチン紙に転写し採取した。

　　　　　　　　　　　（別添現場の見取図・現場写真○○○参照）

　　　立会人は、さらに整理ダンス北側の柱の地上高1.5メートルの釘

が打ってある場所を指示し、

　　ここにかけておいたカメラが盗まれています。

と説明、現場の見取図に①と図示した。

（別添現場の見取図・現場写真○○参照）

(6)　店舗は北側が壁、東側が６枚引きガラス戸、さらにシャッター設備があり、南側は壁、西側は南寄りから４本引き襖、２本引きガラス戸、玄関との境の壁となっている。

　　店舗内には、コンクリート床上に４台の陳列棚が並び、北側は商品棚となり、酒類の商品が、整然と置かれている。

　　立会人は、

　　　商品は、移動してませんし、なくなったものはありません。

と説明した。

　　店舗北西側に幅90センチメートル、奥行80センチメートル、高さ75センチメートルの事務机１脚があり、その机上に

幅	50センチメートル
奥行	60センチメートル
高さ	50センチメートル

のレジが置かれている。

　　立会人は、

　　　レジはこのように施錠されており、

　　　　荒らされた様子はなく、なくなっているものもありません。

と説明した。

(7)　２階の８畳間及び、６畳間は、整然とし各窓とも施錠されていた。

(8)　証拠資料

　　本見分において、次のとおり指紋、足跡、痕跡を採取した。

　　ア　玄関引き戸から潜在指紋　　　　３個

　　イ　レジから潜在指紋　　　　　　　３個

　　ウ　玄関引き戸枠から工具痕　　　　２個

　　エ　玄関床板上から足跡　　　　　　２個

　(9)　気象状況その他

　　　ア　実況見分時は終始曇天であった。

　　　イ　本見分に当たり次の当署司法巡査2名に補助させた。

　　　　(ア)　指紋・足跡・痕跡採取

　　　　　　　　　司法巡査　山川一夫

　　　　(イ)　現場写真撮影

　　　　　　　　　司法巡査　丸山　勇

　本見分の結果を明らかにするため、現場付近の見取図2枚、現場見取図3枚、及び現場写真○○葉を本調書末尾に添付することとした。

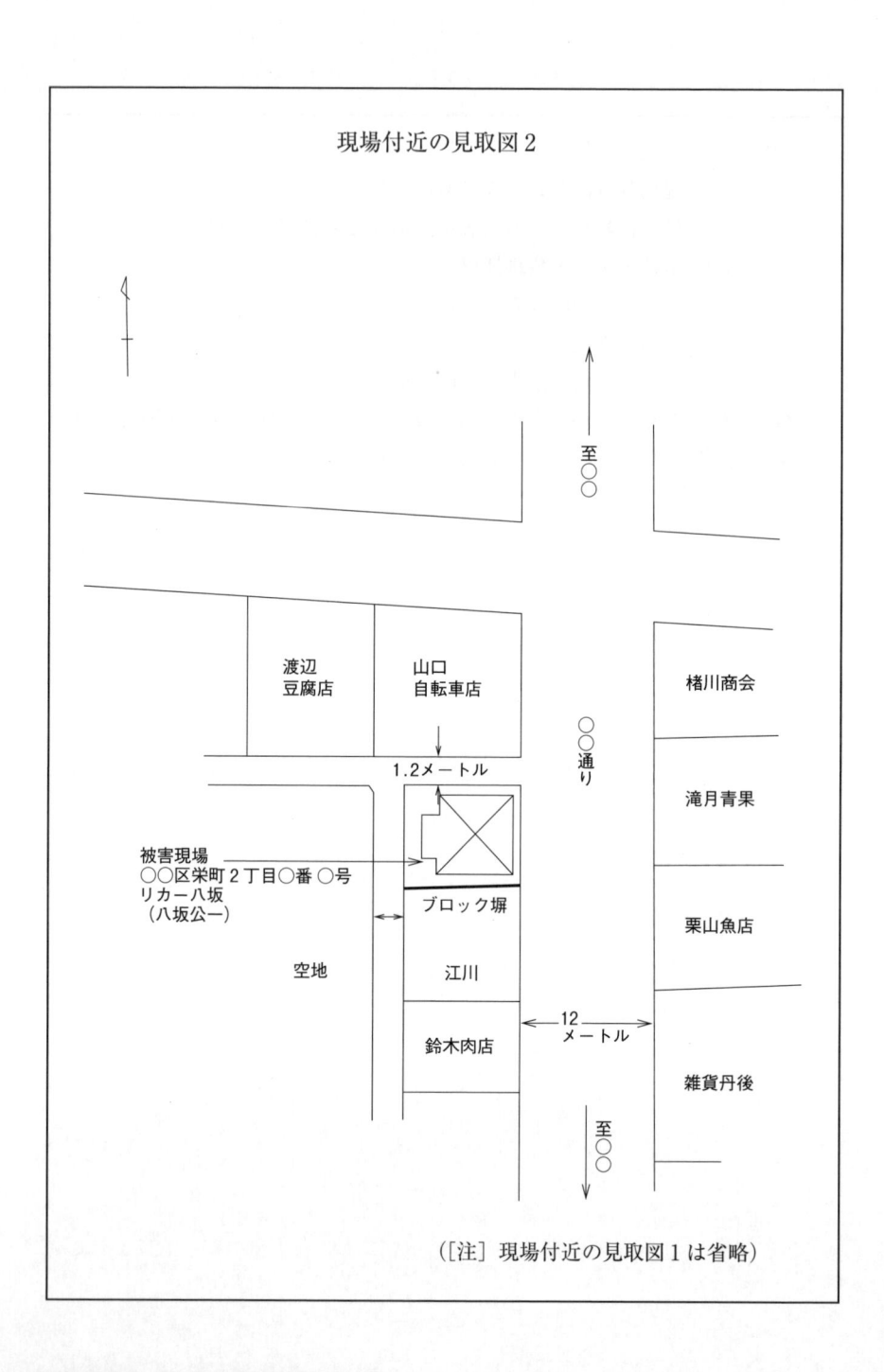

現場付近の見取図2

渡辺
豆腐店

山口
自転車店

楮川商会

滝月青果

1.2メートル

○○
通り

被害現場
○○区栄町２丁目○番○号
リカー八坂
（八坂公一）

ブロック塀

栗山魚店

空地

江川

12
メートル

鈴木肉店

雑貨丹後

至
○○

至
○○

（[注] 現場付近の見取図１は省略）

現場の見取図

凡　例
＼＼ 足跡
① カメラ
② レジスター
Ⓐ ガラスが破れ開いていた

1

本葉は、被害者店舗兼居宅を東方から撮影したものである。

2

本葉は、被害場所居室を北東から撮影したものである。
　↓印は、財布等が窃取された整理タンスを示す。

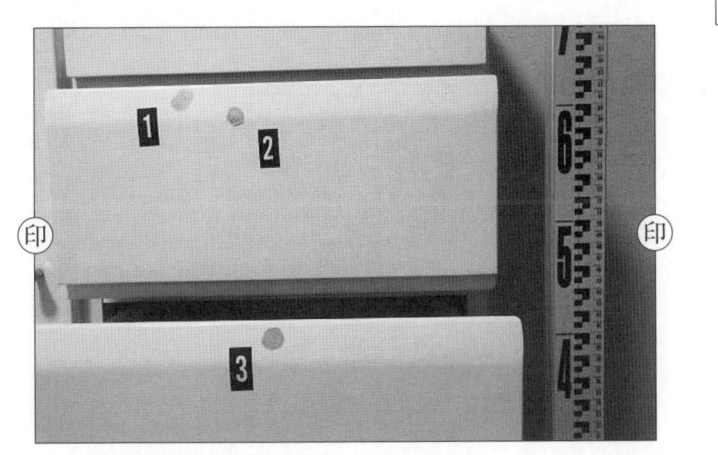

3

本葉は、財布が窃取された整理タンスを近接撮影したものである。
↓印は、指紋採取箇所を示す。

4

本葉は、指紋採取箇所を近接撮影したものである。

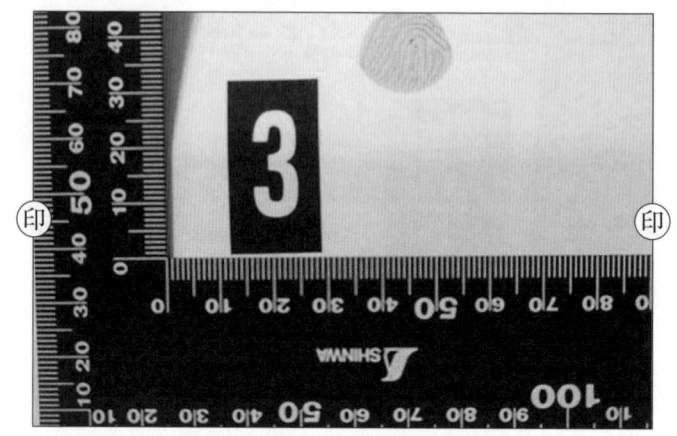

本葉は、採取番号３の潜在指紋検出後の指紋を撮影したものである。

第2章 店舗荒し

1 人定事項等報告書、被害届、実況見分調書（簡易書式）

←ここでは、事例を使って解説します。

【想定事例】

　コンビニエンスストア○○店の店長板垣恒夫は、同店の事務室内に置いている売上金等保管用の金庫の点検を、自ら又は従業員により定期的に行っていたが、令和○○年4月6日午後11時00分頃、アルバイト店員の吉田弘が同金庫の点検を行ったところ、金庫内に置いていた現金約100万円がなくなっているとの報告を受けた。

　当時、同金庫は、合鍵により扉が開く状態であった。

　なお、同日午後8時39分には、アルバイト店員加藤正美が同金庫の点検をしている。

別記様式

被害者等人定事項等集約報告書

令和○○年 4 月 7 日

警視庁　○○警察署　長
司法警察員　警視　○○○○　　殿

警視庁　○○警察署
司法　警察員　巡査部長　○○○○

　被疑者　　　不詳　　　に対する　　　窃盗　　　被疑事件につき、被害者等の人定事項等については、下記のとおりであるから報告する。

記

ふりがな 氏　　名	いたがき　つねお 板垣　恒夫
生年月日	平成○○年○月○日　　　　　　（事件当時　24　歳）
性　　別	男
住　　居 （事件当時）	東京都世田谷区尾山台２丁目○番○号
住　　居 （現在）	上に同じ
職　　業 （勤務先名・通学先名）	会社員（コンビニエンスシステムズ・テン尾山台１丁目店 店長）
電話番号	03-○○○○-○○○○
事件との 関 わ り	☑被害者　　□告訴・告発人　　□参考人　　□任意提出権者 □その他（　　　　　　　　　　　　　　　）
家族関係	
使用車両	
参考事項	

（注）　□のある欄については、該当の□に✓印を付すこと。

被　害　届

令和〇〇年4月6日

警視庁〇〇　警察署長　殿

届出人住居
氏名　　板垣　恒夫　㊞
（電話　　　　　）

次のとおり　被害がありましたからお届けします。

被害者の住居、職業、氏名、年齢	佐藤十造（当時50歳）
被害の年月日時	令和〇〇年4月6日　午後8時39分頃から　午後11時00分頃までの間
被害の場所	東京都世田谷区尾山台1丁目〇番〇号モンパリ尾山台1階　株式会社コンビニエンスシステムズテン尾山台1丁目店事務室内
被害の模様	当店は、従業員交替制の勤務体制をとる、24時間営業の食料品雑貨等の販売店です。昨日、午後8時39分に、午後5時から午後9時まで勤務の加藤正美（当時18歳）が事務室のホーム金庫のお金を点検いたしました。そして、午後11時頃、次の勤務者吉田弘（当時18歳）がこの金庫を見たところ、金庫内のクリップで留めていた現金の札のみが盗まれておりました。この金庫内の鍵は付けたままで、取手を回すとすぐ金庫は開く状態でしたので、吉田君がカウンターを離れた隙に誰かが事務室に入り盗んだものと思います。

	品　　　名	数　量	時　価	特　　　　徴	所　有　者
被害金品	1．現金 　合計 　1,030,000円 　1万円札　83枚 　5千円札　8枚 　千円札　160枚				佐藤十造
犯人の住居、氏名又は通称、人相、着衣、特徴等	不詳				
遺留品その他参考となるべき事項	私は株式会社コンビニエンスシステムズの社員で、現在テン尾山台1丁目店店長として同店の商品及び売上金等の管理一切をまかされております。				

※　　以上本人の依頼により代書した。

　　　　　警視庁○○警察署

　　　　　　司法警察員巡査部長　　　○　○　○　○　　㊞

届出受理時間	4月6日午後○時○分	届出受理者	係	○○○	氏名	○○○○

注意　1　届出人と被害者とが異なるときは、届出人と被害者との関係及び本人届出の理由を遺留品その他参考となるべき事項欄に記入すること。

　　　2　届出人の依頼によって警察官が代書したときは、※印欄に「以上本人の依頼により代書した。所属、官職、氏名」を記載し、押印すること。

実況見分調書（甲の1）

令和○○年4月7日

警視庁○○警察署

司法警察員巡査部長　　○　○　○　○　㊞

　被疑者　　不　詳　　に対する　　窃　盗　　被疑事件につき、本職は、下記のとおり実況見分をした。

日　　　　時	令和○○年4月7日　午前0時00分から 　　　　　　　　　　午前1時30分まで
場　所、身　体 又　は　物	東京都世田谷区尾山台1丁目○番○号　モンパリ尾山台1階 株式会社コンビニエンスシステムズテン尾山台1丁目店及びその付近一帯
目　　　　的	犯行の状況を明らかにし証拠を保全するため
立　会　人 ┌住居、職業、┐ └氏名、年齢 ┘	令和○○年4月7日付板垣恒夫の被害者等人定事項等集約報告書に記載の住居（事件当時）、職業 　　　被害者　板垣　恒夫（当時24歳）

実況見分の経過	現場の位置	現場は私鉄東急大井町線尾山台駅の南東方図測1,200メートル、警視庁○○警察署尾山台交番の東方図測600メートルの地点である。
	現場付近の状況	別紙のとおり
	現場の状況	別紙のとおり
参　考　事　項		1．見分時は、晴天であった。 2．実況見分の結果を明らかにするため、当署司法巡査○○○○の撮影した現場写真○○葉を本調書末尾に添付した。

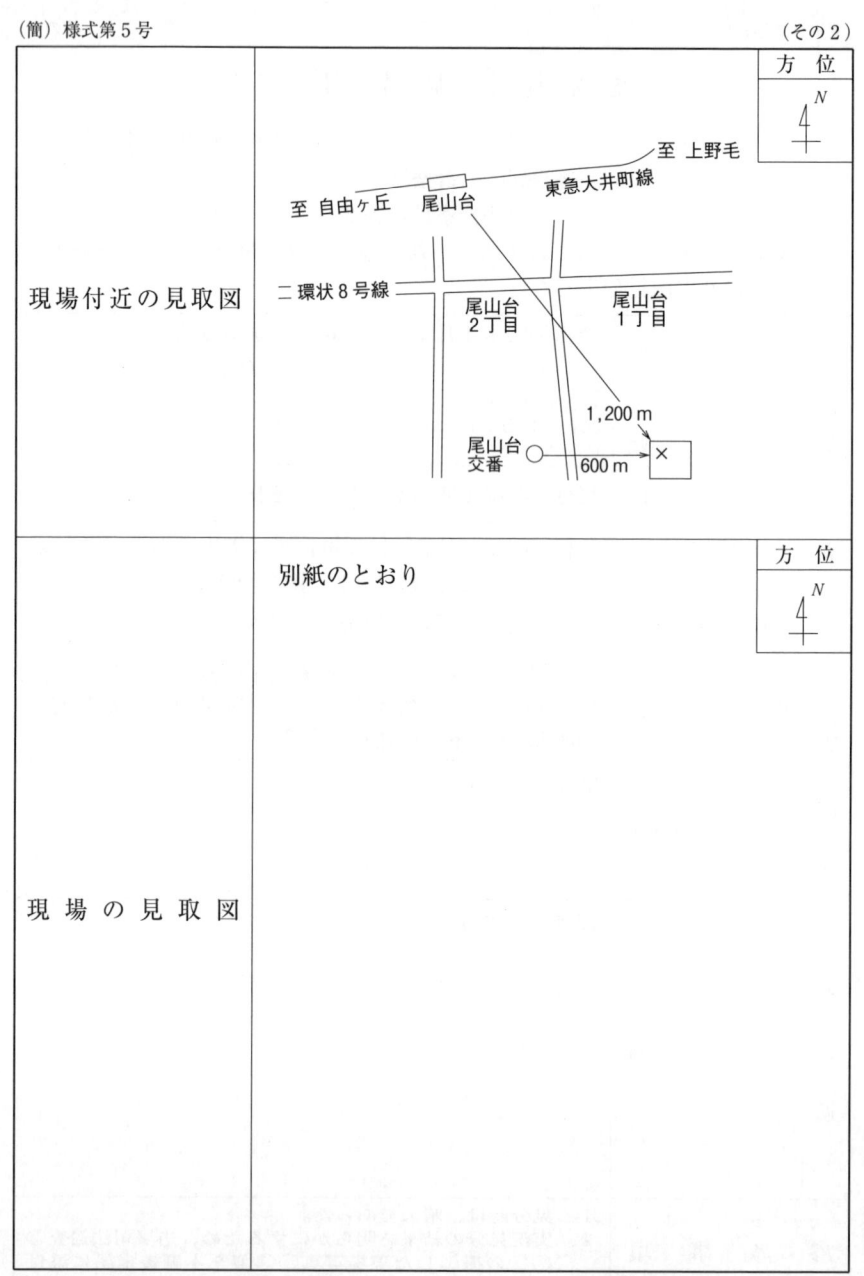

●別　紙

現場付近の状況

　　現場付近は、一部商店、会社を含む旧来の住宅街の一角で昼、夜間とも交通量特に車両の通行が多い（現場付近の見取図参照）。

現場の状況

1　　現場の店舗は、店舗床面積124.33平方メートル、主に食料品を販売する24時間営業の販売店である。

2　　現場の店舗の間取りは別添現場見取図のとおりである。

　　　同店出入口は、同店西側で２枚開きドアである（現場見取図の🅐点）。

3　　同店内の売場南側には、東西に高さ80センチメートルのカウンターがある。

　　　同カウンターの西側部分にレジが置いてある。

　　　前記レジの東側に従業員用の施錠設備のない木製開きカウンター内出入口がある。

　　　立会人は

　　　　　開店中、特別の用事があるとき以外はカウンター内に従業員がいます。

　　　　　この戸は施錠しておりません。

　　　　　このレジから、お金は盗まれておりません。

　　と説明した（現場見取図の🅑点）。

(1)　前記カウンターの南側に同店の事務室があり、同事務室からの出入口は事務室西側に片開きドア（施錠設備は円筒錠）、事務室東側に両開きドア（施錠設備はなし）がそれぞれあり、いずれも店内に通じている。

　　　立会人は

　　　　　東側の両開きドアは、事務室から店内に商品を出す所で、いつも閉めておりますが施錠設備はありません。

　　と説明した。

　　　続いて立会人は、事務室西側の片開きドアを指示して

　　　　　このドアは、施錠設備はありますがカウンターを通らなければ

　　　　　事務所に入ることができないので通常、このドアは開いたまま
　　　です。
　　　　　今回も開けたままでした。
　　と説明した（現場見取図の©点参照）。
(2)　同店事務室は店舗南側に南方を頂点とする三角形の面積22.32平方
　　メートルの机などを配した部屋である。
　　　　　現場見取図の⑩点にはスチール製テーブルがある。同机の下に、縦
　　37センチメートル、横48センチメートル、奥行41センチメートルの耐
　　火ホーム金庫が置いてある。
　　　　　同金庫を見分したところ、扉正面の左側に鍵穴があり、鍵はついて
　　いない。
　　　　　見分時、合鍵により扉を開け、庫内を見分したところ庫内の上段に
　　は引出しがあり、同引出し内に1万円札1枚及び使用済み商品券の束
　　が入っており、同引出し下には500円硬貨等の束が入っている。
　　　　　立会人は
　　　　　　　この金庫に入れておいた現金が盗まれました。盗まれたお金は
　　　　　すべて札です。盗まれたとき金庫には鍵は付けたままで、取手を
　　　　　回すとすぐ開くことができる状態でした。現在ある1万円札1枚
　　　　　は被害前と同じ状態でした。
　　と説明した。
(3)　さらに立会人は
　　　　　　　その他、店内事務室は変わったところはありませんでした。
　　と説明した。
4　証拠資料
　　なし

現場見取図

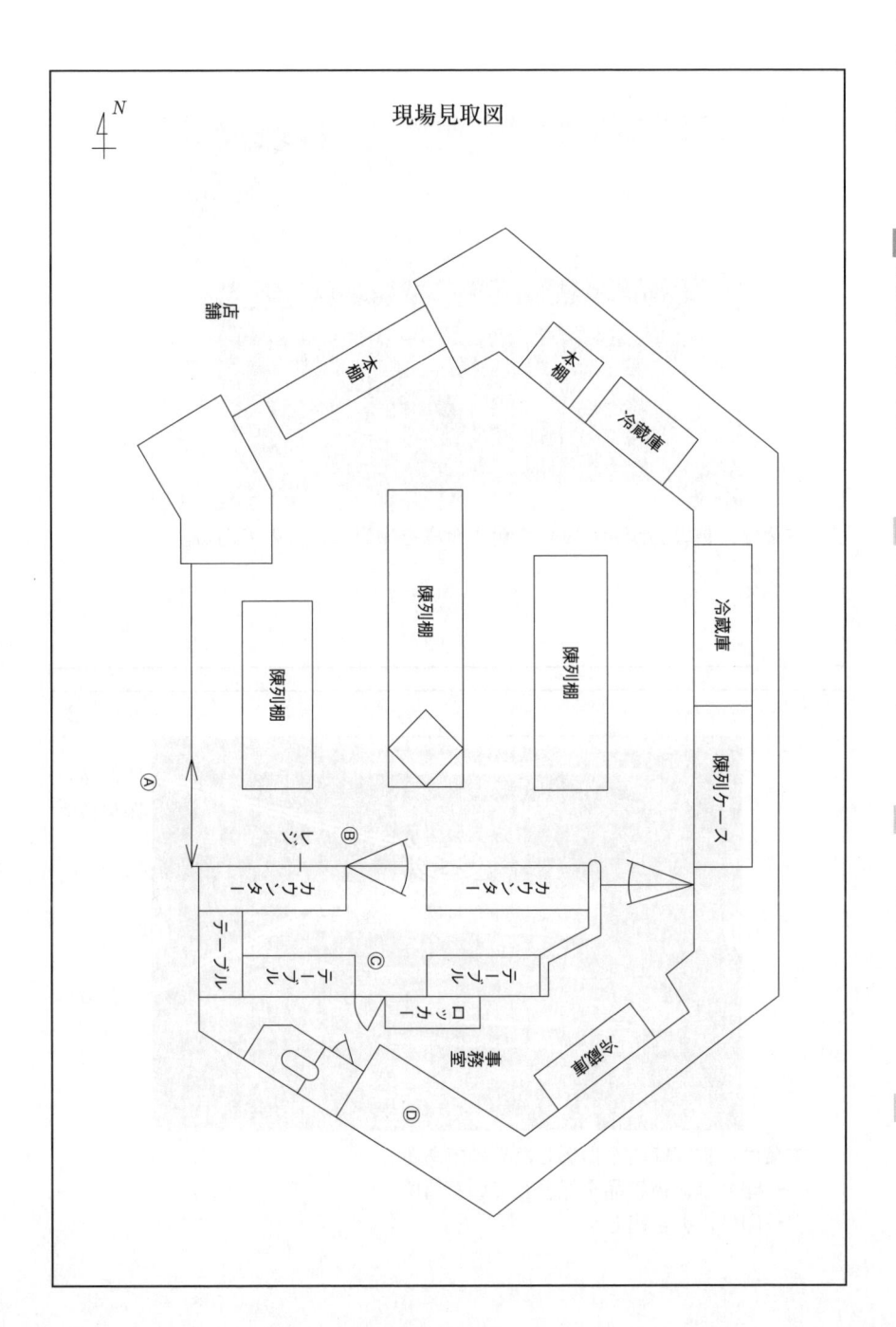

1

本葉は、被害品が入っていた耐火金庫を撮影したものである。

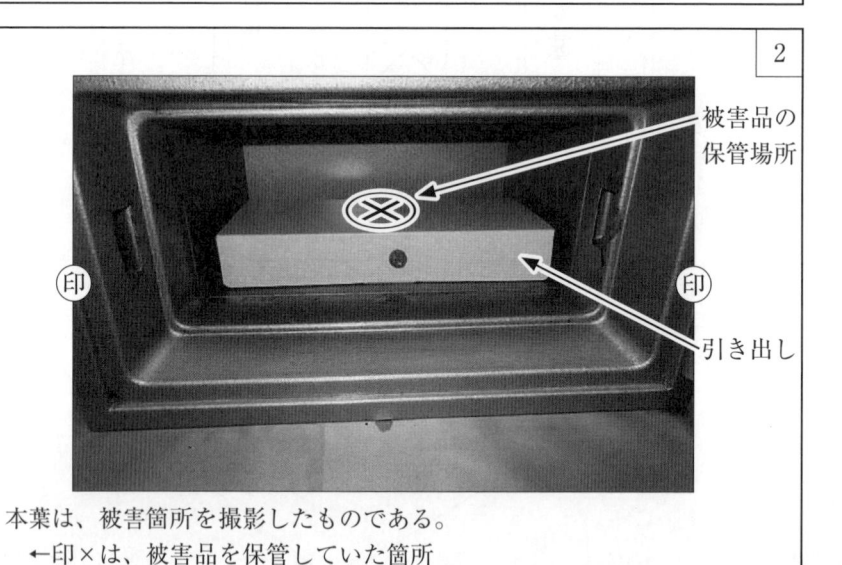

2

被害品の
保管場所

印　　　　　　　　　　　　印

引き出し

本葉は、被害箇所を撮影したものである。
　　←印×は、被害品を保管していた箇所
　　←印は、引き出し

第3章　事務所荒し①

1　人定事項等報告書、被害届、実況見分調書（簡易書式）、実況見分調書（基本書式）

⇦ここでは、事例を使って解説します。

【想定事例】

　○○株式会社○○工場に勤務する総務担当のパート従業員小野幸子は、令和○年○月○日午後5時30分頃、現金等を入れている手提金庫を事務室のロッカーにしまい、施錠して、その鍵を机の引出しの中に入れ、事務室の出入口ドアを施錠し、退社した。

　翌日の午前6時00分頃、小野が出勤すると、事務室の出入口ドアの鍵が開いており、ロッカーの鍵を開けるために机の引出しを開けると、ロッカーの鍵がなくなっていた。

　おかしいと思い、ロッカーを確認すると解錠されており、手提金庫がなくなっていた。

　さらに、周囲を見渡すと、事務室の腰高窓が少し開いていた。

別記様式

被害者等人定事項等集約報告書

令和○○年 3 月 19 日

警視庁　○○警察署　長
司法警察員　警視　○○○○　殿

警視庁　○○警察署
司法　警察員　巡査部長　○○○○

　被疑者　不詳　に対する　窃盗　被疑事件につき、被害者等の人定事項等については、下記のとおりであるから報告する。

記

ふりがな 氏　　名	かめ だ　　みつる 亀田　満
生年月日	（事件当時　50　歳）
性　　別	男
住　　居 （事件当時）	東京都新宿区新宿6丁目○番○号
住　　居 （現在）	上に同じ
職　　業 （勤務先名・通学先名）	工場長（山崎産業株式会社）
電話番号	03-3313-○○○○
事件との 関 わ り	□被害者　　□告訴・告発人　　☑参考人　　□任意提出権者 □その他（　　　　　　　　　　　　）
家族関係	
使用車両	
参考事項	住所は会社所在地

（注）　□のある欄については、該当の□に✓印を付すこと。

別記様式

被害者等人定事項等集約報告書

令和○○年 3 月 19 日

警視庁　○○警察署　長
司法警察員　警視　○○○○　　殿

警視庁　○○警察署
司法　警察員　巡査部長　○○○○

　被疑者　　　不詳　　　に対する　　　窃盗　　　被疑事件につき、被害者等
の人定事項等については、下記のとおりであるから報告する。

記

氏　　名 <small>ふりがな</small>	中村　武雄 <small>なかむら　たけお</small>	
生年月日	昭和○○年○月○日　　　　　（事件当時　41　歳）	
性　　別	男	
住　　居 （事件当時）	東京都新宿区新宿6丁目○番○号	
住　　居 （現在）	上に同じ	
職　　業 <small>（勤務先名・通学先名）</small>	代表取締役（山崎産業株式会社）	
電話番号	03-○○○○-○○○○	
事件との 関わり	☑被害者　□告訴・告発人　□参考人　□任意提出権者 □その他（　　　　　　　　　　　　　　）	
家族関係		
使用車両		
参考事項	住所は会社所在地	

（注）　□のある欄については、該当の□に✓印を付すこと。

被害者等人定事項等集約報告書

令和○○年 3 月 19 日

警視庁　○○警察署　長
司法警察員　警視　○○○○　殿

警視庁　○○警察署
司法　警察員　巡査部長　○○○○

　被疑者　　　　不詳　　　　に対する　　　　窃盗　　　　被疑事件につき、被害者等の人定事項等については、下記のとおりであるから報告する。

記

氏　名 （ふりがな）	小野　幸子 （おの　ゆきこ）
生年月日	昭和○○年○月○日　　　　　　　（事件当時　49　歳）
性　別	女
住　居 （事件当時）	東京都新宿区新宿6丁目○番○号
住　居 （現在）	上に同じ
職　業 （勤務先名・通学先名）	会社員（山崎産業株式会社　総務担当）
電話番号	080-○○○○-○○○○
事件との 関わり	☐被害者　　☐告訴・告発人　　☑参考人　　☐任意提出権者 ☐その他（　　　　　　　　　　　　　　　）
家族関係	
使用車両	
参考事項	住所は会社所在地

（注）　☐のある欄については、該当の☐に✓印を付すこと。

被　害　届

令和○○年 3 月19日

警視庁○○　警察署長　殿

届出人住居

氏　名　　　　亀　田　満　　　　㊞
（ふりがな　かめ　だ　みつる）

（電話　　　　　　　　　　　　）

次のとおり　盗　難　被害がありましたからお届けします。

被害者の住居、職業、氏名、年齢	中村武雄（当時41歳）（なかむらたけお）
被害の年月日時	令和○○年 3 月18日　午後 5 時30分頃から 3 月19日　午前 6 時00分頃までの間
被害の場所	東京都新宿区新宿 6 丁目○番○号 山崎産業株式会社 1 階事務所内
被害の模様	私どものパートの従業員小野幸子さんが、昨日18日の午後 5 時30分頃、現金、小切手、通帳などを入れていた手提金庫を事務所の金属ロッカーにしまい、ロッカーの鍵は机の引出しの中に入れてある缶の中に、入れておきました。 　本日の午前 6 時頃、小野さんが出勤して、金属ロッカーを開けようとしたところ、ロッカーの鍵がなくなっていたので、工場内を調べていたところ折り詰室に土足の跡があったのでおかしいと思い、金属ロッカーをスペアキーで開けてみたところ、手提金庫がなくなっていました。

	品　名	数　量	時　価	特　徴	被害者氏名　中村武雄 所有者　中村武雄
被害金品	1．手提金庫 （在中品） （1）現金20万円くらい 内訳　1万円、千円、100円、10円とりまぜ	1個 （台）	3,000円	緑色・スチール製、大きさ・約35×25×18センチメートル	
	（2）小切手	1枚		白土印刷振出、額面16万1,540円	
	3．貯金通帳	3冊		（1）城西信用金庫 新宿支店発行 普通　浜名誠一名義 （2）城西信用金庫 新宿支店発行 普通　斉藤順吉名義 （3）株式会社ゆうちょ銀行 普通　並木豊名義	
	4．鍵	2個		金属ロッカー用	

分かりません。

[注]　被害金の内訳＝金種、額について具体的に記入すること。額については、捜査報告書でもって具体的に記入すること。

犯人の住居、氏名又は通称、人相、着衣、特徴等	
遺留品その他参考となるべき事項	（1）私は、山崎産業の工場長をやっております。 （2）浜名誠一、斉藤順吉、並木豊は私どもの従業員です。

※　以上本人の依頼により代書した。
　　警視庁○○警察署
　　　　　　　司法警察員巡査部長　　○　○　○　○　㊞

届出受理時間	3月19日午前○時○分	届出受理者	係　○○○　氏名　○○○○

注意　1　届出人と被害者とが異なるときは、届出人と被害者との関係及び本人届出の理由を遺留品その他参考となるべき事項欄に記入すること。
　　　2　届出人の依頼によって警察官が代書したときは、※印欄に「以上本人の依頼により代書した。所属、官職、氏名」を記載し、押印すること。

（簡）様式第5号　　　　　　　　　　　　　　　　　　　　　　　　　（その1）

実 況 見 分 調 書（甲の1）

令和〇〇年3月19日

警視庁〇〇警察署

司法警察員巡査部長　　〇　〇　〇　〇　㊞

　被疑者　　不　詳　　に対する　　窃盗　　被疑事件につき、本職は、下記のとおり実況見分をした。

日　　　　　時	令和〇〇年3月19日　午前7時30分から 午前8時30分まで
場　所、身　体 又　　は　　物	東京都新宿区新宿6丁目〇番〇号 山崎産業株式会社とその付近
目　　　　　的	犯行の状況を明らかにし証拠を保全するため
立　　会　　人 ┌住居、職業、 └氏名、年齢	令和〇〇年3月19日付小野幸子の被害者等人定事項等集約報告書に記載の住居（事件当時）、職業 　　小野幸子（当時49歳）

実況見分の経過	現場の位置	現場は、地下鉄丸の内線新宿3丁目駅東口の北東方図測400メートル、当署花園交番の西北西図測250メートルの地点である。
	現場付近の状況	付近は、大通りを入った住宅街で人通りは多い。
	現場の状況	1．被害現場は木造モルタル2階建の1階事務所内である。 2．折り詰室アルミ製2枚引き戸が閉まっていて、立会人は「ここは、いつも閉めていません。」と説明した。 3．Ⓐの調理台にダンボール箱があり、その上に足跡が残っている。立会人は「ダンボール箱はありましたが、足跡は付いていませんでした。」と説明した。 4．Ⓑは板壁で中央に鍵がかけてある。立会人は「事務所は閉まっていました。ドアの鍵を使用しないとドアは開きません。」と説明した。 5．Ⓒスチール机、小引出しで立会人は「この1番上の引出しの中の空缶に金属ロッカーの鍵を入れておきました。なお、机には鍵はしてありません。」と説明した。 6．Ⓓは、金属ロッカーで、立会人は「鍵がかかっていたはずです。扉を開けてみると中は空でした。」と説明した。 7．「金属ロッカーの鍵がなくなっている。」と立会人は説明した。

参　　考　　事　　項	見分時は晴天であった。

現場付近の見取図		方　位 N
現　場　の　見　取　図	別紙のとおり	方　位 N

（注意）　現場の写真は、別葉とし、撮影者をしてその職名を記入し、署名押印させること。

〈B：詳細なものを要するとき〉

様式第46号　（刑訴第197条）

実 況 見 分 調 書

令和○○年３月19日

警視庁○○警察署

司法警察員巡査部長　　○　○　○　○　　㊞

被疑者　　不　詳　　に対する　　窃　盗　　被疑事件につき、本職は、下記のとおり実況見分をした。

記

1　実況見分の日時

　　　令和○○年３月19日　午前７時30分から午前８時30分まで

2　実況見分の場所、身体又は物

　　　東京都新宿区新宿６丁目○番○号

　　　山崎産業株式会社とその付近

3　実況見分の目的

　　　犯行の状況を明らかにし証拠を保全するため

4　実況見分の立会人（住居、職業、氏名、年齢）

　　　令和○○年３月19日付小野幸子の被害者等人定事項等集約報告書に

　　　記載の住居（事件当時）、職業　　　　　小野幸子（当時49歳）

5　実況見分の経過

　現場の位置

　　　現場は、地下鉄丸の内線新宿３丁目駅東口（C－6）の北東方目

　　測約（［注］実測のときは「約」をつけない）400メートル、当署花

　　園交番の西北西方目測約250メートルの地点に位置している。

　現場付近の状況

　　　付近は、一般住宅やアパートが密集した住宅街であるが、会社事

　　務所や商店も点在しており昼間は人車の通行が多い。

　現場の状況

　　1　現場周囲の模様

　　　　現場は東向きに建てられた木造モルタル造りの２階建工場兼事務

所であり、東側は幅員5.5メートルの道路に面し、12階建マンション
と向かい合っている。

　建物の南、西方向及び北側は高さ2.3メートルのブロック塀に囲
まれており、それぞれ隣家と接している。

　東側は、塀や門扉がなく、敷地の北東隅には普通車２台が駐車で
きる広さの駐車場があり、同所から北西角にある勝手口に通じてい
る。

２　室内の模様

　建物の１階には正面及び勝手口の２箇所の出入口がある。

　１階は折り詰室、厨房、便所、洗面所及び事務室からなっており、
２階には物品倉庫と従業員休憩室がある。

(1)　折り詰室

　同室の西側にはアルミサッシ製片開きのドアがあり、内側から
施錠されている。

　立会人は

　　　勝手口に変わったところはありません。

と説明した。

　東側は厨房に通じており、南及び西側にはＬ字型の調理台が設
置されている。

　北側には、手前開きの腰高窓があり、内側のねじ締り錠が外れ
ており、ガラス窓が８センチメートル開けられている。

　立会人は

　　　ここの鍵はいつもかけていませんが、窓はきちんと閉めて
　　おきました。

と説明した。

　同窓下の調理台下Ａ点にダンボール箱が置かれており、箱の上
面に爪先を東方に向けた波形模様の足跡１個が印象されている。

　立会人は

　　　昨日はこのような足跡は付いていませんでした。

と説明したので、前記足跡をゼラチン紙に転写して採取した。

(2) 厨房

厨房の東側にはガス台、南側には流し台が設置されている。

東側の腰高窓は閉まっており、内側から施錠されている。

南西角には片開きドアがあり、外側に開けられている。

立会人は

> このドアはいつも開け放しております。

と説明した。

(3) 正面出入口、便所、洗面所

正面の出入口はアルミサッシ製2本引きの引き戸になっており、施錠はされていない。

立会人は

> 私が出勤した時に鍵で開けましたので、変わったところはありませんでした。

と説明した。

出入口を入った西側には、業務用の冷凍庫、冷蔵庫が置かれており南側には2階に通じる階段がある。

階段の奥には片開きドアがあり、洗面所と便所になっている。

(4) 事務室

1 同室の北東角には、外側に開く木製片開きドアがあり、閉まっているが施錠はされていない。錠はシリンダー錠で、外側から鍵を使って施解錠する仕組みになっている。

立会人は

> このドアは鍵をかけて帰ったのに翌朝出勤した時には開いていました。

と説明したので、さらに錠を見分したが損壊等の異状は認められなかった。

2 同ドア南側の外壁B点に釘が打ちつけられており、ホルダー付きの鍵1個がかかっている。

立会人は

> これは事務室ドアの鍵で、いつもここにかけてあります。

と説明した。

　　　鍵のかかっている位置について計測するに、ドア南端から○○センチメートル、床面から○○センチメートルであった。

3　事務室は、12畳半くらいの広さで中央部には6台の事務机が東西背中合わせになっている。事務机はいずれも、左側が1段の大引出し、右側が3段の小引出し内は筆記用具、帳簿等の事務用品が整然と収められている（引出しの施錠は2台ともかけてない。）。

　　　南西端の事務机の最上段の小引出し内C点に、茶筒が置いてあり、その中には何にも入っていない。

　　　立会人は、空茶筒を示し

　　　　この茶筒の中には、ロッカーの鍵が入っていましたがなくなっています。引出しの鍵はいつもかけておきません。

　　　　鍵も見つかりません。

　　と説明した。

　　　引き出しの2箇所から潜在指紋2個を検出し、ゼラチン紙に採取した。

4　北側にファクシミリ、金属ロッカーが並べて置かれている。

　　　金属ロッカー前面には両開きの扉が付いており、施錠設備があるが施錠されておらず、錠にも異状は認められない。

　　　立会人は、

　　　　このロッカーは、机の引出しにあった鍵で閉めておきましたが、出勤した時錠が開けられていました。

　　と説明した。

　　　ロッカー内は、5段の棚で仕切られており帳簿、伝票、ファイル等が整然と収められている。

　　　立会人は、上から2段目の棚の東端を示し

　　　　ここに置いてあった手提金庫がなくなっています。

　　と説明した。

5　南及び西側には2本引きのガラス窓があるが、いずれも内側

　　　　から施錠されており異状は認められない。
　3　証拠資料
　　　足跡　1個
　4　参考事項その他
　(1)　見分時は始終晴天であった。
　(2)　見分補助者
　　　・写真撮影　　　　司法巡査　　　〇〇〇〇
　　　・指紋、足跡採取　司法巡査　　　〇〇〇〇
　本見分の結果を明らかにするため見取図〇枚、写真〇葉を本調書末尾に
添付した。

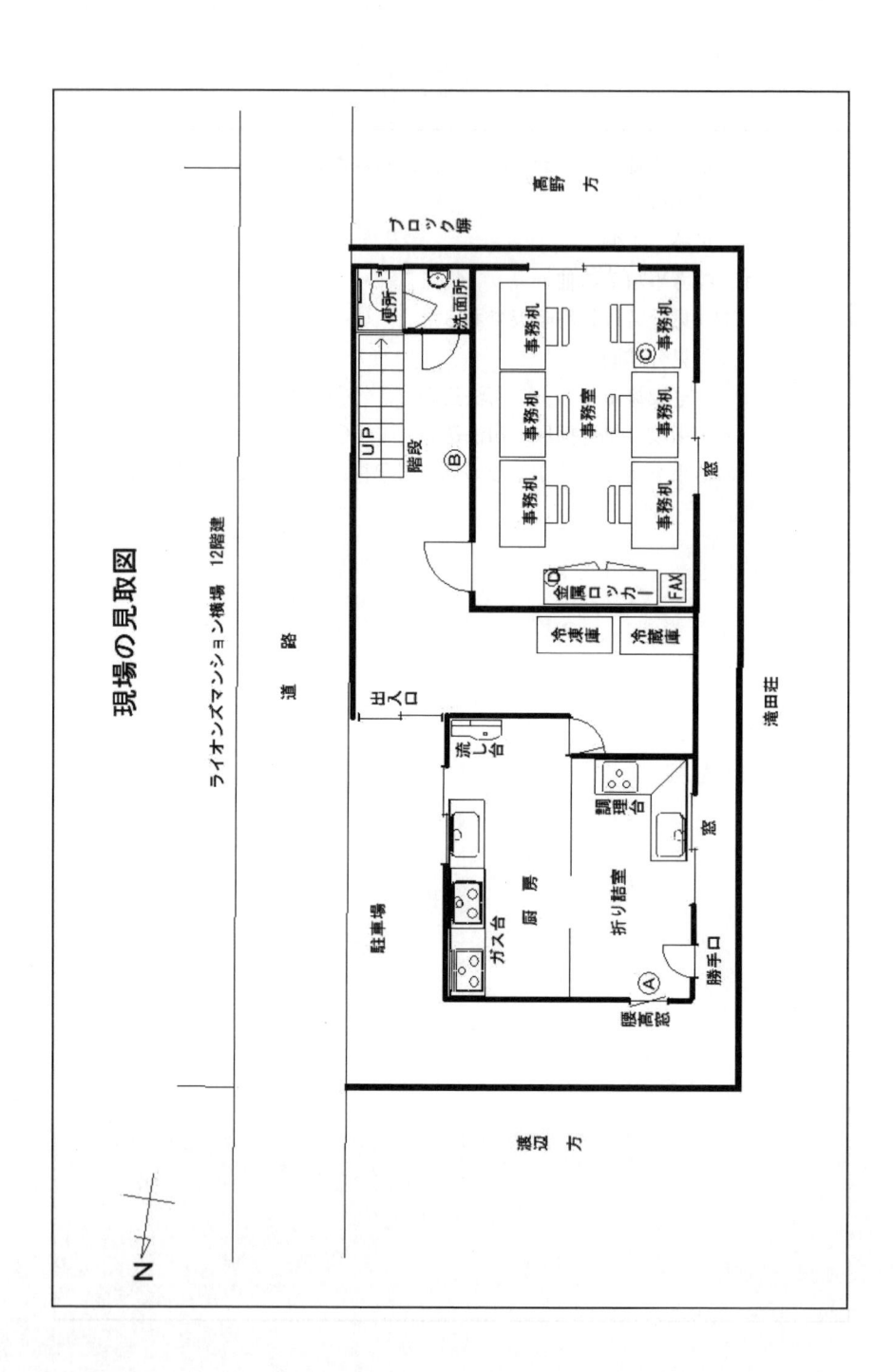

1

印　　　　　　　　　　　　　　　　　　　　印

本葉は、開扉されていた腰高窓の場所を撮影したもの。

2

印　　　　　　　　　　　　　　　　　　　　印

本葉は、腰高窓の開扉状況を近接撮影したもの。

3

被害机

本葉は、事務室全景を南方から撮影したもの。
　←印は、被害机

4

開扉された引き出し

本葉は、被害机を北西方向から撮影したもの。
　←印は、開扉された引き出しの指紋採取箇所

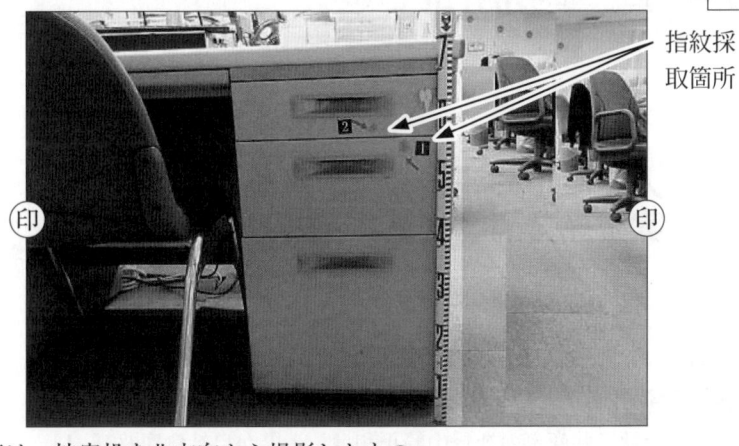

5

指紋採取箇所

本葉は、被害机を北方向から撮影したもの。
←印は、開扉された引き出しの指紋採取箇所

6

本葉は、指紋の印象状況を近接撮影したもの。

第4章　事務所荒し②

1　人定事項等報告書、被害届、実況見分調書（基本書式）

◀ここでは、事例を使って解説します。

【想定事例】

　株式会社三井商事の社長山崎正和は、1階が自社倉庫及び事務所、2階が自宅の居住スペースとなっている兼用住宅において仕事中であったが、令和○○年9月18日午後0時5分頃、食事のために2階の住居に上がり、0時45分頃、食事を終えて1階の事務所に戻ったところ、事務所の腰高窓が開いていたため、不審に思い事務所内を調べると、机の一番下の引出しに入れておいた現金等在中の手提金庫がなくなっていた。

別記様式

被害者等人定事項等集約報告書

令和○○年 9 月 18 日

警視庁　○○警察署　長
司法警察員　警視　○○○○　殿

警視庁　○○警察署
司法　警察員　巡査部長　○○○○

　被疑者　　不詳　　に対する　　窃盗　　被疑事件につき、被害者等の人定事項等については、下記のとおりであるから報告する。

記

氏　　名 （ふりがな）	山崎　正和 （やまざき　まさかず）
生年月日	昭和○○年○月○日　　　　　（事件当時　56　歳）
性　　別	男
住　　居 （事件当時）	東京都杉並区堀ノ内2丁目○○番○○号
住　　居 （現在）	上に同じ
職　　業 （勤務先名・通学先名）	社長（株式会社三井商事）
電話番号	03-3311-○○○○
事件との 関わり	☑被害者　　□告訴・告発人　　□参考人　　□任意提出権者 □その他（　　　　　　　　　　　　　　）
家族関係	
使用車両	
参考事項	自宅・会社事務所は同一住宅です。

（注）　□のある欄については、該当の□に✓印を付すこと。

被　害　届

令和○○年９月18日

警視庁○○　警察署長　殿

届出人住居

氏　名　　　　　　山　崎　正　和　　　　㊞

（電話　　　　　　　　）

次のとおり　盗　難　被害がありましたからお届けします。

被害者の住居、職業、氏名、年齢	山崎正和（当時56歳）
被害の年月日時	令和○○年９月18日　午後０時５分頃から午後０時45分頃までの間
被害の場所	令和○○年９月18日付山崎正和の被害者等人定事項等集約報告書に記載の住居（事件当時）、職業　　株式会社三共商事事務所内
被害の模様	私は、本日、午後０時５分頃、食事のために２階の住居に上がり、０時45分頃、食事を終え１階の事務所に戻ったところ、事務所西側の窓が開いていたので不審に思い事務所内を調べたところ、私の机の一番下の引出しに入れておいた手提金庫がなくなっていました。

別記様式第6号　　　　　　　　　　　　　　　　　　　　　　　（その2）

被害者氏名	山　崎　正　和

	品　　　名	数　量	時　　価	特　　　　徴	所　有　者
被害金品	手提金庫 　　在中品 １．現金 　　18万円 　　内訳 　　1万円札　18枚	1台	8,000円 相当	スチール製　30×30 センチメートル大 キング社製　緑色	山崎正和
	２．預金通帳	5冊		大東銀行杉並支店ほか 4冊（三共商事名義）	同　　上
	３．定期預金証書	1通		西大銀行杉並支店 　　（三共商事名義）	同　　上
	４．手形帳	2冊		南北銀行杉並支店 　　（三共商事名義）	同　　上
	５．小切手帳	2冊		東北銀行杉並支店 　　（三共商事名義）	同　　上
	６．受取手形	2枚		小丸デパート町田店 　　振出（額面○○万 　　円、額面○○万円）	同　　上

犯人の住居、氏名 又は通称、人相、 着　衣、特　徴　等	分かりません。

遺留品その他参考 となるべき事項	ありません。 [注]　通帳の残高を「参考事項」欄や捜査報告書を使っ 　　　て書くようにする。

※　以上本人の依頼により代書した。
　　　　　警視庁○○警察署
　　　　　　　司法警察員巡査部長　　○　○　○　○　　㊞

届出受理時間	9月18日午後○時○分	届出受理者	係	○○○	氏名	○○○○

注意　1　届出人と被害者とが異なるときは、届出人と被害者との関係及び本人届出の理由を遺留品
　　　　その他参考となるべき事項欄に記入すること。
　　　2　届出人の依頼によって警察官が代書したときは、※印欄に「以上本人の依頼により代書した。
　　　　所属、官職、氏名」を記載し、押印すること。

実 況 見 分 調 書

令和○○年 9 月18日

　　　警視庁○○警察署

　　　司法警察員巡査部長　　○　○　○　○　　　㊞

　　被疑者　　不　詳　　に対する　　窃　盗　　被疑事件につき、本職は、下記のとおり実況見分をした。

記

1　実況見分の日時

　　　　令和○○年 9 月18日　　午後 1 時15分から午後 2 時00分まで

2　実況見分の場所、身体又は物

　　　　東京都杉並区堀ノ内 2 丁目○○番○○号

　　　　　株式会社三共商事事務所及びその付近一帯

3　実況見分の目的

　　　　犯罪現場の模様、犯行の手段方法を明らかにし、証拠を保全するため。

4　実況見分の立会人（住居、職業、氏名、年齢）

　　　　令和○○年 9 月18日付山崎正和の被害者等人定事項等集約報告書に記載の住居（事件当時）、職業　　被害者　山崎正和（当時56歳）

5　実況見分の経過

　　⑴　現場の位置

　　　　　現場の位置は、警視庁○○警察署○○交番の北東方目測約〔【注】実測のときは「約」を付けない）600メートル、杉並消防署○○出張所の東南東方目測約320メートルに位置する。

　　⑵　現場付近の模様

　　　　　現場付近は、一般住宅街で、住宅やアパート、会社等が立ち並んでいるが、閑静で見分当時は人通りが少ない。

　　⑶　現場の状況

　　　　　現場である株式会社三共商事の建物は、幅員 6 メートルの舗装道

路に面して、北向きに建てられた、間口12.2メートル、奥行25.36メートル、鉄骨モルタル塗り、スレート屋根2階建である。

　　　　北側は、幅員6メートルの道路を経て田村方に、

　　　　東側は、直接、有限会社関東電子に、

　　　　南側は、コンクリート塀を経て吉村方及び直接名村方に、

　　　　西側は、直接大和方及び駐車場に、

それぞれ隣接している。

　　建物の1階は東側が倉庫で

　　　　　間口8.8メートル、奥行25.3メートル

　　西側が事務所となっており、

　　　　　間口3.4メートル、奥行8.07メートル

で、2階は、山崎方住居になっている（別添現場見取図2参照）。

ア　倉庫の状況

　(ア)　倉庫は、北側道路に面し出入口があり同出入口は4枚の鉄製
　　　シャッターで

　　　　　　　　東寄りの2枚は、幅1.63メートル

　　　　　　　　西寄りの2枚は、幅2.0メートル

　　　で、シャッター錠の設備がある。（現場写真○・○参照）

　　　　　　　西寄りの2枚のシャッターは完全に開いている。

　　　　立会人は「被害当時、昼休みの時間で今日と同じように西寄
　　　りのシャッター2枚は開けたままでした。」と指示説明した。

　(イ)　倉庫内は、ダンボール箱等が通路を除いて整然と積まれている。

　　　　立会人は、「被害当時、倉庫内は異状ありませんでした。」と
　　　説明した。

イ　事務所の状況

　(ア)　事務所出入口の状況

　　　　北側は道路に面し幅81センチメートル、高さ1.8メートルの
　　　アルミサッシガラス2枚引き戸の出入口がある。

　　　　同戸は、上部の82センチメートルは、ガラス入りで、下部は

アルミ板になっていて、上端から1メートルの地点に円筒錠の施錠設備があり、施錠されている。

同戸の内側には灰色のカーテンがあり、東側に開けられている。

立会人は「被害当時、戸には鍵がかけており、カーテンも、今日のように開けてありました。」と指示説明した（現場見取図○及び現場写真○・○参照）。

(イ)　倉庫側腰高窓の状況

事務所の東側、倉庫に面する壁の北側（道路側）から南方へ1.3メートルの地点から、床より、95センチメートルの高さで、幅81センチメートル、高さ77センチメートル大のアルミサッシガラス2枚引き戸の腰高窓があり、同戸には、上端から、40センチメートルの地点に、クレセント錠の設備があり、見分時は、外れている。

立会人は、

「被害当時、この窓には錠をかけ忘れていました。戸は閉めていたのに南側の戸が、このくらい開けられておりました。窓の外には荷物を積んでいたと思いますが、窓をふさぐようなことはありません。」

と説明した。

そこで開けられた部分を計測したところ、40センチメートルであった（現場写真○・○参照）。

(ウ)　倉庫側出入口の状況

事務所の東側壁の南端に、倉庫に通じる幅88センチメートル高さ174センチメートルの木製1枚引き戸の出入口があり、同戸には、内側に丸ラッチ錠がある。

立会人は、

「被害当時この戸は、内側から、鍵をかけていましたが、開けられておりました。」

と説明した（現場写真○・○参照）。

(エ)　西側出窓の状況

　　　事務所の西側南寄りの角に、床面から93センチメートルの地点から幅81センチメートル、高さ82センチメートルのアルミサッシガラス２枚引き戸の出窓があり同戸の上端から40センチメートルの地点にクレセント錠がある。同戸の外側にはアルミ製格子が取り付けられている。

　　　立会人は

　　　　　「当時窓には、鍵をかけており、異状はありませんでした。」

　　と説明した。

(オ)　２階への出入口

　　　事務所出入口（道路側）西側壁北端に、幅54センチメートル、高さ178センチメートルの木製１枚ドアがあり２階への出入口になっている、同戸には、上端から85センチメートルの地点に「円筒錠」の設備がある。

　　　立会人は、

　　　　　「このドアは、被害当時閉めておりましたが、鍵はかけていませんでした。」

　　と説明した。

(カ)　事務所内の状況

　　　事務所出入口の内側、事務所内北東部に、コピー機が置かれ、その上部にダンボール箱が置いてあり、さらに、応接セット（テーブル、ソファー）が置いてある。

　　　南東部には、

　　　　　木製食器棚、冷蔵庫が置かれ

　　　南側及び西側壁に沿って

　　　　　木製書棚がある。

　　　事務所中央付近に

　　　　　スチール製事務机４個が田の字型に置かれている。

　　　立会人は南西角の

　　　　　　縦71センチメートル、横160センチメートル、高さ74セン
　　　　チメートル大のスチール製机の左側下段の引出しを示し
　　　　て、
　　　　　　「この引出しの中に入れておいた手提金庫を盗まれまし
　　　　た。引出しに鍵はかけていませんでした。」
　　　と指示説明した（現場見取図○、現場写真○参照）。
　　㈭　洗面所の状況
　　　　事務所の南東角に
　　　　　幅81センチメートル、高さ172センチメートルの木製１枚引
　　　き戸があり、洗面所に通じている。
　　　　洗面所内には、
　　　　　　スチール製ロッカー、流し台、トイレ
　　　があり、外部への出入口はない。
　　　　立会人は、
　　　　　「被害当時ここは異状ありませんでした。」
　　　と説明した。
　ウ　山崎正和方玄関の状況
　　　　事務所出入口の西面に白色木製１枚ドアがあり円筒錠の設備が
　　ある。
　　　　立会人は
　　　　　「被害当時このドアには施錠してあり異状ありませんでし
　　　た。」
　　　と説明した。
　6　証拠資料　なし
　7　気象状況　実況見分時は、曇天であった。
　本見分の結果を明確にするため当署司法巡査○○○○が作成した現場見
取図３枚、及び当署司法警察員巡査部長○○○○が撮影した現場写真○○
枚を、本調書の末尾に添付した。

　　　　　　　　　　　　　　　　　　　　　［注］　図面は省略

1

本葉は、被害倉庫全景を撮影したものである。

2

侵入口

印

印

本葉は、侵入口付近の状況を撮影したものである。

　←印は、侵入箇所

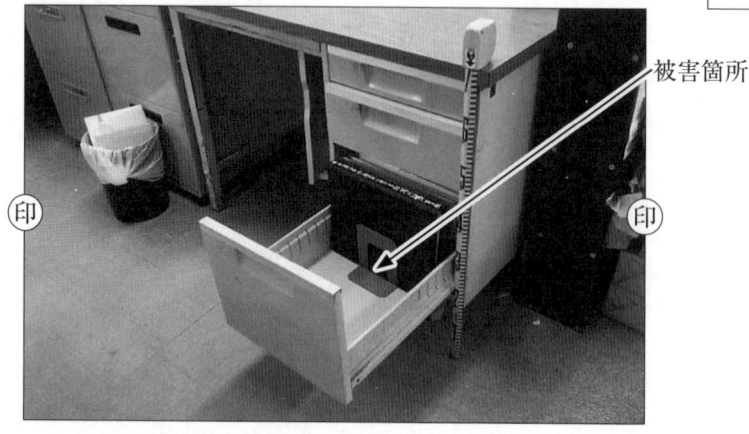

3

被害箇所

本葉は、被害箇所の事務机を撮影したものである。
　←印は、手提げ金庫を入れていた箇所

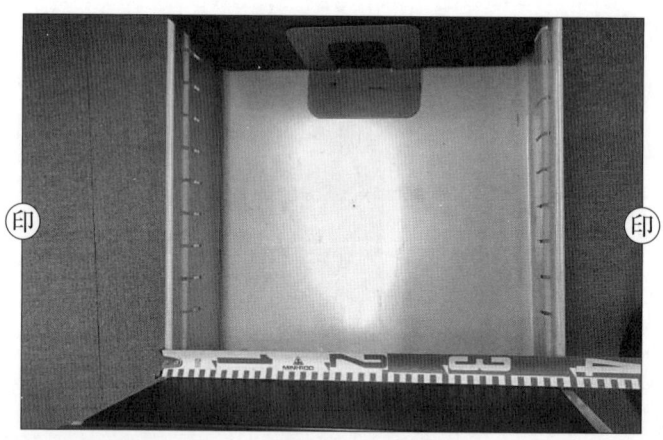

4

本葉は、被害箇所を上方から撮影したものである。

1 人定事項等報告書、被害届、実況見分調書（基本書式）

←ここでは、事例を使って解説します。

【想定事例】

　原田建設の社員村上は、令和○○年11月12日（月曜日）午前7時30分頃、建築現場の2階建て事務所に出社し、事務所出入口の引き戸を、玄関脇の下駄箱内に置いている鍵を使って解錠し、室内に入り、1階のロッカー上に置いてある鍵箱（事務所内のロッカー・机、現場資材庫等の鍵を収納している）を開けたところ、中が空であることに気付き、工事主任遠藤博久に報告した。そして、遠藤が事務所内を調べたところ、同社の所長の原田信次が1階の机の引出しに入れておいた現金3万円入りの封筒がなくなっていることが判明した。

　なお、前日の11日（日曜日）は休業日であり、前々日の10日（土曜日）午後8時00分頃に遠藤が退社する際、事務所出入口の施錠をしている。

別記様式

被害者等人定事項等集約報告書

令和○○年 11 月 12 日

警視庁　○○警察署　長
司法警察員　警視　○○○○　殿

警視庁　○○警察署
司法　警察員　巡査部長　○○○○

　被疑者　　　不詳　　　に対する　　　窃盗　　　被疑事件につき、被害者等
の人定事項等については、下記のとおりであるから報告する。

記

氏　　　名 （ふ り が な）	遠藤　博久 （えんどう　ひろひさ）
生年月日	昭和○○年○月○日　　　　　　　（事件当時　38　歳）
性　　　別	男
住　　　居 （事件当時）	東京都大田区蒲田西 3 丁目○○番○号
住　　　居 （現在）	
職　　　業 （勤務先名・通学先名）	会社員（株式会社原田建設工事主任）
電話番号	03-3379-○○○○
事件との 関 わ り	□被害者　　□告訴・告発人　　☑参考人　　□任意提出権者 □その他（　　　　　　　　　　　　　　　）
家族関係	
使用車両	
参考事項	

（注）　□のある欄については、該当の□に✓印を付すこと。

別記様式

被害者等人定事項等集約報告書

令和○○年 11 月 12 日

警視庁　○○警察署　長
司法警察員　警視　○○○○　　殿

警視庁　○○警察署
司法　警察員　巡査部長　○○○○

　被疑者　　　不詳　　　に対する　　　窃盗　　　被疑事件につき、被害者等の人定事項等については、下記のとおりであるから報告する。

記

ふりがな 氏　　名	はらだ　しんじ 原田　信次
生年月日	昭和○○年○月○日　　　　　（事件当時　43　歳）
性　　別	男
住　　居 （事件当時）	東京都港区青山7丁目○○番○○号
住　　居 （現在）	
職　　業 （勤務先名・通学先名）	所長（株式会社原田建設　青山ビル建築現場事務所）
電話番号	03-○○○○-○○○○
事件との 関わり	☑被害者　□告訴・告発人　□参考人　□任意提出権者 □その他（　　　　　　　　　　　　　）
家族関係	
使用車両	
参考事項	住所は青山ビル建築現場所在地

(注)　□のある欄については、該当の□に✓印を付すこと。

被　害　届

令和○○年11月12日

　警視庁○○　警察署長　殿

　　　　　届出人住居

　　　　　氏　　名　　　　　遠　藤　博　久　　　　㊞
　　　　　　　　　　　　　（ふ　り　が　な）（えん　どう　ひろ　ひさ）

　　　　　　　　　　　　（電話　　　　　　　　　　　）

　次のとおり　　盗　難　　被害がありましたからお届けします。

被害者の住居、職業、氏名、年齢	原田信次（当時43歳） （はらだしんじ）
被害の年月日時	令和○○年11月10日　　午後8時00分頃から 　　　　　11月12日　　午前7時30分頃までの間
被害の場所	東京都港区青山7丁目○○番○○号 原田建設青山ビル建築現場事務所内
被害の模様	設計の村上さんが本日午前7時30分頃に出社して、事務所1階のロッカーの上に置いてあるコーヒーメーカーの脇にあった鍵箱の中に鍵束が入っていないことに気づき、私にその旨の連絡をしてきたので、事務所内を調べたところ、事務所1階の机の中の封筒に入れておいた現金（3万円）がなくなっていましたのでお届けいたします。

別記様式第6号 （その2）

被害者氏名	原 田 信 次

	品　　　名	数　量	時　　価	特　　　　徴	所　有　者
被害金品	現金30,000円 内訳 １万円札３枚				原田信次

犯人の住居、氏名 又は通称、人相、 着　衣、特　徴　等	分かりません。
遺留品その他参考 となるべき事項	1．事務所入口には、南京錠がかけてあり、鍵は玄関脇の下駄箱に入れてあります。この鍵を使って入ったと思います、村上さんが出社したときは鍵がかかっていたとのことです。 2．現場事務所は日曜のため、11月11日は休業でした。 3．私は．工事主任をしています。本日所長か不在のため私が届けました。

※　以上本人の依頼により代書した。
　　　　　警視庁○○警察署
　　　　　　　司法警察員巡査部長　　○　○　○　○　㊞

届出受理時間	11月12日午前○時○分	届出受理者	係	○○○	氏名	○○○○

注意　1　届出人と被害者とが異なるときは、届出人と被害者との関係及び本人届出の理由を遺留品
　　　　その他参考となるべき事項欄に記入すること。
　　　2　届出人の依頼によって警察官が代書したときは、※印欄に「以上本人の依頼により代書した。
　　　　所属、官職、氏名」を記載し、押印すること。

実 況 見 分 調 書

令和○○年11月17日

　　　警視庁○○警察署

　　　　　司法警察員巡査部長　　○　○　○　○　　　㊞

　被疑者　　不　詳　　に対する　　窃　盗　　被疑事件につき、本職は、
下記のとおり実況見分をした。

記

1　実況見分の日時

　　　　令和○○年11月12日　午前10時00分から午前10時50分まで

2　実況見分の場所、身体又は物

　　　　東京都港区青山7丁目○○番○○号

　　　　　原田建設青山ビル建築現場事務所及び付近一帯

3　実況見分の目的

　　　　犯行の状況を明らかにし証拠を保全するため

4　実況見分の立会人（住居、職業、氏名、年齢）

　　　　令和○○年11月12日付遠藤博久の被害者等人定事項等集約報告書に
　　　　記載の住居（事件当時）、職業　　　　遠藤博久（当時38歳）

5　実況見分の経過

　　1　現場の位置

　　　　　現場は、警視庁青山警察署青山交番の北北西図測600メートル、東
　　　京メトロ銀座線青山駅西口3番出入口の北西方図測300メートルに
　　　位置する（現場付近見取図参照）。

　　2　現場付近の状況

　　　　　現場付近建築現場は青山通りに面しているが、建築現場事務所は
　　　青山通りより西へ20メートル入った住宅街であり、また付近は隣家
　　　に囲まれているため閑静で人車の交通は少ない。

　　3　現場の模様

　　　⑴　屋外の状況

　　　　　　被害現場は、青山通りから幅員2メートルの舗装道路を西へ20

メートル入った所である。

　上記現場は、間口○○メートル奥行○○メートル、面積○○平方メートルの敷地の北寄りに南向きに建てられた、間口○○メートル、奥行○○メートル、延べ面積49.5平方メートルの木造2階建一般住宅を改造した建築現場事務所である。

　　　1　敷地出入口の状況
　　　2　敷地北側の状況
　　　3　敷地東側の状況　　　　　省　略
　　　4　敷地南側の状況
　　　5　敷地西側の状況

（現場見取図○参照）

(2)　屋内の状況

　1　屋内の間取り　──　省　略

　2　出入口の状況

　　階下西側中央部に事務所唯一の出入口である2本引き木製ガラス戸があり見分時戸は閉まっている。同引き戸の施錠設備は、北側引き戸の北側中央部に掛金錠が設置されて施錠されてなく受け金に南京錠が施錠していない状態でかけてある。

　　立会人は

　　　　10日に私が退社するとき、南京錠を閉めて帰り、今日設計の村上さんが来たときも錠はかかってました。村上さんが下駄箱内の合鍵でこのように開けたのです。

　　と説明した。

　　出入口の南側の屋外壁に接して幅○○メートル、高さ○○メートル、奥行○○メートルの上下○段左右○段の下駄箱があり、同箱内上段にある紙製空箱の蓋を開けると鍵1個が置いてある。

　　立会人はその鍵を指示して

　　　　これが出入口南京錠の鍵でいつもここに置いてあります。

と説明した。

　本職がこの鍵を使用して南京錠の解錠実験をしたところ、正常に解錠できた。なお、南京錠には痕跡や傷等は認められなかった（現場見取図○参照）。

3　階下事務室の状況

　(1)　壁の状況
　(2)　天井・照明の状況
　(3)　床の状況
　(4)　階下事務室

　　　　　　　　　　　　　┌ ─ ─ ─ ─ ─ ┐
　　　　　　　　　　　　　│ **省　略** │
　　　　　　　　　　　　　└ ─ ─ ─ ─ ─ ┘

　北側中央部には、幅○○メートル、高さ○○メートル、奥行○○メートルのスチール製ロッカーが置いてあり両扉は閉じられ施錠されてない。ロッカー内には書類が置かれ整然としている。

　立会人は

　　　このロッカーは鍵をかけてません。また、なくなっているものもありません。

と説明した。

　ロッカーの上には、コーヒーメーカーと、幅○○センチメートル、奥行○○センチメートル、高さ○○センチメートルの木箱があり木箱内には何も入ってない。

　立会人は、

　　　この木箱は鍵箱として使っており、事務所内のロッカー、机、現場資材庫等の鍵を２つに分けた束にして置いておきましたがなくなっています。

と説明した（別添見取図参照）。

　階下事務室中央部には、スチール製片袖机と椅子がそれぞれ４点並べて置かれている。

　北西側机の机上には、鍵束が置かれている。

　立会人は

　　　これがロッカー上の鍵箱に入れてあった鍵束です。

と説明した。

　同北西側机の引出しは閉じられ、向かって右上の小引出しのみ施錠設備があるが解錠している。

　立会人はその施錠設備のある引出しを指示して

　　　この引出し内に入っていた現金３万円入りの封筒が封筒ごとなくなっています。

と説明した。

　このほか、３脚の机の引出しを見分するに、どれも引出しは閉じられ右上の施錠設備のある小引出しもすべて解錠している。

　引出し内を見分するに、どれも整然としており

　立会人は

　　　なくなっているものはありません。

と説明した。

（別添写真〇）

4　２階事務室の状況

　(1)　壁窓の状況

　(2)　天井の状況　　　　}　省　略

　(3)　床の状況

　(4)　２階事務室は、６畳間２間と押入れ２箇所、廊下があるが、襖が外され１部屋となっている。事務室中央部にはスチール製片袖机及び椅子のセット４点が並べて置かれて机上には何もない。

　　各机引出しは閉じられており、向かって右上の施錠設備を有する小引出しは、施錠されていない。

　　押入れは、襖が閉じられ、押入れ内は工具類が入っているが整然としている。

　　立会人は

　　　いじられた様子はなく、なくなっているものもありません。

　　　　と説明した。

（別添写真○）

　4　証拠資料　なし
　5　気象状況その他　┆省　略┆

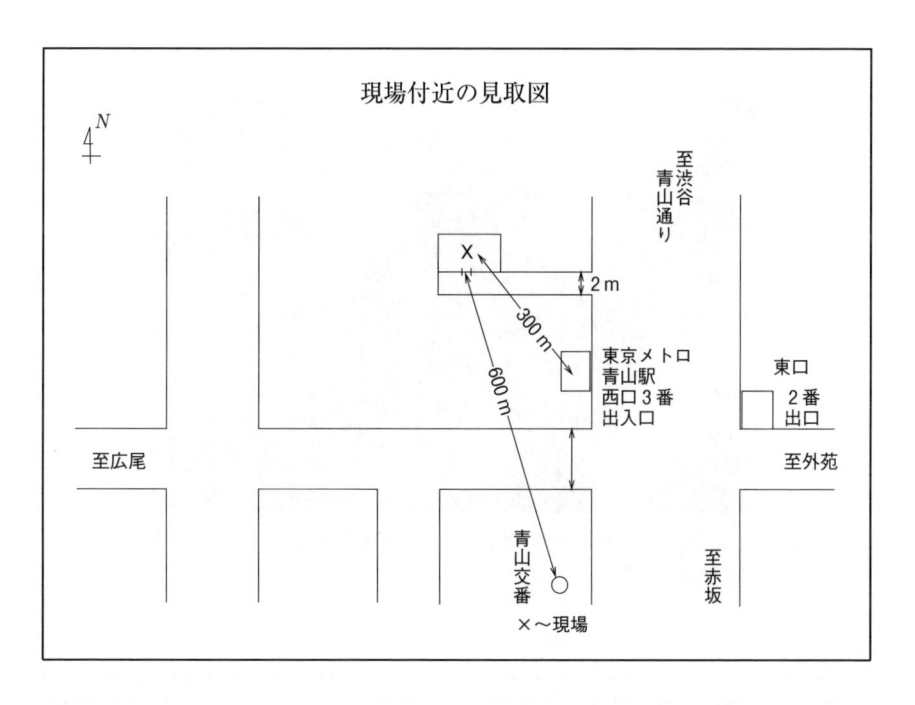

現場付近の見取図

N

至渋谷
青山通り

X

2 m

300 m

600 m

東京メトロ
青山駅
西口３番
出入口

東口

２番
出口

至広尾

至外苑

青山交番

至赤坂

×～現場

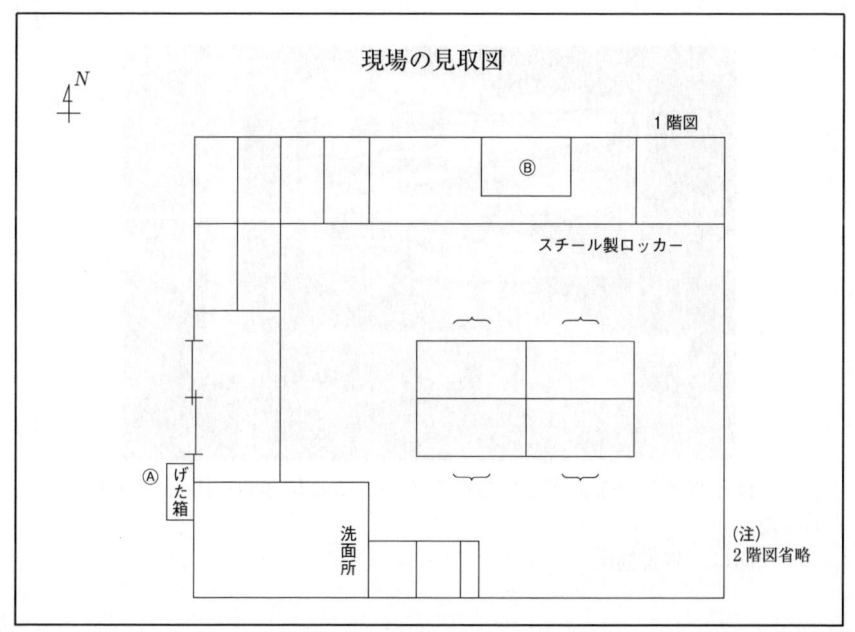

現場の見取図

N

1階図

Ⓑ

スチール製ロッカー

Ⓐ

げた箱

洗面所

(注)
２階図省略

第6編
各論・実況見分調書
記載例（乗り物盗）

第7編
各論・実況見分
書記載例（侵入盗）

第8編
各論・実況見分調書
記載例（暴行・傷害等）

第9編
各論・実況見分調書
記載例（軽犯罪法等）

第10編
CADソフト・ク
ロッキーの使用方法

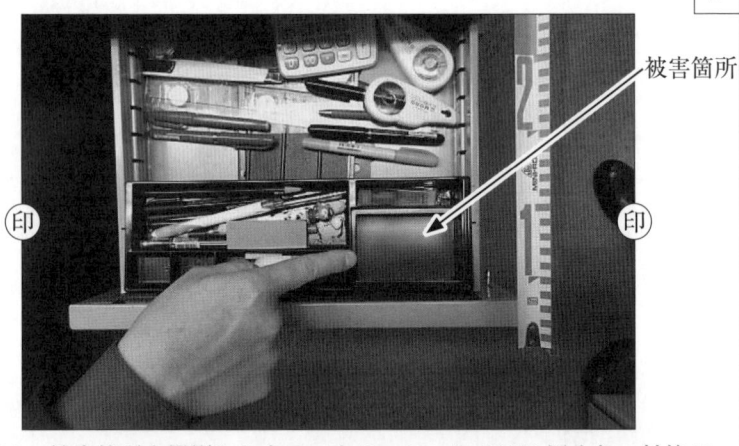

1

被害者

印　　　　　　　　　　　　印

本葉は、立会人が被害箇所を指し示した状況を撮影したものである。
　→印は、被害者

2

被害箇所

印　　　　　　　　　　　　印

本葉は、被害箇所を撮影したものである。ここに 30000 円入りの封筒が
あった。
　　←印は、被害箇所

第6章　住居侵入・窃盗未遂事件

1　人定事項等報告書、被害届、現行犯人逮捕手続書（乙）、実況見分調書（基本書式）

←ここでは、事例を使って解説します。

【想定事例】

　令和○○年3月13日午前10時30分頃、宮田大介が徒歩で帰宅途中、白色自転車に乗った男が前方を走行し、宮田の自宅のほうへ行くのを見かけたところ、宮田が自宅前まで来たとき、自宅前の道路の対面側に先ほどの白色自転車が止められており、男の姿がなかった。

　宮田は不審に思い、庭にいた妻康子にも聞いてみたが「知らない」とのことであったため、2人で玄関に入った。

　すると、たたきに他人の靴があり、室内から見知らぬ男が出てきたため、宮田が追及すると、「悪い、悪い。」と言いながら逃げようとするので、現行犯逮捕した上、男が出てきた部屋を調べてみると、タンスの引出しが開いていた。

別記様式

被害者等人定事項等集約報告書

令和○○年 3 月 13 日

警視庁　　○○警察署　長
司法警察員　　警視　○○○○　　殿

警視庁　○○警察署

司法　　警察員　巡査部長　山下和男

　　被疑者　　木村敏夫　　に対する住居侵入・窃盗未遂被疑事件につき、被害者等
の人定事項等については、下記のとおりであるから報告する。

記

ふりがな 氏　　名	みやた だいすけ 宮田　大介
生年月日	昭和○○年 5 月 22 日　　　　　　（事件当時　58　歳）
性　　別	男
住　　居 （事件当時）	東京都中野区中野 2 丁目○番○号
住　　居 （現在）	上に同じ
職　　業 （勤務先名・通学先名）	建設請負業
電話番号	03-3780-○○○○
事件との 関わり	☑被害者　　□告訴・告発人　　□参考人　　□任意提出権者 □その他（　　　　　　　　　　　　　）
家族関係	妻　康子（45）
使用車両	
参考事項	届出人本人が逮捕

（注）　□のある欄については、該当の□に✓印を付すこと。

被　害　届

令和○○年3月13日

警視庁○○　警察署長　殿

届出人住居

氏　名　　　　宮　田　大　介　　㊞
<ruby>ふりがな<rt></rt></ruby>

（電話　　　　　　　　　　　）

次のとおり　住居侵入・窃盗未遂　被害がありましたからお届けします。

被害者の住居、職業、氏名、年齢	宮田大介（当時58歳）
被害の年月日時	令和○○年3月13日　午前10時35分頃
被害の場所	令和○○年3月13日付宮田大介の被害者等人定事項等集約報告書に記載の住居（事件当時）、自宅1階6畳間
被害の模様	私が外出から帰ってきた際、私の前を自転車に乗った男が私の家の方へ行き、途中で姿が見えなくなったため不審に思い、洗濯物を干すため庭に居た女房に聞いてみたところ、知らないと言うので、女房と玄関から家の中を見たところ家の物でない黒革短靴があり、台所の隣6畳の間から知らない男が出て来たのです。男を捕え、男の出て来た6畳間を調べて見ますと奥整理タンス上から2段目小引出しが3センチほど開け放しになっており中を荒らされたものと思います。

	被害者氏名	宮　田　大　介

	品　　名	数　量	時　価	特　　　　徴	所　有　者
被害金品				印	

[注]　別記様式第6号を使用する場合は「被害金品欄」は線を引き押印しておくこと。

犯人の住居、氏名又は通称、人相、着　衣、特　徴　等	見知らぬ男です。
遺留品その他参考となるべき事項	

※　以上本人の依頼により代書した。
　　　　　　警視庁○○警察署
　　　　　　　司法警察員巡査部長　　山　下　和　男　印

届出受理時間	3月13日午前○時○分	届出受理者	係	○○○	氏名	○○○○

注意　1　届出人と被害者とが異なるときは、届出人と被害者との関係及び本人届出の理由を遺留品その他参考となるべき事項欄に記入すること。
　　　2　届出人の依頼によって警察官か代書したときは、※印欄に「以上本人の依頼により代書した。所属、官職、氏名」を記載し、押印すること。

現行犯人逮捕手続書（乙）

　令和○○年３月13日午前10時40分、東京都中野区中野３丁目○番○号、警視庁○○警察署中野交番において、下記現行犯人を受け取った手続は、下記のとおりである。

記

1　逮捕者の住居、職業、氏名、年齢

　　　令和○○年３月13日付宮田大介の被害者等人定事項等集約報告書に記載の住居（事件当時）、職業　　　宮田大介　（当時58歳）

2　被疑者の住居、職業、氏名、年齢

　　　住所不定　　無職

　　　　　　木村敏夫　　昭和○○年８月12日生まれ（当時48歳）

3　逮捕の年月日時

　　　令和○○年３月13日午前10時35分頃

4　逮捕の場所

　　　令和○○年３月13日付宮田大介の被害者等人定事項等集約報告書に記載の住居（事件当時）、職業　　　　　　　宮田大介宅自宅玄関内

5　現行犯人と認めた理由及び事実の要旨

　　　逮捕者が、本日午前10時30分頃、外出先から徒歩で帰宅途中、自宅から約20メートル手前を白色自転車に乗った男が逮捕者の前方を自宅方向へ行くのを認めた。自宅前まで来ると、自宅前の少し離れた所に、その白色自転車が停められ男の姿が見えないため、自宅庭先で洗濯物を干していた妻、宮田康子（45歳）に「人が来なかったか。」と聞いたところ「誰も来ていない。」とのことであり、不審に思い、妻とともに、午前10時35分頃、自宅玄関に入ったところ、家の物ではない、黒い革靴があり、1階6畳間に通じている台所から身長160センチメートルくらい、黒色帽子、黒色ジャンパー、紺色シャツ、黒ズボン、50歳くらいの男（前記被疑者木村敏夫）が慌てて出てきた。逮捕者が「お前は何だ。何で人の家に上がり込むんだ。」と申し向けたところ、片手を上げながら「悪い、悪

上記は，身柄を送致した通常の場合に用いる

第6編　各論…実況見分調書
記載例《乗り物盗》

第7編　各論…実況見分
書記載例《侵入盗》

第8編　各論…実況見分調書
記載例《暴行・傷害等》

第9編　各論…実況見分調書
記載例《軽犯罪法等》

特別編　ＣＡＤソフト・ク
ロッキーの使用方法

い。」と申し立てて逃げようとするので、被疑者を住居侵入の現行犯人と認めた。

6　逮捕時の状況

　被疑者は、「悪い、悪い。」と言いながら逮捕者の脇をすり抜け、逃げようとするので、「逃げるな。」と申し向け、逮捕者が被疑者の右腕をつかみ逮捕した。

7　証拠資料の有無

　あり

　本職は、令和○○年３月13日午前11時10分、被疑者を警視庁○○警察署司法警察員に引致した。

　上記引致の日

警視庁○○警察署

司法巡査　　小　西　貴　紀　㊞

司法巡査　　中　村　紀　夫　㊞

逮捕者　　　宮　田　大　介　㊞

　本職は、令和○○年３月15日午前、８時30分、被疑者を関係書類等とともに、東京区検察庁検察官に送致する手続をした。

　上記引致の日

警視庁○○警察署

司法警察員警部補　　長　崎　秋　太　㊞

上記は、身柄を送致した通常の場合に用いる。

様式第46号　（刑訴第197条）

実 況 見 分 調 書

令和○○年３月19日

警視庁○○警察署

司法警察員巡査部長　　○　○　○　○　　　㊞

　被疑者　　木村　敏夫　　に対する　　住居侵入、窃盗未遂　　被疑事件につき、本職は、下記のとおり実況見分をした。

記

1　実況見分の日時
　　　　令和○○年３月13日　午後０時55分から午後２時07分まで
2　実況見分の場所、身体又は物
　　　　令和○○年３月13日付宮田大介の被害者等人定事項等集約報告書に記載の住居（事件当時）、宮田大介居宅及びその付近一帯
3　実況見分の目的
　　　　本件犯行の状況を明らかにし証拠を保全するため
4　実況見分の立会人（住居、職業、氏名、年齢）
　　　　令和○○年３月13日付宮田大介の被害者等人定事項等集約報告書に記載の住居（事件当時）、職業　　被害者　宮田大介（当時58歳）
5　実況見分の経過
　1　現場の位置
　　　　現場は、東京都新宿区と中野区の境界を流れる神田川の北方に当たり、東京メトロ丸の内線中野坂上駅の西南西方図測2,100メートル、東日本旅客鉄道総武線東中野駅の東微北方図測500メートルの地点である。　　　　　　　　　　　　　　　　　　　（別添現場見取図１参照）
　2　現場付近の模様
　　　　現場付近は、都営住宅、アパート等が密集する一般住宅街である。
　　　　被害者方は、４戸が区道でロの字型に囲まれた住宅地の北西角にあり、北側は幅員３メートルのアスファルト舗装の区道で、同区道を隔てて宝第１荘、宝第２荘のアパートがある。東側は0.9メートル隔てて井上宏方に接し、そのさらに東側は幅員３メートルのアスファ

ルト舗装の区道となっている。南側は0.9メートル隔てて佐川安雄方に接し、その南側は幅員３メートルのアスファルト舗装の区道と幅員4.9メートルのアスファルト舗装の区道が並行して走る変形道路となっている。西側は幅員３メートルのアスファルト舗装の区道で、同区道を隔てて宝第３荘がある。

（別添現場見取図２、３、現場写真１、２参照）

３　現場の模様

（1）　屋外の状況

　　現場である宮田大介方は、間口15メートル、奥行10メートル、面積150平方メートルの敷地中央に区道に面して北微西向きに建てられた、間口12メートル、奥行８メートル、面積96平方メートルの木造モルタル青色セメント瓦葺平屋建住宅である。

　　立会人宮田大介は、現場北西にある宝第１荘南西角の区道上を指示し

　　　　帰宅した際、ここに西向きに白色ミニサイクル自転車が停めてありました。

と説明したので見分するに、同地点は被害者方玄関から北西方4.8メートル、資材置場北西角から北東方５メートルの地点であった。同地点については現場見取図３①として図示した。

（別添現場見取図３参照）

（2）　屋内の状況

　　現場である宮田方は、区道に面した北側のやや東寄りに木製ドアの玄関がある。玄関はコンクリート敷きで南側は板張りの廊下となっている。同廊下を挟んで東側が4.5畳の洋間、西側が板張りの台所、風呂場、手洗い所、トイレとなっており、東側洋間の南側は襖を隔てて６畳間、台所の南側は６畳居間、4.5畳の洋間となっている。また家屋（母屋）の西側は下屋で北側から物置小屋改造の資材置場、洗濯場、物置となっている。

　　立会人宮田康子は玄関前において

　　　　玄関のドアの鍵をかけずに外で洗濯をしていました。

と指示説明したので見分したところ、玄関木製ドアには円筒彫込錠が取り付けられていたが施錠はされていなかった。

　さらに立会人宮田康子は、玄関において、玄関床及び6畳居間入口方向を指示し

　　　　帰宅した主人と家に入ったところ見かけない黒革の靴が置いてあり、見知らぬ男が6畳間から出て来たのです

と説明したので見分するに、靴が置かれてあった場所は廊下側の中央付近で、同地点は現場見取図に④と図示した。男が出て来た場所は6畳居間出入口西側襖の所で、立会人が男を発見した地点を⑧、男が出て来た地点をⓒと現場見取図に図示した。⑧地点とⓒ地点を実測したところ2.7メートルであった。

　　　　　　　　　　（別添現場見取図3、現場写真3、4、6参照）
　次に立会人宮田康子は6畳居間において、

　　　　出入口の襖は洗濯に出る時は閉まっていたのに開いたままになっており、部屋の中の整理タンスの引出しが引き出されていました。

と指示説明したので見分するに、襖は東側いっぱいに開けられており、6畳居間内は東側に1間の押入れ、半間の物入れがあり、西側には北側より洋服タンス2棹、整理タンス1棹が置かれており、中央付近に檜1枚板の座卓1脚、その南東側にフランス人形が入ったガラスケース4個が置かれていた。整理タンスは、縦1.3メートル、横1.05メートル、奥行0.5メートルの大きさで、向かって左側上部は4段の小引出し、右側上部は片開戸、下部は4段の大引出しとなっていて、左側上部の小引出しの上から2段目が3.5センチメートル引き出されていた。同整理タンスにつきアルミ混合粉末により潜在指紋の検出を行ったところ、左側小引出しの上から2段目から5個、3段目、4段目から各1個、整理タンス上の置時計から1個の合計8個を検出したのでゼラチン紙に転写採取した（また、6畳居間南側の2本引きガラス戸、南西側4.5畳洋間南側2本引きガラス戸、東側4.5畳洋間の2本引き東側ガラス窓、及び南東側6畳間2本引き

南、東側ガラス戸はそれぞれ施錠され閉まっていた。）。

（別添現場見取図3、4、現場写真7、8参照）

　4　証拠資料

　　本見分の現場において、次のとおり指紋採取した。

　　　8畳居間整理タンス小引出しから潜在指紋　8個

　5　気象状況、その他

　　見分時は終始晴天であった。

　本見分の経過を明らかにするため、現場見取図○枚、現場写真○枚をそれぞれ本調書末尾に添付した。

〔注〕現場の見取図1、2及び写真省略）

現場の見取図　3

（宮田方の平面図）

宝第1荘

宝第2荘

自転車　①

N

5m

4.8m

3m

風呂

資材置場

台所

テーブル

食器棚

下駄箱

押入れ

Ⓑ

Ⓐ

洋タ

4.5畳洋間

手洗い所

2.7m

8m

トイレ

冷

洋タ

Ⓒ

6畳居間

押入れ

6畳間

洗濯場

4.5畳洋間

ベッド

洋タ

座卓

テーブル

物置

×

押入れ

整タ

剝製ケース

1.8m

12m

凡例
Ⓐ～靴が置かれていた場所
Ⓑ～立会人が男を発見した場所
Ⓒ～男が出てきた場所
×～荒らされていたタンス、引出し

本葉は、玄関を撮影したものである。
Aは、靴が置かれてあった場所、Bは男を発見した場所を示す。

本葉は、6畳居間を東方から撮影したものである。
Cは、男が出てきた場所を示す。

第 8 編

各論：実況見分調書記載例（暴行・傷害等）

1　人定事項等報告書、捜査報告書、被害届、実況見分調書（簡易書式）

←ここでは、事例を
使って解説します。

【想定事例】

　令和○○年 6 月15日午前 8 時30分頃、高校生の佐々木久は、通学のため自転車に乗り、国道○○○号線を横断する際、右方向から直進してきたバイクと衝突した。

　すると、バイクの運転者岡本照彦が「どこ見て走ってんだ。」などと怒鳴り、佐々木の腹部を蹴った。

別記様式

被害者等人定事項等集約報告書

令和〇〇年 6 月 15 日

警視庁　〇〇警察署　長
司法警察員　警視正　〇〇〇〇　殿

警視庁　〇〇警察署
司法　巡査　田中文吉

　被疑者　岡本照彦　に対する　暴行　被疑事件につき、被害者等の人定事項等については、下記のとおりであるから報告する。

記

氏　名 （ふりがな）	佐々木 久 （さ さ き ひさし）
生年月日	平成〇〇年 9 月 10 日　　　　（事件当時　17　歳）
性　別	男
住　居 （事件当時）	東京都〇〇区大島 5 丁目〇番〇号　サニーマンション 104 号
住　居 （現在）	上に同じ
職　業 （勤務先名・通学先名）	高校生
電話番号	03-〇〇〇〇-3785
事件との関わり	☑被害者　　□告訴・告発人　　□参考人　　□任意提出権者 □その他（　　　　　　　　　　　　　　　　）
家族関係	
使用車両	
参考事項	

（注）　□のある欄については、該当の□に✓印を付すこと。

令和○○年 6 月15日

警視庁○○警察署長
　司法警察員
　　警視正　　○　○　○　○　　殿

警視庁○○警察署
司法警察員
巡査部長　前　田　　　務　㊞

暴行被疑事件発生報告書

　みだしの件については、下記のとおりであるから報告する。

記

1　捜査の端緒
　　　被害者の申告による。

2　発生日時
　　　令和○○年 6 月12日午前 8 時35分頃

3　発生場所
　　　東京都○○区○○町 3 丁目○番地先路上

4　被害者
　　　令和○○年 6 月15日付佐々木久の被害者等人定事項等集約報告書に記載の住居（事件当時）、職業

佐 々 木　　久　（当時17歳）

5　被疑者
　　　本籍　高知県四国市介良郡○○○○番地
　　　住所　東京都新宿区新宿 6 丁目○○番○○号梅田荘202号室
　　　　　　無職

岡 本 照 彦
平成○○年11月 4 日生　（当時22歳）

6　捜査の経過

(1)　本署より「物損事故の通報」との電話連絡があり、本職と相勤者、山川巡査は現場に臨場した。

　　同所において、本職らが見分を始めたところ、自転車とオートバイの衝突事故であると認め、現場にいた両当事者に対し事情聴取を行うとともに事故見分を実施した。

(2)　前記物損事故の当事者は

　　　　　　自転車運転者　　　　佐々木　　久

　　　　　　オートバイ運転者　　岡　本　照　彦

と判明したが、上記佐々木に対し事故状況について聴取すると、

　　　　オートバイの運転手に腹を蹴られた。

と申し立てたので、上記岡本に対して聴取するに

　　　　確かに相手の高校生を蹴ったが、一時停止場所の狭い道から停まらずに出て来て私のオートバイと衝突したのに、謝りもしないで、俺をにらみつけたからだ。俺は悪くない。

等と申し立て暴行の事実を認めたので、暴行の事件の被疑者と認めて、本署へ任意同行を求め、当署刑事課強行係佐藤警部に引き継いだものである。

7　参考事項

　　事故当時、岡本は

　　　　　俺はヤクザだ。

　　等と申し立てていたことから総合照会をしたが、

　　　　　該当なし

　　との回答であった。

[注]　①　「次のとおり」としたら「記」と書かない。

　　　②　マンション、アパートの部屋については、「号室」でも、「号」でもよい。

　　　③　職業につき、フリーライター、アルバイトというような表示はできるだけ避けて、具体的に書く。

被　害　届

令和○○年 6 月12日

警視庁○○　警察署長　殿

　　　　届出人住居

　　　　氏　　名　　　　佐 々 木　久　　　㊞

　　　　　　　　　（電話　　　　　　　　　　）

　次のとおり　　暴　行　　被害がありましたからお届けします。

被害者の住居、職業、氏名、年齢	佐々木　久（当時17歳）
被害の年月日時	令和○○年 6 月12日　午前 8 時35分頃
被害の場所	東京都○○区○○町 3 丁目○番地先路上
被害の模様	私が通学のため、自転車に乗り鈴木町方面から山崎町方向に向かい「○○南消防署」前の国道○○○号線を横断する際、○○駅方面から走ってきたオートバイと衝突したのです。 　するとそのオートバイを運転していた男の人が「何だ、この野郎、どこ見て走ってんだ。」と怒鳴りながら、いきなり左足で私の腹部に 3 回くらい膝蹴りを入れたのです。

別記様式第6号　　　　　　　　　　　　　　　　　　　　　　　　　　　　　（その2）

	被害者氏名	佐々木　久

	品　名	数　量	時　価	特　　　徴	所　有　者
被害金品				印	
犯人の住居、氏名又は通称、人相、着衣、特徴等	年齢22か23歳、身長160センチくらい、中肉、天然パーマのオールバックでメガネをかけ、上衣白色のTシャツ・下衣ジーパンを着た岡本という人です。				
遺留品その他参考となるべき事項					

※　以上本人の依頼により代書した。

　　　　　　　警視庁○○警察署
　　　　　　　司法巡査　　田　中　文　吉　印

届出受理者	係	○○○	氏名	○○○○

注意　1　届出人と被害者とが異なるときは、届出人と被害者との関係及び本人届出の理由を遺留品その他参考となるべき事項欄に記入すること。
　　　2　届出人の依頼によって警察官が代書したときは、※印欄に「以上本人の依頼により代書した。所属、官職、氏名」を記載し、押印すること。

実 況 見 分 調 書（甲の1）

令和○○年6月12日

警視庁○○警察署

司法巡査　田 中 文 吉 ㊞

　被疑者　岡 本 照 彦　に対する　暴 行　被疑事件につき、本職は、下記のとおり実況見分をした。

日　　　　　　　時	令和○○年6月12日　午前9時00分から 　　　　　　　　　　午前10時00分まで
場　所、身　体 又　　は　　物	東京都○○区○○町3丁目○番地先路上 及びその付近一帯
目　　　　　　　的	犯行の状況を明らかにし、証拠を保全するため
立　　会　　人 ┌住居、職業、┐ └氏名、年齢┘	令和○○年6月15日付佐々木久の被害者等人定 事項等集約報告書に記載の住居（事件当時）、職業 　　　被害者　佐々木久（当時17歳）

実況見分の経過	現場の位置	現場は京急○○線○○町駅の南西方図測700メートル、○○南消防署の北方実測8.5メートルの地点に位置する。
	現場付近の状況	現場付近は国道○○○号線に沿って住宅及び商店街が立ち並ぶ繁華街で人車の通行量も多い。
	現場の状況	1．現場は幅員8.5メートルのアスファルト舗装の国道○○○号線道路上である。 2．立会人は「この場所で相手のバイクと衝突し、この場所で相手に蹴られたのです。」と指示説明したので、衝突地点を①暴行現場を⊗として、距離関係を計測したところ、現場の見取図のとおりであった（現場の見取図及び現場写真1、2参照）。 3．現場に衝突痕を現わすバイクのブレーキ痕が認められたので計測したところ○メートルであった（下図及び現場写真○参照）。 ┌─────────────────────────┐ [注] 場所の地番は調書と見取図のそれを一致させて 　　書くこと。 └─────────────────────────┘
参　考　事　項		見分時、天候は晴れであった。

（簡）様式第5号　　　　　　　　　　　　　　　　　　　　（その2）

現場付近の見取図	
現場の見取図	

（注意）　現場の写真は、別葉とし、撮影者をしてその職名を記入し、署名押印させること。

1

ブレーキ痕

印　　　　　　　　印

本葉は、被害現場の状況を撮影したものである。
　←印は、ブレーキ痕

2

ブレーキ痕

印　　　　　　　　印

①

⊗

本葉は、被害現場を撮影したものである。
　←印①は、衝突地点
　←印⊗は、暴行地点
　←印は、ブレーキ痕

1　人定事項等報告書、被害届、実況見分調書2例（簡易書式）、診断書

⬅ここでは、事例を使って解説します。

【想定事例】

　令和○○年7月28日午後10時頃、神谷泰三は、会社の同僚佐藤君及び田中君と3人でスナック「道」店に行き、ウイスキーの水割りを飲んでいた。

　すると、他のグループの客である中沢由雄が割り込んで座ってきたため、神谷が文句を言ったところ、口論になり、店の外に出て話し合った。

　その後、神谷が店内に戻ると、佐藤君が中沢の仲間に取り囲まれてうずくまっており、先に店内に戻って行った中沢がウイスキーのボトルで佐藤君の頭部を殴るなどしたため、神谷が止めに入ったところ、中沢は灰皿を持ち出し、神谷の額を殴った。

　そこで、神谷は中沢を殴り倒し、上記ボトルで中沢の額を殴った。

被害者等人定事項等集約報告書

令和○○年 7 月 29 日

警視庁　○○警察署　長
司法警察員　警視　○○○○　殿

警視庁　○○警察署
司法　警察員　巡査部長　山下和男

　被疑者　　中沢由雄　　に対する　　　傷害　　　被疑事件につき、被害者等の人定事項等については、下記のとおりであるから報告する。

記

氏　　名 <small>ふりがな</small>	神谷　泰三 <small>かみや　たいぞう</small>
生年月日	平成○年○月○日　　　　　　　（事件当時　28　歳）
性　　別	男
住　　居 （事件当時）	東京都杉並区堀ノ内 8 丁目○番○号　サインハイツ 102 号室
住　　居 （現在）	上に同じ
職　　業 <small>（勤務先名・通学先名）</small>	会社員
電話番号	03-3337-○○○○
事件との 関 わ り	☑被害者　　□告訴・告発人　　□参考人　　　□任意提出権者 □その他（　　　　　　　　　　　　　　　　　）
家族関係	
使用車両	
参考事項	被害者中沢由雄への被疑者でもある。

（注）　□のある欄については、該当の□に✓印を付すこと。

別記様式

被害者等人定事項等集約報告書

令和○○年 7 月 29 日

警視庁　○○警察署　長
司法警察員　警視　○○○○　　殿

警視庁　○○警察署
司法　巡査　澤田光彦

　被疑者　　中沢由雄　　に対する　　　傷害　　　被疑事件につき、被害者等の人定事項等については、下記のとおりであるから報告する。

記

<ruby>氏<rt>ふりがな</rt></ruby>　　名	<ruby>橋本<rt>はしもと</rt></ruby>　<ruby>淳子<rt>じゅんこ</rt></ruby>
生年月日	昭和○○年○月○日　　　　　（事件当時　43　歳）
性　　別	女
住　　居 （事件当時）	東京都渋谷区渋谷2丁目○番○号
住　　居 （現在）	
職　　業 （勤務先名・通学先名）	スナック「道」経営
電話番号	03-○○○○-○○○○
事件との 関わり	□被害者　　□告訴・告発人　　☑参考人　　□任意提出権者 □その他（　　　　　　　　　　　　　　）
家族関係	
使用車両	
参考事項	住所はスナック「道」所在地

（注）　□のある欄については、該当の□に✓印を付すこと。

被　害　届

令和○○年7月29日

警視庁○○　警察署長　殿

　　　　　届出人住居

ふりがな

氏　　名　　　神谷泰三　　　㊞
かみ　や　たい　ぞう

（電話　　　　　　　　　）

　次のとおり　　傷　害　　被害がありましたからお届けします。

被害者の住居、職業、ふりがな氏名、年齢	神谷泰三（当時25歳）かみ　や　たいぞう
被害の年月日時	令和○○年7月28日　午後10時30分頃
被害の場所	東京都渋谷区渋谷2丁目7番3号スナック「道」店内
被害の模様	私は、昨日午後10時頃、同僚の田中君、佐藤君と3人で行きつけのスナック「道」に飲みに行きました。店の奥左側のステージ前のボックスには男6人のグループがおり私達はその手前のボックスに座りウイスキーの水割りを飲んでいました。私の左側には6人のグループの中のヒゲの男が座っており、その間に今回私が怪我をさせた男が酔っ払って割り込んで座ったので文句を言ったところ口論になり、店の外で話し合ったのです。その後店内に戻ると佐藤君が6人のグループの仲間に取り囲まれてうずくまっており、先に戻っていった割り込んだ男がウイスキーのボトルで佐藤君の頭などを殴ったので止めに入ったところ、今度は灰皿を持って私の額を殴ったので私はこの男を殴り倒し、ボトルで額を1回殴りました。詳しいことは調書で話します。

被害者氏名	川 合 壮 一

	品　　名	数　量	時　価	特　　　　徴	所　有　者
被害金品				㊞	

[注]　住居表示を正確にする。
　　　被害場所については、被害届、実況見分調書、図面に、食い違いがないようにする。
　　　「被害の模様」はなるべく簡潔にし、詳細は、供述調書に録取する。

犯人の住居、氏名又は通称、人相、着衣、特徴等	私を灰皿やボトルで殴った男は中沢由雄（当時38歳）と刑事さんから聞きました。
遺留品その他参考となるべき事項	私は近くの鈴木外科病院で診療を受けましたが医師の話では前額部裂傷、左手首・腹部打撲、左手根骨に骨折の疑いがあると聞きました。医師の診断書を提出します。

※　以上本人の依頼により代書した。
　　　警視庁○○警察署
　　　　　司法警察員巡査部長　　　山　下　和　男　㊞

届出受理時間	7月29日午後○時○分	届出受理者	係	○○○	氏名	○○○○

注意　1　届出人と被害者とが異なるときは、届出人と被害者との関係及び本人届出の理由を遺留品その他参考となるべき事項欄に記入すること。
　　　2　届出人の依頼によって警察官が代書したときは、※印欄に「以上本人の依頼により代書した。所属、官職、氏名」を記載し、押印すること。

実 況 見 分 調 書 （甲 の 1）

令和○○年 7 月29日

警視庁○○警察署

司法巡査　　澤　田　光　彦　㊞

　被疑者　　神谷泰三　　に対する　　傷害　　被疑事件につき、本職は、下記のとおり実況見分をした。

日　　　　　　時	令和○○年 7 月28日　午後11時05分から 令和○○年 7 月29日　午前 0 時10分まで
場　所、身　体 又　　は　　物	東京都渋谷区渋谷 2 丁目○番○号 スナック「道」店舗内及びその付近一帯
目　　　　　　的	犯行の場所、手段、方法を明らかにし証拠を保全するため
立　　会　　人 ┌住居、職業、┐ └氏名、年齢┘	令和○○年 7 月 9 日付橋本淳子の被害者等人定事項等集約報告書に記載の住居（事件当時）、職業 　　橋本淳子（当時43歳）

実況見分の経過	現場の位置	現場は半蔵門線表参道駅 3 番出口の西方目測150メートル、当署渋谷交番の東方目測50メートルの通称青山通り南側に位置する。
	現場付近の状況	現場付近は通称青山通りに面し、会社・商店等のビルが密集する繁華街である。
	現場の状況	1．現場は木造モルタル平屋建の北向きに建てられたスナック「道」店内である。（写真1、2参照） 2．店舗出入口はファッションガラス戸（開き戸）となっており、店内に入ると東側から厨房、カウンター、ソファーのあるテーブルボックス、カラオケステージと続いており、西側は出入口からボトル棚、ソファーのあるテーブルボックスとなっており、南側には、トイレ、更衣室がある。 3．店内中央部東側のテーブルボックスは 6 卓置かれており、立会人は⑤点のテーブルから⑥⑦⑧⑨点のテーブルを指し、「店の奥からテーブル番号が 5 、 6 、 7 、 8 、 9 となっており 9 番には小さなテーブルが付いています。」と説明した。テーブルは高さ60センチ、長さ90センチ、奥行50センチである。 4．前記テーブルボックス西側ボトル棚の間と床上Ⓐ点には円形に血痕が直径約50センチの範囲に点在している。立会人は「私が事件後店に来たとき、この付近にホワイトホースのボトルが 5 本くらい落ちていましたが片付けてしまいました。」と説明した。 5．⑨点のテーブル付近は、灰皿・瓶の破片が散乱している。

参　考　事　項	見分時は晴天であった。 　店内の明暗は端から端までも、相手の表情がよく見える程度であった。 ┌──────────────────────────────┐ [注] 本調書のほかに被害者立会いの調書も必ず作成する。 └──────────────────────────────┘

（簡）様式第5号 （その2）

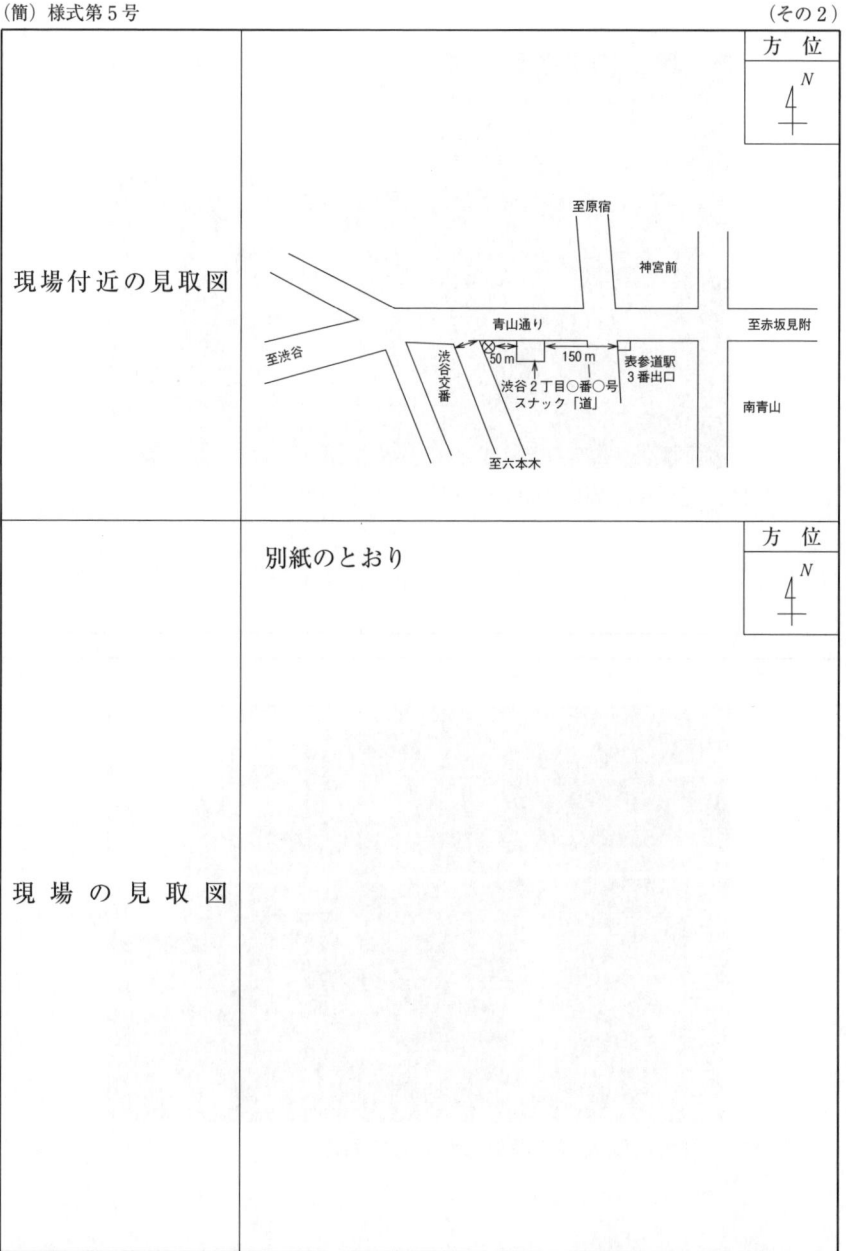

現場付近の見取図	方位 N

現 場 の 見 取 図　別紙のとおり

方位　N

（注意）　現場の写真は、別葉とし、撮影者をしてその職名を記入し、署名押印させること。

本葉は、犯行現場周囲の状況を撮影したものである。

本葉は、被害店舗入口を撮影したものである。

実 況 見 分 調 書 （甲 の 1）

令和○○年7月29日

警視庁○○警察署

司法巡査　　澤　田　光　彦　㊞

　被疑者　　中　沢　由　雄　　に対する　　傷　害　　被疑事件につき、本職は、下記のとおり実況見分をした。

日　　　　　時	令和○○年7月28日　午後11時05分から 令和○○年7月29日　午前0時10分まで
場　所、身　体 又　　は　　物	東京都○○区渋谷2丁目○番○号 スナック「道」店舗内及びその付近一帯
目　　　　　的	犯行の場所、手段、方法を明らかにし証拠を保全するため
立　　会　　人 ┌住居、職業、┐ └氏名、年齢┘	令和○○年7月29日付神谷泰三の被害者等人定事項等集約報告書に記載の住居（事件当時）、職業 　　　被疑者（被害者）神谷泰三（当時25歳）

実況見分の経過	現場の位置	現場は地下鉄半蔵門線表参道駅3番出口の西方目測150メートル、当署渋谷交番の東方目測50メートルの通称青山通り南側に位置する。
	現場付近の状況	現場付近は通称青山通りに面し、会社・商店等のビルが密集する繁華街である。
	現場の状況	1．現場であるスナック「道」は通称青山通りに面し北向きに建てられた木造モルタル平屋建店舗で北側に道路に面してファッションガラスドアの出入口がある。店内は東側が北から厨房、カウンター、ソファーのあるテーブルボックス、カラオケステージとなっており、西側は北からボトル棚、ソファーのあるテーブルボックスとなっている。店内南奥にトイレ、更衣室、洗面台がある。 2．店舗中央東側のテーブル付近には灰皿、瓶の破片が散乱しており、立会人は西側ボトル棚東側床を指示し「ここで男に殴られた」と説明した。同所はカウンター南端から1.55メートル、ボトル棚から1.0メートルの地点で、床には米粒大から大豆大の血痕約30個が直径50センチのほぼ円形の範囲に付着していた。同所は現場見取図にⒶとして図示した。
参　考　事　項		見分時は晴天であった。

	別紙のとおり	方　位
現場付近の見取図		4 N
	別紙のとおり	方　位
現　場　の　見　取　図		4 N

（注意）　現場の写真は、別葉とし、撮影者をしてその職名を記入し、署名押印させること。

現場の見取図

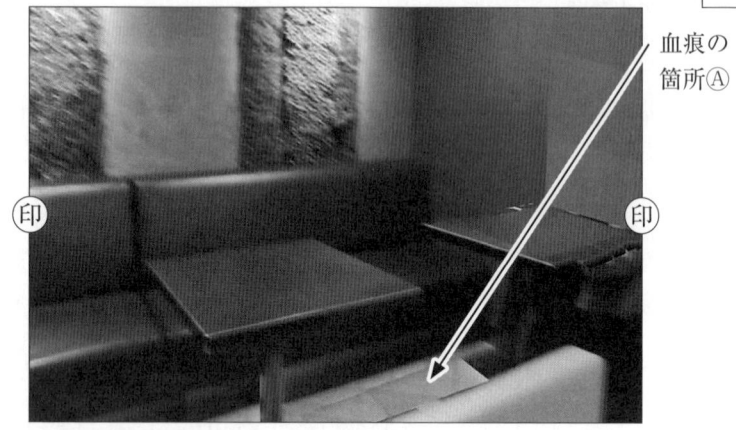

本葉は、犯行場所を撮影したものである。
　←印は、血痕の箇所

血痕の
箇所Ⓐ

本葉は、Ⓐ床の血痕を撮影したものである。

診　断　書

住　所　　東京都杉並区堀ノ内 8 丁目○番○号
　　　　　サンハイツ102号室

氏　名　　　神 谷 泰 三　殿

明・大・昭・㊪　○○年 4 月11日生

病　名

　前額部裂傷、左手首・腹部打撲、舟状骨々折、令和○○年 7 月28日
受傷、上記外傷にて全治約 6 週間を要する見込み。

上記のとおり診断します。
令和○○年 8 月 1 日

　　　　　　　　　　東京都渋谷区神宮前 1 丁目○○番○号
　　　　　　　　　　鈴木外科病院　　　　　　　㊞
　　　　　　　　　　医　師　鈴　木　　清　㊞
　　　　　　　　　　　　電話　03（3312）○○○○

1　人定事項等報告書、被害届、実況見分調書（簡易書式）、現場写真説明

←ここでは、事例を使って解説します。

┌─────────────────────────────────┐
【想定事例】

　令和○○年2月21日午後11時頃、南山一郎は、同業者同士での忘年会の後、2次会でスナック山川店に行き、同僚と歓談していたところ、突然、同じテーブルの向かい側に座っていた他社の従業員である立川二郎から、ビール瓶で顔や頭を殴られた。
└─────────────────────────────────┘

別記様式

被害者等人定事項等集約報告書

令和〇〇年 2 月 21 日

警視庁　〇〇警察署　長
司法警察員　警視　〇〇〇〇　殿

警視庁　〇〇警察署
司法　警察員　巡査部長　〇〇〇〇

　被疑者　立川二郎　　に対する　　傷害　　被疑事件につき、被害者等の人定事項等については、下記のとおりであるから報告する。

記

氏　名 （ふりがな）	みなみやま　いちろう 南山　一郎
生年月日	平成〇年〇月〇日　　　　（事件当時　30　歳）
性　別	男
住　居 （事件当時）	東京都練馬区平和台5丁目〇番〇号　ブルーハイツ505号
住　居 （現在）	上に同じ
職　業 （勤務先名・通学先名）	配管工
電話番号	03-〇〇〇〇-〇〇〇〇
事件との 関わり	☑被害者　　□告訴・告発人　　□参考人　　□任意提出権者 □その他（　　　　　　　　　　　　　　　）
家族関係	
使用車両	
参考事項	

（注）　□のある欄については、該当の□に✓印を付すこと。

被　害　届

令和○○年 2 月21日

警視庁○○　警察署長　殿

　　　　　　届出人住居

　　　　　<ruby>ふ<rt></rt></ruby>り<ruby>が<rt></rt></ruby>な

　　　氏　　名　　　　南　山　一　郎　　　㊞

（電話　　　　　　　　　　　　）

　　次のとおり　　傷　害　　被害がありましたからお届けします。

被害者の住居、職業、氏名、年齢	<ruby>南山<rt>みなみやま</rt></ruby><ruby>一郎<rt>いちろう</rt></ruby>（当時30歳）
被害の年月日時	令和○○年 2 月21日　午後11時10分頃
被害の場所	東京都板橋区上板橋 5 丁目○番○号 スナック「山川」店内
被害の模様	私は同業者の忘年会の後の 2 次会で、スナック「山川」の店へ行って椅子に座って私の会社の広川君と話をしながら、テーブルにあったメガネを手に取って見たときに、隣りの席にいた立山に突然ビール瓶で顔や頭を殴られて怪我をしました。

別記様式第6号 （その2）

| | 被害者氏名 | 南 山 一 郎 |

	品　　名	数　量	時　価	特　　　徴	所　有　者
被害金品				印	

犯人の住居、氏名又は通称、人相、着衣、特徴等	犯人は東京都板橋区下板橋5丁目にある有限会社小川土木の従業員「立山二郎」（当時26歳くらい）です。
遺留品その他参考となるべき事項	私はその日のうちに近くの練馬病院で診察を受け、顔面頭部挫創打撲により2週間の治療を要するとの診断を受けました。

※　以上本人の依頼により代書した。
　　　警視庁○○警察署
　　　　　司法警察員巡査部長　　○　○　○　○　印

| 届出受理時間 | 2月21日午後○時○分 | 届出受理者 | 係 | ○○○ | 氏名 | ○○○○ |

注意　1　届出人と被害者とが異なるときは、届出人と被害者との関係及び本人届出の理由を遺留品その他参考となるべき事項欄に記入すること。
　　　2　届出人の依頼によって警察官が代書したときは、※印欄に「以上本人の依頼により代書した。所属、官職、氏名」を記載し、押印すること。

実 況 見 分 調 書 （甲の1）

令和○○年2月22日

警視庁○○警察署

司法警察員巡査部長　　○　○　○　○　㊞

　被疑者　　立　山　二　郎　　に対する　　傷　害　　被疑事件につき、
本職は、下記のとおり実況見分をした。

日　　　　　　　時	令和○○年2月22日　午前0時10分から 　　　　　　　　　　　午前1時20分まで
場　所、　身　体 又　　は　　物	東京都板橋区上板橋5丁目○番○号 スナック「山川」店内及びその付近
目　　　　　　　的	犯行状況を明らかにし、証拠を保全するため
立　　会　　人 ┌住居、職業、┐ └氏名、年齢┘	令和○○年2月21日付南山一郎の被害者等人定事項等 集約報告書に記載の住居（事件当時）、職業 　　　　　被害者　南山一郎（当時30歳）

実況見分の経過	現場の位置	現場は警視庁○○警察署桜田交番の北東図測600メートル。板橋区立○○中学校正門の南南東図測700メートルの地点に位置している。
	現場付近の状況	現場東側には南北に田越街道が走っており、飲食店・商店街であるが、比較的閑静である。
	現場の状況	1．現場である第一田川ビルは北向きに建てられた鉄筋コンクリート5階建で、1階はスナック「山川」とパブスナック「パパオ」。2階から5階はマンションとなっている。 2．スナック「山川」の出入口は建物の1階北西隅にあり、入口を入ると店内には、カラオケステージ、テーブルソファー、調理場等がある。 3．立会人である南山は別添現場見取図の㋐、㋑、㋒を順に指示しながら「㋐に犯人の立山。㋑に私。㋒に広川君が座っていました」と説明した。 4．さらに南山は「㋐、㋑、㋒のように座っていた時、立山からビール瓶で頭や顔を殴られました。」と説明した。（写真1、2参照） 5．ビール瓶の破片については、清掃後のため発見できなかった。
参　考　事　項		1．見分時は晴れであった。 2．本見分の結果を明確にするため、現場写真○葉を本調書の末尾に添付することにした。

現場付近の見取図	方　位 N

区立○○中学校

住宅街

商店街

ビル

田越街道

○○方面

図測700メートル

○○方面←

→○○方面

←現場

飲食店街

図測600メートル

○○警察署桜田交番

○○方面

現　場　の　見　取　図	別紙のとおり　　　　　　　方　位 N

（注意）　現場の写真は、別葉とし、撮影者をしてその職名を記入し、署名押印させること。

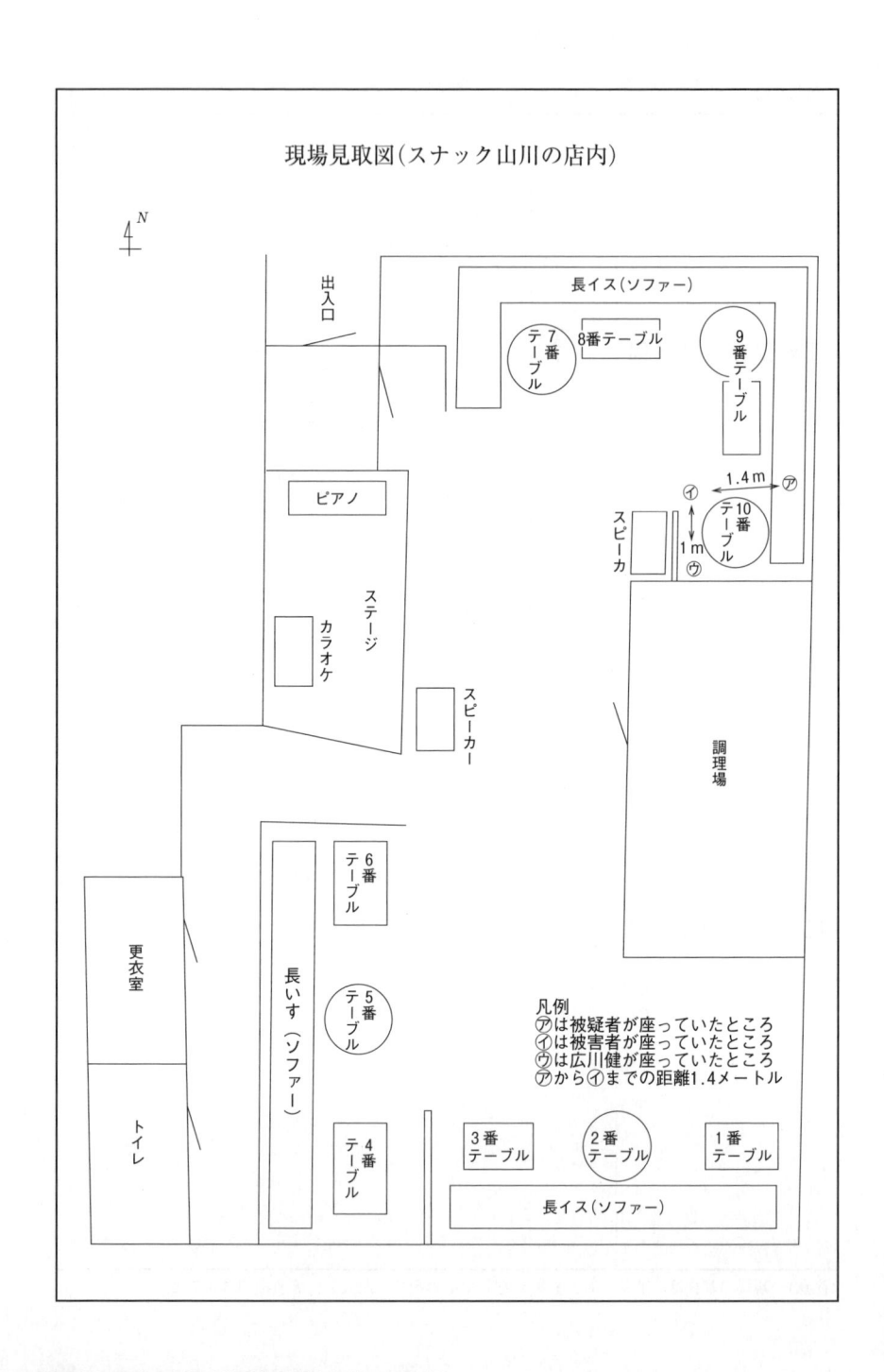

現場見取図(スナック山川の店内)

本葉は、被疑者がビール瓶で被害者の顔面等を殴りつけた状況を北方から撮影したものである。

ア印は、被疑者役の当署〇〇巡査　　イ印は、被害者
ウ印は、被害者の従業員広川健　　←印は、出入り口方向

本葉は、被疑者が割れたビール瓶で被害者の頭部を殴りつけた状況を北方から撮影したものである。

ア印は、被疑者役の当署〇〇巡査　　イ印は、被害者
ウ印は、被害者の従業員広川健　　←印は、出入り口方向

基本的内容

1　人定事項等報告書、被害届、
　実況見分調書（簡易書式）

◀ここでは、事例を
使って解説します。

【想定事例】
　　令和○○年１月14日午後10時30分頃、大石康男は、JR五
反田駅前の小山ビル２階にあるスナック「バレンチノ」で飲
んでいたところ、他の男性客である中村弘隆に絡まれたが、
中村の連れ３人のうち２人が止めに入り、４人連れ客は一旦
店外に出ていった。
　　しかし、その後すぐに４人連れのうち一人が店内に戻って
きて、大石の顔面の口付近を右げんこつで殴り、店外に逃げ
ていったことから、大石は後を追いかけたところ、１階の喫
茶店「香里」の前で、２人が同店の看板に大石の口元や首を
絞めるようにして押しつけ、別の一人が左右のげんこつでA
男の頭部、顔面、腹部を多数回殴った。

別記様式

被害者等人定事項等集約報告書

令和○○年 1 月 14 日

警視庁　○○警察署　長
司法警察員　警視　○○○○　　殿

警視庁　○○警察署

司法　警察員　巡査部長　○○○○

　被疑者　中村弘隆　に対する　　　傷害　　　被疑事件につき、被害者等
の人定事項等については、下記のとおりであるから報告する。

記

氏　名 （ふりがな）	大石　康男 （おおいし　やすお）
生年月日	平成○年○月○日　　　　（事件当時　36　歳）
性　別	男
住　居 （事件当時）	東京都品川区南品川3丁目○○番○号
住　居 （現在）	上に同じ
職　業 （勤務先名・通学先名）	不動産会社　経営
電話番号	03-3455-○○○○
事件との 関わり	☑被害者　　□告訴・告発人　　□参考人　　□任意提出権者 □その他（　　　　　　　　　　　）
家族関係	
使用車両	
参考事項	

（注）　□のある欄については、該当の□に✓印を付すこと。

被　害　届

令和○○年1月14日

警視庁○○　警察署長　殿

届出人住居

氏　名　　　　　大　石　康　男　　㊞
_{おお　いし　やす　お}
_{ふ　り　が　な}

（電話　　　　　　　　　　　）

次のとおり　傷　害　被害がありましたからお届けします。

被害者の住居、職業、氏名、年齢	大石康男（当時36歳） _{おおいしやすお}
被害の年月日時	令和○○年1月14日　午後10時35分頃
被害の場所	東京都品川区東五反田1丁目○○番○号小山ビル2階スナック「バレンチノ」店内
被害の模様	私は今日、午後10時30分頃、JR五反田駅東口にあるスナック「バレンチノ」という店で飲んでいたら、顔なじみのホステス「綾子」が私に話しかけてきたのです。私は「綾子」に向こうのお客さんと話をしなさいと言ってやったところ、「綾子」の客の4人連れの1人がいきなり「文句があるのか」と私に言いがかりをつけてきて、そのときは4人連れの他の2人が止めに入り4人連れはいったん外へ出て行ったのです。ですが、その後すぐに4人連れの1人で紺色背広の男が戻って来て、私の口付近を右げんこつで1発殴ったのです。男は、店の外へ逃げて行ったので私は追いかけて行ったら、今度は喫茶店の前で一番若いメガネをかけている男と42、3歳くらいの一番背の高い男の2人に看板に押しつけられ、店内で私を殴った男に左右のげんこつで私の頭、顔、腹の付近を10発ぐらい殴られました。詳しくは供述調書で話します。 ┌─────────────────────────┐ │ **[注]** 長くなるようなら、調書でまかなうこと。 │ └─────────────────────────┘

被害者氏名	大　石　康　男

	品　　　名	数　量	時　価	特　　　　徴	所　有　者
被害金品				㊞	

犯人の住居、氏名又は通称、人相、着衣、特徴等	私を殴った犯人は4人連れのうち年齢27、8歳で身長165センチメートルくらい紺色背広上下を着た男です。店の外で私を押さえつけた男は4人連れの客のうち一番背が高い男と、一番若くてメガネをかけた男の2人です。もう1人の45、6歳のメガネをかけた男は見ていただけです。（写真1、2参照）
遺留品その他参考となるべき事項	

※　以上本人の依頼により代書した。

　　　　警視庁○○警察署

　　　　　　司法警察員巡査部長　　○　○　○　○　㊞

届出受理時間	1月14日午後○時○分	届出受理者	係	○○○	氏名	○○○○

注意　1　届出人と被害者とが異なるときは、届出人と被害者との関係及び本人届出の理由を遺留品
　　　　　その他参考となるべき事項欄に記入すること。
　　　2　届出人の依頼によって警察官が代書したときは、※印欄に「以上本人の依頼により代書した。
　　　　　所属、官職、氏名」を記載し、押印すること。

実 況 見 分 調 書（甲の1）

令和○○年1月17日

警視庁○○警察署

司法警察員巡査部長　　○　○　○　○　㊞

　被疑者　　中 村 弘 隆　　に対する　　傷 害　　被疑事件につき、
本職は、下記のとおり実況見分をした。

日　　　　時	令和○○年1月15日　午前1時20分から 　　　　　　　　　　　午前1時55分まで
場　所、身　体 又　　は　　物	東京都品川区東五反田1丁目○○番○号小山ビル2階 スナック「バレンチノ」店内及び同ビル前路上
目　　　　的	犯行の場所、状況を明らかにし証拠を保全するため
立　　会　　人 ┌住居、職業、┐ └氏名、年齢┘	令和○○年1月14日付大石康男の被害者等人定事項等 集約報告書に記載の住居、職業 　　被害者　大石康男（当時36歳）

実況見分の経過	現場の位置	現場はJR五反田駅東口の北方図測80メートル・同駅 桜田通りの○○ビル北西方向図測130メートルの地点 である。
	現場付近の状況	現場付近は、会社、商店、飲食店等のビルが密集し ている五反田駅東口の盛り場であり、昼夜間とも人車 の通行量は多い。
	現場の状況	1．第1現場は、品川区東五反田1丁目○○番○号小 　山ビル2階でスナック「バレンチノ」店内である。 　このとき、立会人は「現場見取図その3」の⊗点を 　指差し「この席に座っていた時、出て行った4人連 　れのうちの店に戻って来た紺色の背広を着た男にげん 　こつで口の付近を1回殴られた。」と指示説明した。 2．第2現場は、同ビル1階喫茶店「香里」前歩道上 　で、立会人は「現場見取図その2」の⊗地点を指差 　し「1人の男に口や首の付近をわしづかみにされ 　た後、この喫茶店『香里』の看板に押しつけられ、2 　人の男に顔等を約10回殴られた。」と指示説明した。
参　考　事　項		1．見分時は晴天であった。 2．現場の見取図3枚と写真○葉を本調書末尾に添付した。

		方　位
現場付近の見取図	別紙のとおり	N
		方　位
現　場　の　見　取　図	別紙のとおり	N

〔注〕見取図その1は省略

（注意）　現場の写真は、別葉とし、撮影者をしてその職名を記入し、署名押印させること。

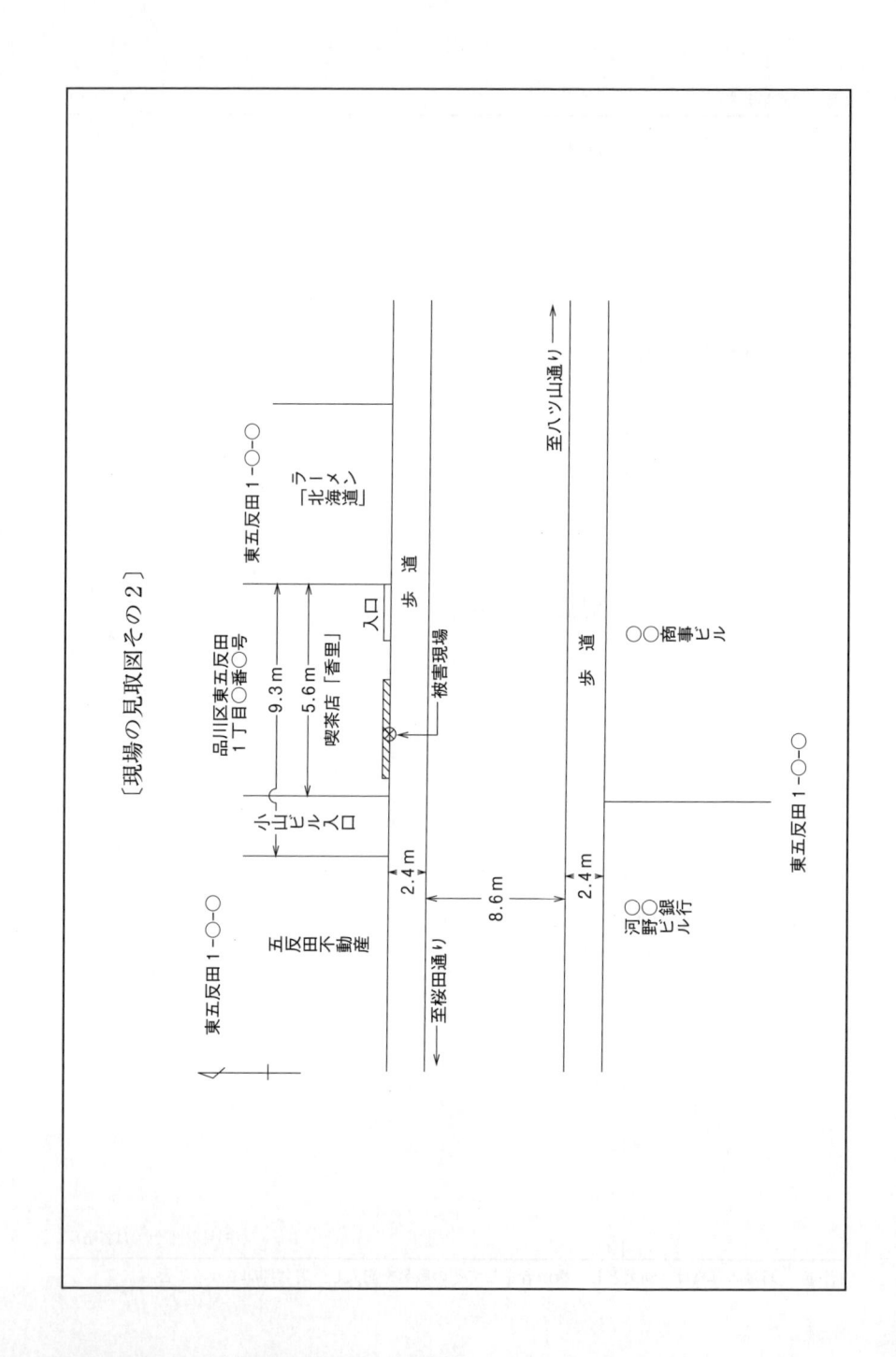

〔現場の見取図その３〕

ソファ

テーブル　テーブル

イス

テーブル

イス

ステージ

10 m

テーブル

カラオケ

テーブル　テーブル

ソファ

ソファ

テーブル

イス

テーブル

イス

テーブル

テーブル

ソファ

イス

イス

テーブル

被害者

ソファ

トイレ・洗面所

イス

ソファ

テーブル

テーブル

イス

イス

テーブル

テーブル

テーブル

ソファ

テーブル

イス

被疑者

テーブル

5.5 m

ソファ

イス

テーブル

ソファ

エレ
ベーター

出
入
口
ド
ア

5 m

ソファ

階段

カウンター

倉庫

カウンター

厨房

1

被害者

本葉は、被害現場を撮影したものである。
　←印は、被害者

2

本葉は、被害者が首を絞められた状況を再現して撮影したものである。

1 人定事項等報告書、被害届、実況見分調書（簡易書式）

←ここでは、事例を使って解説します。

【想定事例】

　令和○○年3月3日午前10時30分頃、上田一郎は、自宅近所の住宅街で犬の散歩をしていたところ、丁字路交差点内に大型のダンプカーが停まっていたため、同車両の後ろから大声で注意した。

　すると、運転席にいた北島五郎が窓から顔を出し、「いちいちうるせえな。」と怒鳴って降車し、上田を呼び止め、げんこつで上田の右顔付近を殴りつけた。

別記様式

被害者等人定事項等集約報告書

令和○○年 3 月 3 日

警視庁　○○警察署　長
司法警察員　警視　○○○○　　殿

警視庁　○○警察署
司法　警察員　巡査部長　○○○○

　被疑者　北島五郎　　に対する　　　傷害　　　被疑事件につき、被害者等の人定事項等については、下記のとおりであるから報告する。

記

氏　名 （ふりがな）	上田 一郎 （うえだ　いちろう）
生年月日	昭和○○年○月○日　　　　　（事件当時　77　歳）
性　別	男
住　居 （事件当時）	東京都練馬区豊玉 3 丁目○番○号
住　居 （現在）	上に同じ
職　業 （勤務先名・通学先名）	無職
電話番号	03-3339-○○○○
事件との 関わり	☑被害者　　□告訴・告発人　　□参考人　　□任意提出権者 □その他（　　　　　　　　　　　　　）
家族関係	
使用車両	
参考事項	

（注）　□のある欄については、該当の□に✓印を付すこと。

被　害　届

令和○○年3月3日

警視庁○○　警察署長　殿

届出人住居

氏　　名　　　　上　田　一　郎　　　㊞

（電話　　　　　　　　　）

次のとおり　　傷　害　　被害がありましたからお届けします。

被害者の住居、職業、氏名、年齢	上田一郎（当時77歳）
被害の年月日時	令和○○年3月3日　午前10時30分頃
被害の場所	東京都練馬区豊玉3丁目○○番○号先路上
被害の模様	私が1人で犬と散歩をしていると、狭い道路いっぱいにダンプカーが停まっていて体を横にしないと通り抜けられそうになかったので、車の後ろから大声で注意したところ、そのダンプカーの運転席にいた男が窓から顔を出し、「いちいちうるせえな。」と怒鳴りつけ、ダンプカーから降りてきて、いきなりげんこつで私の右顔付近を2回殴りつけ、私は、2週間程度の口腔挫傷等の傷害を負わされました。なお、詳細は供述調書に述べます。

	品　　名	数　量	時　価	特　　　　　徴	所　有　者
被害金品				㊞	
犯人の住居、氏名又は通称、人相、着衣、特徴等	年齢22歳くらいの顔に切り傷のある若い男で、現場に駆けつけてくれたお巡りさんに捕まりました。　服装は上が革ジャンパー、下がポッカズボンで近所で見たこともなくその男の住所や名前などは知りません。				
遺留品その他参考となるべき事項	医者から診断書をとりましたので提出します。				

被害者氏名　上　田　一　郎

※　以上本人の依頼により代書した。
　　　　　警視庁○○警察署
　　　　　　司法警察員巡査部長　　○　○　○　○　㊞

届出受理時間	3月3日午前○時○分	届出受理者	係	○○○	氏名	○○○○

注意　1　届出人と被害者とが異なるときは、届出人と被害者との関係及び本人届出の理由を遺留品その他参考となるべき事項欄に記入すること。
　　　2　届出人の依頼よって警察官が代書したときは、※印欄に「以上本人の依頼により代書した。所属、官職、氏名」を記載し、押印すること。

実況見分調書（甲の１）

令和○○年３月３日

警視庁○○警察署

司法警察員巡査部長　　○　○　○　○　㊞

被疑者　北　島　五　郎　　に対する　　傷　害　　被疑事件につき、本職は、下記のとおり実況見分をした。

日　　　　　時	令和○○年３月３日　午後１時30分から 　　　　　　　　　　午後２時00分まで
場　所、　身　体 又　　は　　物	東京都練馬区豊玉３丁目○○番○号先路上及びその付近一帯
目　　　　　的	本件犯行の場所を明らかにし、証拠を保全するため
立　　会　　人 ┌住居、職業、┐ └氏名、年齢┘	令和○○年３月３日付上田一郎の被害者等人定事項等集約報告書に記載の住居（事件当時）、職業 　　被害者　上田一郎（当時77歳）

実況見分の経過	現場の位置	現場は西武池袋線練馬駅から都道練馬線を目測80メートル南進した大和銀行練馬支店前交差点を更に右折した住宅街の道路上である。
	現場付近の状況	現場付近は、住宅・マンションが密集している住宅街で交通量は少ないが路上駐車車両が多い地域であり、道路幅員は狭い。
	現場の状況	1．現場は都道練馬線から目白通りへ通じる幅員3.2メートルの道路上で、立会人は①点を指示し、「ここが駐車ダンプカーに注意したところです。」と説明した。立会人はさらに②点を指示し、「①点で呼び止められ、ここで顔を２回殴られたのです。」と説明した。①から②までの距離は6.5メートルで、道路上に血痕等は認められなかった。(写真1、2参照) 2．立会人は、①点を指示し、「トラックがここに停まっていて道路を遮断していたので歩行できなかった。」と説明した。
参　考　事　項		見分時は雨天であった。

現場付近の見取図	**方位** N ←至豊島園　　西武池袋線　　練馬駅 ++++++++++++++++++++++++++++ 目測80 m 都道練馬線 ⊗ 青木ビル　現場 ○○方面 目白通り 大和銀行練馬支店 ○○方面 ○○方面
現場の見取図	**方位** N 青木ビル　　練馬区豊玉北4-○-○ ①←15.0m→② 7.0 m 至目白通り 東京都練馬区豊玉3-○-○ 至都道練馬線

（注意）　現場の写真は、別葉とし、撮影者をしてその職名を記入し、署名押印させること。

第6編
各論・実況見分調書
記載例（裏口等）

第7編
各論・実況見分調書
記載例（侵入盗）

第8編
各論・実況見分調書
記載例（暴行・傷害等）

第9編
各論・実況見分調書
記載例（交通事故等）

付録
CADソフト・ク
ロッキーの使用方法

1

印　　　　　　　印

本葉は、被害現場の状況を撮影したものである。

2

印　　　　　　　印

②

本葉は、被害現場の状況を撮影したものである。
　　←②×印は、殴られた地点

1 人定事項等報告書、被害届、実況見分調書（簡易書式）、写真撮影報告書、診断書

⬅ここでは、事例を
使って解説します。

【想定事例】

令和○○年 9 月19日午後 4 時30分頃、婦人服卸売業を営む赤間一作は、得意先の洋品店エリーに納品するため、同店前の路上にボックス車を駐車し、後部座席左側のドアを開けて、体を半分車内に入れるようにして商品の取出しなどを行っていた。

すると、突然、赤間の背後から、暴力団員風の男が上記ドアを蹴り上げたため赤間は左足をドアに挟まれ、更に続けて、甲男は赤間の顔面を殴った。

別記様式

被害者等人定事項等集約報告書

令和○○年 9 月 19 日

警視庁　○○警察署　長
司法警察員　警視　○○○○　　殿

警視庁　○○警察署
司法　警察員　巡査部長　○○○○

　被疑者　　　不詳　　　に対する　　　傷害　　　被疑事件につき、被害者等
の人定事項等については、下記のとおりであるから報告する。

記

氏　　名 (ふ り が な)	赤間　一作 (あ か ま　いっさく)
生 年 月 日	昭和○○年○月○日　　　　　（事件当時　42　歳）
性　　　別	男
住　　居 (事件当時)	東京都狛江市本宮１丁目○○番○号
住　　居 (現在)	上に同じ
職　　業 (勤務先名・通学先名)	婦人服卸売業
電 話 番 号	03-○○○○-○○○○
事件との 関 わ り	☑被害者　□告訴・告発人　□参考人　□任意提出権者 □その他（　　　　　　　　　　　　　　）
家 族 関 係	
使 用 車 両	
参 考 事 項	被疑者は被害者に「広野組の牧田」だと名乗っている。

(注)　□のある欄については、該当の□に✓印を付すこと。

被　害　届

令和○○年9月19日

警視庁○○　警察署長　殿

　　　　　届出人住居

　　　　　氏　　名　　　　赤　間　一　作　　㊞

　　　　　　　　　　　（電話　　　　　　　　　　）

　次のとおり　　傷　害　　被害がありましたからお届けします。

被害者の住居、職業、氏名、年齢	赤間一作（当時42歳）
被害の年月日時	令和○○年9月19日　午後4時30分頃
被害の場所	東京都杉並区浜田山7丁目○○番○○号 洋品店「エリー」前歩道上
被害の模様	私は、自宅を会社にして婦人服の卸売業を営んでおります。本日は、お得意先の「エリー」に納品のため、店の前の歩道に車を停めて荷物の出し入れを行っていたところ、いきなり暴力団員風の男に左膝部分や顔面を殴られて全治3か月の大怪我をさせられました。 　はっきりした原因は分かりませんが、私が歩道に車を停めて荷物の出し入れをしていたので通行しづらく、それに立腹してのことと思われます。いきなり人を殴ったり足蹴りするなどは許せません。

別記様式第6号

被害者氏名	赤 間 一 作

	品　　　名	数　量	時　価	特　　　　徴	所　有　者
被害金品				㊞	

犯人の住居、氏名又は通称、人相、着衣、特徴等	犯人は、年齢30歳くらい、身長180センチメートルくらい、パンチパーマで体格はやや痩せ型、一見して暴力団員風の男です。
遺留品その他参考となるべき事項	犯人は、広野組の牧田だと名乗りました。

※　以上本人の依頼により代書した。
　　　　　警視庁○○警察署
　　　　　　　司法警察員巡査部長　　○　○　○　○　　㊞

届出受理時間	９月19日午後○時○分	届出受理者	係	○○○	氏名	○○○○

注意　1　届出人と被害者とが異なるときは、届出人と被害者との関係及び本人届出の理由を遺留品
　　　　　その他参考となるべき事項欄に記入すること。
　　　2　届出人の依頼によって警察官が代書したときは、※印欄に「以上本人の依頼により代書した。
　　　　　所属、官職、氏名」を記載し、押印すること。

実 況 見 分 調 書（甲の1）

令和○○年9月20日

警視庁○○警察署

司法警察員巡査部長　　黒 沢 恵 二　㊞

　被疑者　　不　詳　　に対する　　傷　害　　被疑事件につき、本職は、下記のとおり実況見分をした。

日　　　　　時	令和○○年9月20日　　午前10時00分から 　　　　　　　　　　　　午前10時50分まで
場　所、身　体 又　　は　　物	東京都杉並区浜田山7丁目○○番○○号 洋品店「エリー」前歩道上
目　　　　　的	犯行場所を特定し、犯行状況を明らかにするため
立　　会　　人 ┌住居、職業、┐ └氏名、年齢┘	令和○○年9月19日付赤間一作の被害者等人定事項等 集約報告書に記載の住居（事件当時）、職業 　　被害者　赤間一作（当時42歳）
実況見分の経過	現場の位置	現場は京王線浜田山駅の北東図測250メートル、○○郵便局から西方目測150メートルに位置する。

	現場付近の状況	現場付近は、井の頭通りに面しており、昼夜ともに車両の交通量が多い。見分時は自動車の交通量が多く、人の通りは少なかった。
	現場の状況	1．現場は○○通りに通じる井の頭通りに面し幅員3メートルの道路上である。 　立会人は、前記洋品店「エリー」前の道を指示し 　　私は、この歩道の2／3を占拠する形で車を停めていました。 　と説明したので、立会人の指示した位置に同人の車両を置き、立会人（被害者）を⑦、被疑者を④として標識を使用して実況見分を開始した。 2．立会人は、後部席の⑦地点を指し 　　ここで私は、体の半分を車の中に入れて荷物を出そうとした 　と説明した。 　立会人は、開けられた後部席ドアのやや前寄りの④地点を指し 　　ここに男が立っていて、ドアを蹴りあげたのです。 　と説明した。 　　④地点から⑦地点までの距離を計測したところ90センチメートルであった。 　立会人は、開けられた後部席ドアの後部④を指し 　　ドアを蹴られたので、私はここまで下がりました。 　と説明した。 　　Ⓑ地点から④地点までの距離を計測したところ70センチメートルであった。 　立会人が車を停めた位置を計測したところ、前記洋品店「エリー」前の歩道、幅員3メートルのうち車道寄り部分約2メートルを同人の車両が占めており、左側後部ドアを開放した状態で歩道の通行を試みたところ、通行は困難であった。 （現場の見取図(1)(2)、現場写真1〜6参照）
参　考　事　項		1．実況見分時は晴天であった。 2．本職は実況見分の状況を分かりやすくするため、現場の見取図2枚、現場写真5葉を本調書の末尾に添付することにした。

	別紙のとおり	方　位
現場付近の見取図		N
		（［注］見取図 省略）
現 場 の 見 取 図	別紙のとおり	方　位 N
		（［注］現場の見取図(1) 省略）

（注意）　現場の写真は、別葉とし、撮影者をしてその職名を記入し、署名押印させること。

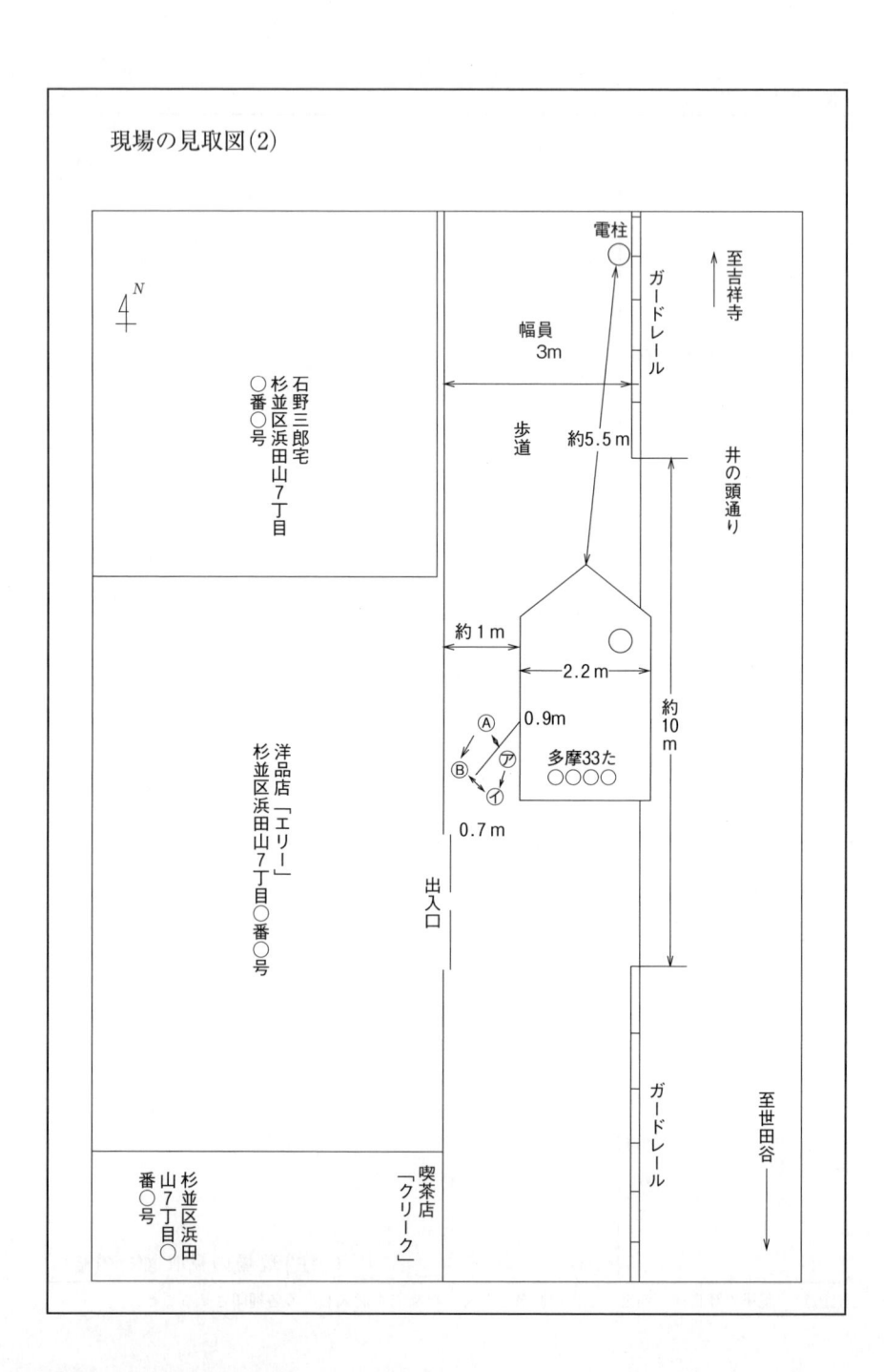

現場の見取図(2)

写真撮影報告書

令和〇〇年 9 月20日

警視庁〇〇警察署長
司法警察員　警視　〇〇〇〇　殿

警視庁〇〇警察署
司法警察員巡査部長　黒　沢　恵　二　㊞

　被疑者　不詳　に対する　傷害　被疑事件につき、本件の犯行現場の状況を明らかにするため、写真撮影を実施した状況については下記のとおりであるので、写真５葉を添付し報告する。

記

1　撮影日時
　　令和〇〇年 9 月20日午前10時00分から同日午前10時50分までの間

2　撮影場所
　　東京都杉並区浜田山 7 丁目〇〇番〇〇号
　　　洋品店「エリー」前歩道上

3　撮影物件
　　東京都杉並区浜田山 7 丁目〇〇番〇〇号
　　　洋品店「エリー」及びその付近一帯

4　立会人
　　　令和〇〇年 9 月19日付赤間一作の被害者等人定事項等集約報告書に
　　記載の住居（事件当時）、職業
　　　　　赤間一作（42歳）

5　その他
　　本撮影に際し、当署司法警察員巡査部長山田満が補助に当たった。

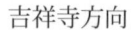

吉祥寺方向

被害者

×

印　　　　　　　　　　　　　　　　　　印

世田谷
方向

　本葉は、被害場所である東京都杉並区浜田山７丁目〇〇番〇〇号　洋品店「エリー」
前歩道上及びその付近状況を撮影したもの
　　　×印は、被害者所有車両
　　　←印は、被害者赤間一作
　　　←印は、各方面方向

2

印　　　　　　　　　　　　　　　　　　印

ドアを開
けた状況

　本葉は、被害現場の状況を撮影したもの
　　　←印は、左後部ドアを開けている状況

第6編
記載例・実況見分調書（乗り物編）

第7編
各論・実況見分調書記載例（侵入編）

第8編
各論・実況見分調書記載例（暴行・傷害等）

第9編
各論・実況見分調書記載例（軽犯罪法等）

附録編
CADソフト・ロッキーの使用方法

3

　本葉は、被害者にドアを開けている状況について説明を受けているところを撮影したもの
　　○印は、被害者

4

　本葉は、被害者がドアに左足を挟まれている状況を撮影したもの

5

　前葉に引き続いて被害現場の状況を撮影したもの
　　アは、被害者の位置を示す
　　Aは、被疑者の位置を示す
被害者、被疑者の犯行時の位置関係について撮影したもの。
足蹴りしたとする被疑者の供述、目撃者の目撃状況を再現して撮影。

診 断 書

住 所　　東京都狛江市本宮１丁目○○番○号

氏 名　　　赤 間 一 作　殿

明・大・㊭・平　○○年○月○日生

病 名

　　①左上肢挫傷

　　②左膝部挫傷

　　③顔面打撲

上記傷病により令和○○年９月19日初診、以来外来治療中であるが、顔面打撲、左膝関節部挫傷は軽快するも、左膝関節部尺骨頭の疼痛軽減せず、現在、治療中。今後約２か月の治療を要する見込みである。

上記のとおり診断します。

令和○○年９月20日

　　　　　　　　東京都調布市本町１丁目○○番○号

　　　　　　　　吉永外科　　　　　　　　　㊞

　　　　　　　　医 師　吉 永 洋 行　　㊞

第 **8** 編……各論：実況見分調書記載例（暴行・傷害等）

基本的内容

第 7 章　飲酒の上路上にて通行人に暴行し傷害

1　人定事項等報告書、捜査報告書、実況見分調書（簡易書式）

◆ここでは、事例を使って解説します。

【想定事例】

　令和○○年 4 月30日午前 0 時20分頃、○○警察署の警察官小谷巡査が阿佐ヶ谷駅前交番において立番勤務中、「その先の屋台の近くでけんかが発生している」旨の目撃者からの訴出を受け、急行したところ、屋台客の 1 人が「あの 2 人がそうだよ。」と約10メートル先にいる 2 人組の男を指さしたため、その 2 人を追いかけて質問すると、古山昭夫は「けんかではない」旨を申し立て、土田剛三は「あいつがふざけたことするからだよ。」と答えた。

　一方、相勤者の警察官山本巡査が追って上記屋台に到着すると、A男が「今、 2 人組の男に若い男性が殴られた。男性は向こうで倒れている。」と訴えたことから、その現場に向かうと、屋台から約20メートル離れた路上で、浦田和夫が腹部を押さえて倒れていた。

　そして、警察官山本巡査からこれらの事態について連絡を受けた警察官小谷巡査は、古山と土田を追及したが、 2 人とも「酔っていてあまり覚えていない。」と答えた。

別記様式

被害者等人定事項等集約報告書

令和○○年 4 月 30 日

警視庁　○○警察署　長
司法警察員　警視　○○○○　　殿

警視庁　○○警察署
司法　警察員　巡査部長　綾瀬良治

　被疑者　　土田剛三　　に対する　　　傷害　　　被疑事件につき、被害者等
の人定事項等については、下記のとおりであるから報告する。

記

ふりがな 氏　　名	うらた　かずお 浦田　和夫
生年月日	平成○○年○月○日　　　　　　（事件当時　20　歳）
性　　別	男
住　居 （事件当時）	東京都西東京市東町 10 丁目○番○号
住　　居 （現在）	上に同じ
職　　業 （勤務先名・通学先名）	大学生（○○大学○年）
電話番号	090-○○○○-○○○○
事件との 関わり	☑被害者　　□告訴・告発人　　□参考人　　□任意提出権者 □その他（　　　　　　　　　　　　　　　　）
家族関係	
使用車両	
参考事項	

（注）　□のある欄については、該当の□に✓印を付すこと。

傷害事件捜査報告書

（あて名や作成者等は省略）

　被疑者　土田剛三　に対する　傷害　被疑事件につき、捜査した結果は、下記のとおりであるから報告する。

記

（１被疑事件と２被疑者は省略）

３　捜査の端緒

　　　　目撃者の訴え出による。

４　捜査の経過

　⑴　令和○○年４月30日午前０時20分頃、○○警察署小谷巡査が、同署阿佐ヶ谷駅前交番において立番勤務中、会社員風の男（目撃者）が交番に駆け込んで来て

　　　　　お巡りさん、その先の焼鳥屋の屋台の近くで喧嘩してますよ。

　　と訴え出た。

　⑵　小谷巡査は、直ちに現場である杉並区阿佐ヶ谷北２丁目○○番○○号大山自動車前の焼鳥屋屋台に急行したところ、前記屋台には２、３人の客はいたが、喧嘩をしている者は見当たらなかった。

　　　小谷巡査は同屋台の客に対し、「今ここで喧嘩をしていなかったか。」と質問すると、年齢35歳くらい、薄茶色の作業服を着た、一見工具風の男が、○○方向約10メートル先を酔っ払ってふらふらしながら歩いている２人組の男を指差し

　　　　　あの２人がそうだよ。

　　と申し立てたので、直ちにその２人組の所まで追いかけて行き、年齢35歳くらいで身長170センチメートルくらい、紺色スーツ、パンチパーマをかけ、一見会社員風の男（参考人古山昭夫）に対し「今喧嘩をしていたのは君達だな。」と質問すると、「喧嘩じゃないよ、酔っ払ってちょっとつかみ合っただけだよ。」と答えた。

小谷巡査はもう１人の男、年齢30歳くらいで身長165センチメートルくらい、濃茶のスーツを着て、頭髪が乱れている一見会社員風の男（土田剛三）に対し「君が喧嘩をしたのか。」と質問すると、

　　　　　あいつがふざけたことするからだよ。

と答えたので、小谷巡査は２人を阿佐ヶ谷駅前交番に任意同行した。

(3)　小谷巡査の後から現場に急行した相勤者山本巡査が、現場である焼鳥屋屋台に着くと、年齢20歳くらいで身長160センチメートルくらい、白色ジャンパーに紺色ジーパンの、一見学生風の男が少しふらつき、酒臭い息を吐きながら

　　　　　今、２人組の男の１人に私の連れが殴られた。連れは向こうで倒れている。

と山本巡査に訴えてきた。

　　　山本巡査はその男に連れられ焼鳥屋屋台から約20メートル離れた、杉並区阿佐ヶ谷北２丁目○番○号酒店「カサイ屋」前に年齢20歳くらい、赤色のトレーナー、白の綿ズボン、サンダル履きの一見学生風の男（被害者、浦田和夫）が腹を押さえて路上に倒れているのを発見した。

　　　山本巡査は上記浦田に「大丈夫か。」と尋ねると、男は腹を押さえたまま苦しそうにしながら

　　　　　痛い、痛い。

と答えるだけで動けない様子だったので、山本巡査は直ちに救急車を要請し被害者浦田を河南病院に搬送した。

(4)　小谷巡査は、山本巡査から署活系無線機により、被害者は倒れて動けない状態で、救急車で病院に搬送したとの連絡を受け、再度同交番に任意同行した２人に「つかみあっただけじゃないだろう、他に何かしなかったか。」と質問すると、２人とも、

　　　　　酔っていてあまり覚えていない。

と申し立てたので、小谷巡査は無線警ら車杉並１号で、２人を本署に任意同行し、当署捜査係員に傷害事件の被疑者として引き継いだものである。

第6編　各論・実見分調書
記載例（車の物色）

第7編　各論・実況見分調書
書記載例（侵入盗）

第8編　各論・実況見分調書
記載例（暴行 傷害等）

第9編　各論・実況見分調書
記載例（軽犯法違等）

附編　ＣＡＤソフト・ク
ロッキーの使用方法

実 況 見 分 調 書 （甲の 1 ）

令和○○年 5 月14日

警視庁○○警察署

司法警察員巡査部長　　綾 瀬 良 次　㊞

　被疑者　　土 田 剛 三　　に対する　　傷 害　　被疑事件につき、本職は、下記のとおり実況見分をした。

日　　　　　時		令和○○年 5 月14日　　午前10時40分から 　　　　　　　　　　午前11時00分まで
場　所、　身　体 又　　は　　物		東京都杉並区阿佐ヶ谷北 2 丁目○番○号 酒店カサイ屋前路上及びその付近
目　　　　　的		本件犯行の状況を明らかにし証拠を保全するため
立　　会　　人 ┌住居、職業、┐ └氏名、年齢 ┘		令和○○年 4 月20日付浦田和夫の被害者等人定事項等集約報告書に記載の住居（事件当時）、職業 　　被害者　浦田和夫（当時20歳）
実 況 見 分 の 経 過	現 場 の 位 置	現場は警視庁○○警察署阿佐ヶ谷駅前交番北東方図測150メートルの地点に位置する。
	現場付近の状況	現場は阿佐ヶ谷駅商店街であり、JR阿佐ヶ谷駅の利用客及び買物客等で人通りは実況見分時かなり多かった。
	現 場 の 状 況	1．現場は北東から南西方JR阿佐ヶ谷駅東口方にのびている幅員7.45メートルの道路（通称阿佐ヶ谷駅商店街）と南東方から北西方にのびている幅員5.40メートルの道路と交差した道路（交差点）上である。 2．立会人はⒶ点を指差し、「ここで犯人に胸ぐらをつかまれた。」と指示説明し、さらに立会人はⒷ点を指差し「Ⓐ点からここまで胸ぐらをつかまれて連れてこられ、ここで左脇腹を蹴られて倒れてしまいました。」と指示説明した。（写真1、2参照）
参　　考　　事　　項		見分時は曇天であった。

現場付近の見取図	

方　位

N

阿佐ヶ谷北４丁目

至○○方面

（図測150
メートル）

阿佐ヶ谷北３丁目○番〜○番

阿佐ヶ谷駅商店街

×現場

バス通り

阿佐ヶ谷北２丁目○番〜○番

東口
阿佐ヶ谷駅
西口

阿佐ヶ谷駅
前交番

至○○方面

別紙のとおり

方　位

N

現　場　の　見　取　図

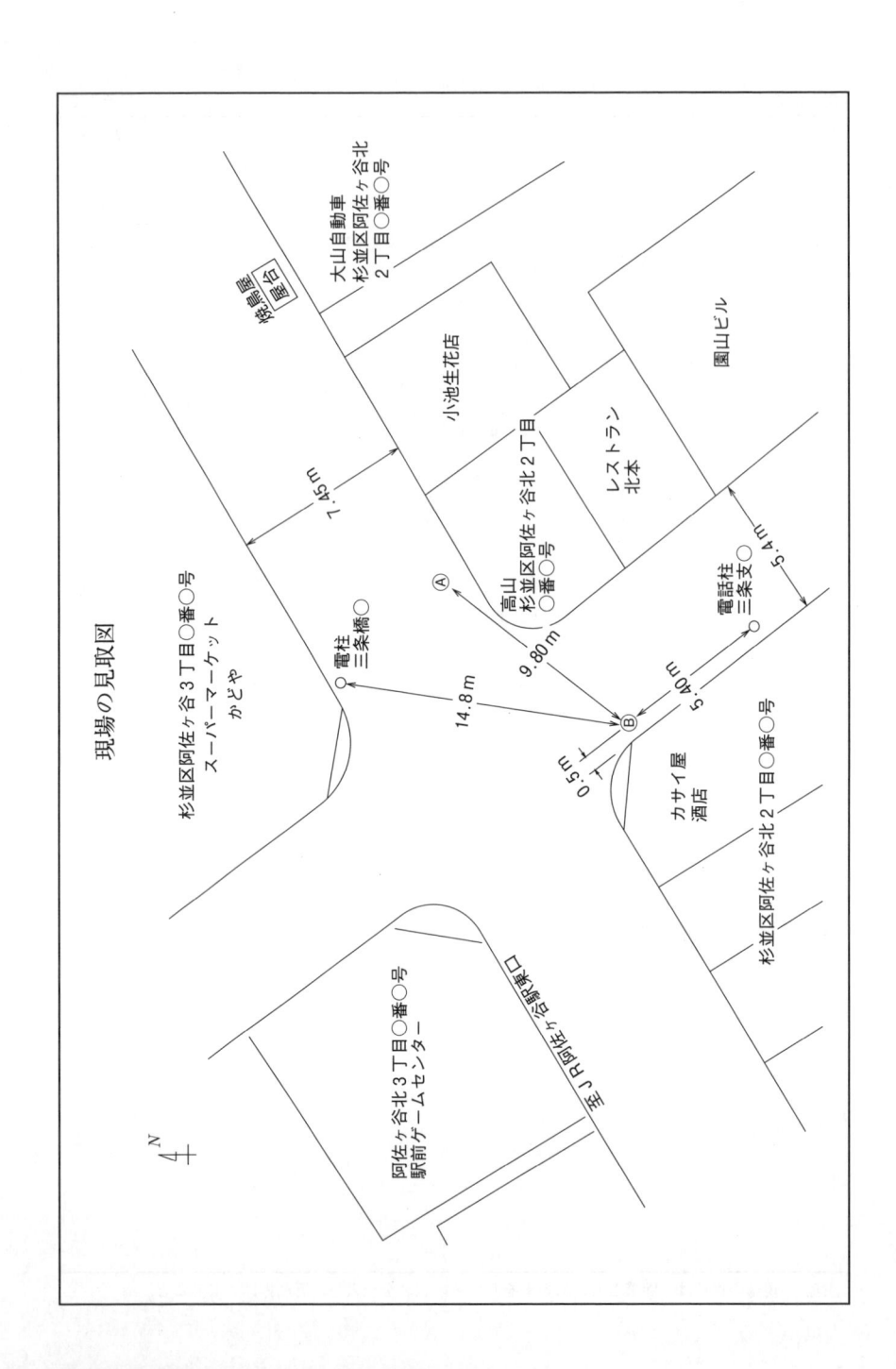

現場の見取図

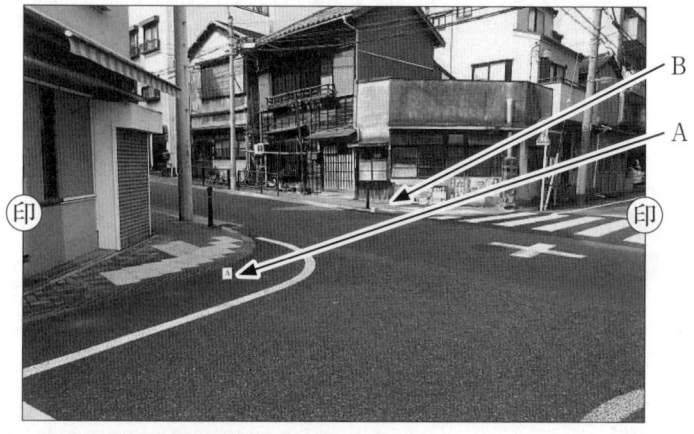

1

本葉は、被害現場の状況を撮影したものである。

　←印Aは、胸ぐらをつかまれた地点

　←印Bは、倒れた地点

2

　本葉は、被害者が左脇腹を蹴られて倒れた地点（B点）を近接撮影したものである。

1　人定事項等報告書、被害届、実況見分調書（簡易書式）、写真撮影報告書、診断書

←ここでは、事例を使って解説します。

【想定事例】

　令和○○年4月7日午前1時30分頃、高田美保子は、勤務先のカラオケスナック「ギャロップ」から帰ろうとしたところ、以前交際していた吉川宏が同店の前で高田を待ち伏せしており、高田の腕を摑んで引っ張り、倒れた高田を引きずったり、平手打ちしたりした上、高田の足から脱げたハイヒールで高田の左目付近を殴った。

別記様式

被害者等人定事項等集約報告書

令和○○年 4 月 7 日

警視庁　○○警察署　　長
司法警察員　　警視　○○○○　　殿

警視庁　○○警察署
司法　　警察員　警部補　○○○○

　被疑者　　吉川宏　　に対する　　　傷害　　　被疑事件につき、被害者等の人定事項等については、下記のとおりであるから報告する。

記

氏　　名 （ふりがな）	高田　美保子 （たかだ　みほこ）
生年月日	平成○○年○月○日　　　　（事件当時　24　歳）
性　　別	女
住　　居 （事件当時）	東京都中野区若宮5丁目○○番○○号
住　　居 （現在）	上に同じ
職　　業 （勤務先名・通学先名）	ホステス
電話番号	03-3330-○○○○
事件との 関 わ り	☑被害者　　□告訴・告発人　　□参考人　　□任意提出権者 □その他（　　　　　　　　　　　　　）
家族関係	
使用車両	
参考事項	

(注)　□のある欄については、該当の□に✓印を付すこと。

被　害　届

令和○○年4月7日

警視庁○○　警察署長　殿

　　　　　届出人住居

　　　　　氏　　　名　　　　高　田　美　保　子　　　㊞

　　　　　　　　　　　　（電話　　　　　　　　番）

次のとおり　　傷　害　　被害がありましたからお届けします。

被害者の住居、 職業、氏名、年齢	高田美保子（当時24歳）
被害の年月日時	令和○○年3月9日　午前1時30分頃
被害の場所	東京都中野区野方5丁目○番○号 炉端焼「いしかわ」前路上
被害の模様	私は、前記被害日時頃、勤務先から帰るところを以前交際していた男に待ち伏せされ、その場で引きずり倒された上に被害場所まで引きずられ、身体を起したところを私の足から脱げたハイヒールで左目の辺りを殴られました。 　そのため、左目の奥の骨が折れるほどの怪我を負わされました。

別記様式第6号　　　　　　　　　　　　　　　　　　　　　　（その２）

| | | | | | 被害者氏名 | 高　田　美保子 |

	品　　名	数　量	時　価	特　　　　　徴	所　有　者
被害金品				印	

犯人の住居、氏名又は通称、人相、着衣、特徴等	吉川宏（24歳）です。私がつき合っていたときは「世田谷区田園調布」のパールマンション102号に住んでいました。 　仕事は金融ブローカーだと言っておりました。身長175センチメートルくらい、赤ら顔、小太り、パンチパーマをかけていました。
遺留品その他参考となるべき事項	左目の怪我のため、あまり外出ができず届出が遅れました。

※　以上本人の依頼により代書した。
　　　　　警視庁○○警察署
　　　　　　　　司法警察員警部補　　　○　○　○　○　　印

| 届出受理時間 | 4月7日午前○時○分 | 届出受理者 | 係 | ○○○ | 氏名 | ○○○○ |

注意　1　届出人と被害者とが異なるときは、届出人と被害者との関係及び本人届出の理由を遺留品
　　　　　その他参考となるべき事項欄に記入すること。
　　　2　届出人の依頼によって警察官が代書したときは、※印欄に「以上本人の依頼により代書した。
　　　　　所属、官職、氏名」を記載し、押印すること。

実 況 見 分 調 書 （甲の1）

令和○○年4月10日

警視庁○○警察署

司法警察員巡査部長　　○　○　○　○　㊞

　被疑者　吉 川　　宏　に対する　傷　害　被疑事件につき、本職は、下記のとおり実況見分をした。

日　　　　時	令和○○年4月10日　午前10時30分から 　　　　　　　　　　　　午前10時50分まで
場　所、身　体 又　は　物	東京都中野区野方5丁目○番○号 炉端焼「いしかわ」前路上及び付近一帯
目　　　　的	本件犯行の状況を明らかにし、証拠を保全するため
立　会　人 ┌住居、職業、┐ └氏名、年齢┘	令和○○年4月7日付高田美保子の被害者等人定事項等集約報告書に記載の住居（事件当時）、職業 　　被害者　高田美保子（当時24歳）

実況見分の経過	現場の位置	現場は西武新宿線野方駅の南西目測200メートル、警視庁○○警察署野方駅前交番の南西目測190メートルの地点である。
	現場付近の状況	現場は野方飲食店街の一画にあり、夜間は酔客が多くにぎやかである。車両は夜間通行止めになっているため許可車両以外は通行しない。
	現場の状況	1．現場は、幅員3メートルの道路が東から西に走り、この道路とT字路になっている幅員3メートルの道路があり、両道路とも両側に居酒屋、パブ、スナックなどが並んでいる。 2．本職は立会人に対し、犯行の状況等について説明を求めたところ 　⑴　立会人は、カラオケスナック「ギャロップ」店を指示し「私はここに勤めており、吉川は店の前Ⓐ点で待っていました。」と説明した。 　⑵　立会人は喫茶店「蜃気楼」店前のⒷ点を指示し「吉川が私の左手を強く引っ張り、私はここで倒れてしまい、左足のハイヒールが脱げました。」と説明した。 　⑶　立会人はⒷ点から○○方向に進みⒸ点で立ち止まり「ここでいったん、吉川は立ち止まり、私の顔面に平手打ちをしたので、私はまたこの場に倒れました。」と説明した。 　⑷　立会人はⒸ点から5メートル南東の「サンエイ」ビル前のⒹ点を指示し「吉川は倒れた私をここまで引きずって来て手に持っていた私のハイヒールで左目の付近を殴りました。」と説明した。 3．立会人が指示したⒶ点からⒹ点までに至る距離を測定したところ19メートルであった。

参　考　事　項	1．見分時は晴天であった。 2．現場道路は飲食店街にあるため空缶、雑誌等がかなり散乱していた。

現場付近の見取図	（図省略） 方　位 N

現場の見取図

方　位
N

凡　例

Ⓐ	被疑者が被害者を待っていた地点
Ⓑ	被害者が手を引っ張られた地点
Ⓒ	平手打ちで殴り倒された地点
Ⓓ	ハイヒールで殴られた地点
Ⓐ - - ➡ Ⓑ	5 m
Ⓑ - - ➡ Ⓒ	7 m
Ⓒ - - ➡ Ⓓ	7 m

↑野方駅

パチンコ店「ヤマト」

立喰いそば「吾作」

喫茶店「震気楼」

カラオケスナック「ギャロップ」

パブ「ヤング・ガール」

Ⓐ

Ⓑ

カレー屋

ラーメン屋「再会」

バー

寿司「金吾郎」

Ⓒ

スナック「南」

Ⓓ

3 m　野方公会堂→

雑居ビル「サンエイ」

3 m

炉端焼「いしかわ」
中野区野方５丁目○番○号

回転寿司「さんぺい」

札幌ラーメン屋「時計台」

3 m

（注意）　現場の写真は、別葉とし、撮影者をしてその職名を記入し、署名押印させること。

写真撮影報告書

令和〇〇年4月10日

警視庁〇〇警察署長
司法警察員　警視　〇〇〇〇　殿

警視庁〇〇警察署
司法警察員巡査部長　〇　〇　〇　〇　㊞

　被疑者　吉川宏　に対する　傷害　被疑事件につき、本件の犯行現場の状況を明らかにするため、写真撮影を実施した状況については下記のとおりであるので、写真6葉を添付し報告する。

記

1　撮影日時
　　令和〇〇年4月10日午前10時30分から同日午前10時50分までの間
2　撮影場所
　　東京都中野区野方5丁目〇番〇号
　　　炉端焼「いしかわ」前路上及び付近一帯
3　撮影内容
　　　被害者高田美保子が被疑者吉川宏に待ち伏せされ、ハイヒールで殴られるに至った経路を撮影したものである。
4　撮影資機材
　　　「デジタルカメラ」～キャノンFZ
　　　「書き切り型撮影媒体」～PGSワームカード
5　立会人
　　　令和〇〇年4月7日付高田美保子の被害者等人定事項等集約報告書に記載の住居（事件当時）、職業
　　被害者　　　高田美保子　　（24歳）
6　その他
　　撮影時の天候は晴天であった。

1

本葉は、被害者高田美保子の勤務先であるカラオケスナック「ギャロップ」及び被疑者が待っていた地点の指示状況を撮影したものである。

　←印は、被害者の勤務先であるカラオケスナック「ギャロップ」

　←印は、被疑者が被害者を待っていた⑭地点

を指示しているものである。

2

本葉は、被害者が被疑者に左手をつかまれ引っ張られた地点の指示状況を撮影したものである。

　←印は、被害者

　⑧印は、左手をつかまれ引っ張られた地点

　←印は、喫茶店「蜃気楼」　を、それぞれ示す。

3

本葉は、被害者が被疑者に左手をつかまれ引っ張られた状況を再現し、南方より撮影したものである。

　←印は、被害者
　←印は、被疑者（捜査員）
　←印は、喫茶店「蜃気楼」　　である。

4

本葉は、被害者が被疑者に平手打ちされた地点の指示状況を北方より撮影したものである。

　←印は、被害者
　ⓒ印は、平手打ちされ倒れた地点
である。

本葉は、被害者がハイヒールで殴られた地点の指示状況を北方から撮影したものである。

　〇印は、炉端焼「いしかわ」

　Ⓓ印は、ハイヒールで殴られた地点

本葉は、凶器となった左側ハイヒールを横から撮影したものである。

　←印は、ヒール部分で長さ約６センチメートルである。

診　断　書

住　所　　東京都中野区若宮５丁目〇〇番〇〇号

氏　名　　　高　田　美保子　殿

明・大・昭・㊨　　〇〇年〇月〇日生

病　名

　　　①左目打撲

　　　②左眼窩底骨折

　　　③左眼膜裂傷

　　　④左眼球結膜裂傷

　上記疾病にて令和〇〇年３月９日に受診、③④は縫合を行い、①③は治癒。②については〇〇総合病院眼科に紹介し、受診中です。

上記のとおり診断します。

令和〇〇年４月９日

東京都中野区野方１丁目〇〇番〇〇号

電話　（3356）〇〇〇〇

関山眼科クリニック　　　　　㊞

医　師　　関　山　良　介　　　㊞

1　人定事項等報告書、被害届、実況見分調書（簡易書式）、診断書、酒酔い鑑識カード

←ここでは、事例を使って解説します。

【想定事例】

　令和○○年10月13日午後10時00分頃、熊田和男は、自宅の近くの飲食店へ行くため、徒歩で外出したところ、1週間ほど前に自分のことをバカ呼ばわりした松田（トキワダ）優作と偶然出会った。

　松田は、酒に酔っている様子であり、「このどアホウ、どこ見てる。」と言い、いきなり熊田の顔面を殴り、倒れた熊田を引きずり、更に顔面を殴った。

別記様式

被害者等人定事項等集約報告書

令和○○年 10 月 14 日

警視庁　○○警察署　長
司法警察員　警視　○○○○　　殿

警視庁　○○警察署
司法　警察員　巡査部長　○○○○

　被疑者　　松田勇作　　に対する　　　傷害　　　被疑事件につき、被害者等の人定事項等については、下記のとおりであるから報告する。

記

氏　　名 <small>ふ り が な</small>	<small>くまだ　かずお</small> 熊田　和男
生年月日	平成○○年 6 月 27 日　　　　　（事件当時　25　歳）
性　　別	男
住　　居 （事件当時）	東京都渋谷区代々木 3 丁目○○番○号
住　　居 （現在）	上に同じ
職　　業 （勤務先名・通学先名）	美容師見習い
電話番号	03-3379-○○○○
事件との 関わり	☑被害者　　□告訴・告発人　　□参考人　　□任意提出権者 □その他（　　　　　　　　　　　　　　）
家族関係	
使用車両	
参考事項	

（注）　□のある欄については、該当の□に✓印を付すこと。

被　害　届

令和○○年10月14日

警視庁○○　警察署長　殿

届出人住居

氏　　名　　　　熊　田　和　男　　　㊞

（電話　　　　　　　　　　　）

次のとおり　　傷　害　　被害がありましたからお届けします。

被害者の住居、職業、氏名、年齢	熊田和男（当時25歳）
被害の年月日時	令和○○年10月13日　午後10時00分頃
被害の場所	東京都渋谷区代々木2丁目○○番○号山田ビル1階レストラン「チューリップ」店前路上及び同区代々木2丁目○○番○号田畑タバコ店前路上
被害の模様	私が1人で自宅を出て近くの食堂に食事をしに行こうと思い、歩いていたところ、本年10月8日頃に、私のことをバカ呼ばわりした男とばったり出会いました。その男は、酒に酔っている様子でありまた「このどアホウ、どこ見てる。」と言って、いきなり私の顔を両手の握り拳で殴ってきたので、私は右眼などに怪我をしてしまいました。

被害者氏名	熊 田 和 男

	品　　名	数量	時価	特　　　　徴	所有者
被害金品				印	
犯人の住居、氏名又は通称、人相、着衣、特徴等	名前を知らない男で、年齢50歳くらい、身長165センチメートルくらい、メガネをかけた中肉、丸顔、髪はパンチパーマ風で左ほほに3センチメートルくらいの切り傷の痕があります。灰色ジャンパー、黒っぽいズボンを着ていました。				
遺留品その他参考となるべき事項	後日診断書を提出します。				

※　以上本人の依頼により代書した。
　　　　　警視庁○○警察署
　　　　　　司法警察員巡査部長　　○　○　○　○　印

届出受理時間	10月14日午前○時○分	届出受理者	係	○○○	氏名	○○○○

注意　1　届出人と被害者とが異なるときは、届出人と被害者との関係及び本人届出の理由を遺留品その他参考となるべき事項欄に記入すること。
　　　2　届出人の依頼によって警察官が代書したときは、※印欄に「以上本人の依頼により代書した。所属、官職、氏名」を記載し、押印すること。

実況見分調書（甲の1）

令和○○年10月13日

警視庁○○警察署

司法警察員巡査部長　　○　○　○　○　㊞

被疑者　松田勇作　に対する　傷害　被疑事件につき、本職は、下記のとおり実況見分をした。

日　　　　時	令和○○年10月13日　午後10時30分から 午後11時00分まで
場　所、身体 又　は　物	東京都渋谷区代々木2丁目○○番○号山田ビル1階 レストラン「チューリップ」店前路上及び付近一帯
目　　　　的	犯行の場所を明らかにし、証拠を保全するため
立　　会　　人 ┌住居、職業、┐ └氏名、年齢┘	令和○○年10月14日付熊田和男の被害者等人定事項等 集約報告書に記載の住居（事件当時）、職業 　　　被害者　熊田和男（当時25歳）

実況見分の経過	現場の位置	現場は甲州街道から都道代々木線を目測80メートル南進した道路上である。
	現場付近の状況	現場付近は、会社、商店、飲食店等のビル等が密集していて交通量の多い地域である。
	現場の状況	1．現場は都道代々木線と区道上原線の交差する場所（交差点）で、立会人は①地点を指示し、「ここで言いがかりをつけられ、顔を数回殴られたのです。」と説明した。立会人はさらに②地点を指示し、「先ほどの所で殴られた後ここまでほぼまっすぐに道路上を引きずられ、ここでも顔を1回殴られたのです。」と説明した。①から②までの距離は○○メートルで、道路上に血痕等は認められなかった。 2．①地点は渋谷区代々木2丁目○○番○号、レストラン「チューリップ」東側路上であり、②地点は同区代々木2丁目○○番○号田畑タバコ店北側路上であり、位置関係は現場の見取図のとおりである。 3．②地点に電柱があり、街灯の明かりや商店の明かりで、現場付近は顔の識別や着衣の色の識別が十分できる状況である。

参　考　事　項	1．見分時は晴天であり、現場付近はヤジ馬で一杯であった。 2．実況見分の結果を明らかにするため、当署司法巡査○○○の撮影した写真○葉を調書末尾に添付した。

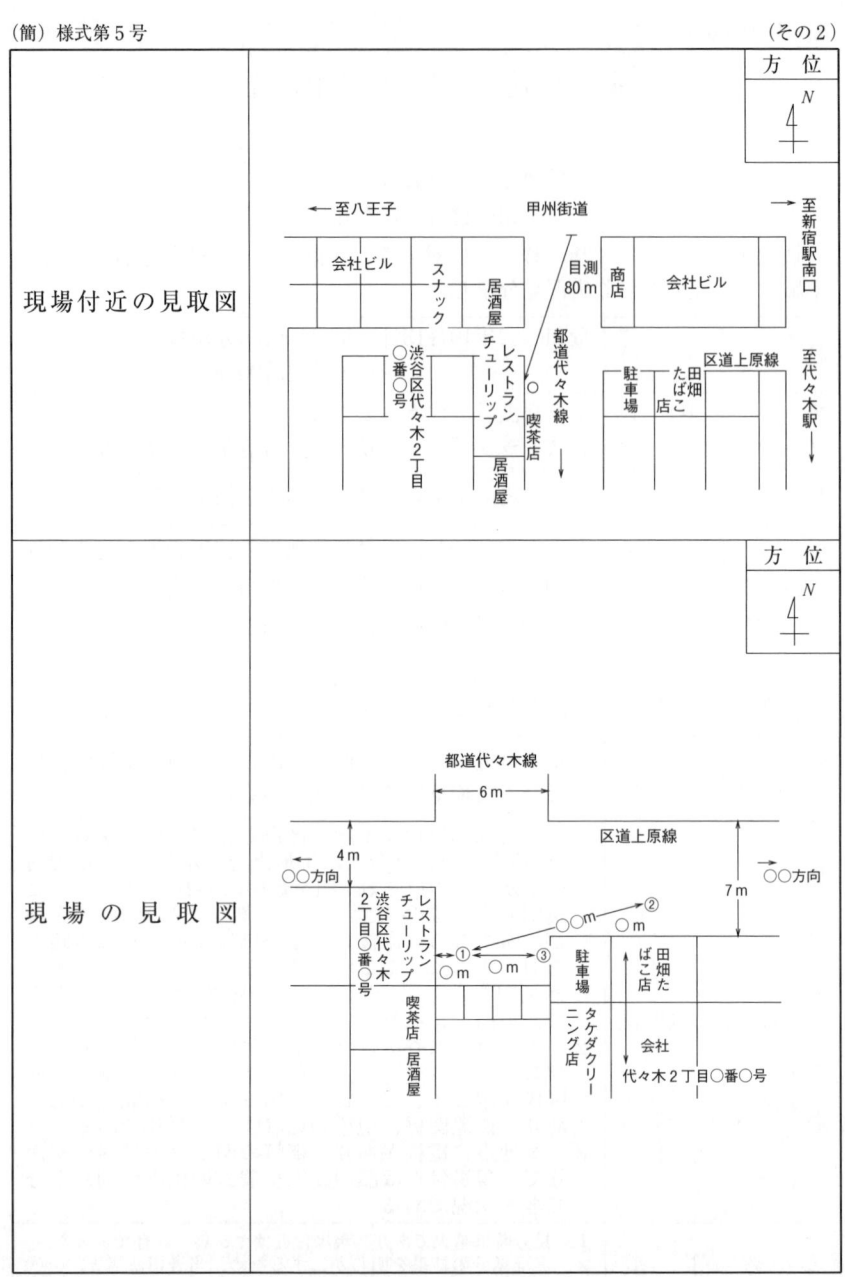

（注意）　現場の写真は、別葉とし、撮影者をしてその職名を記入し、署名押印させること。

1

本葉は、被害現場の状況を撮影したものである。
　←印①は、言いがかりを付けられた地点

2

本葉は、被害現場の状況を撮影したものである。
　←印②は、引きずられて顔を殴られた地点

診　断　書

住　所　　東京都渋谷区代々木 3 丁目○○番○号

氏　名　　　熊　田　和　男　殿

　　　　　明・大・昭・㊭　○○年 6 月27日生（25歳）

病　名

　　　①右眼打撲

　　　②皮下血腫

　上記にて令和○○年10月13日に受診する。全治約 3 週間の見込みと思われる。

上記のとおり診断します。

令和○○年10月14日

　　　　　　　　　　　東京都渋谷区代々木 2 丁目○○番○号

　　　　　　　　　　　渋谷第一病院　　　　　　　㊞

　　　　　　　　　　　医　師　　伊　藤　達　彦　　㊞

別記様式第10号

（事件番号第　○　○　○　○　号）

酒酔い・酒気帯び鑑識カード

| 被疑者氏名 | 松田 勇作 | 年令 | 47 歳 |

| 化学判定（使用機器及び測定結果） | 非分散型赤外線分析法 □DPA－　　　　型　測定濃度　　　　mg/L |

☑SE型（検知管測長法）
・検知管へ通した呼気100mL
・測定濃度のよみ

0.55 mg/L

（測定時の温度　○○℃）

測定方法
真空法（1回吸引100mL）、検知管に通した呼気量100mL、呼気吸引時間2分（1回）、清浄な空気の吸引量100mL、吸引時間2分（1回）。

〔DPA型記録紙ちょう付欄〕

| 確認書 | 上記測定方法により、アルコール保有量を目の前で検査した結果、測定値が **0.55** mg/Lであることを確認した。
確認日時　令和○○年10月13日　23時20分
確認者　○○○○　㊞ |

| 外観による判定 | 1．下記調査結果を総合して酒気帯びと認定した。
2．下記調査結果を総合して酒に酔い正常な運転ができないと認定した。 |

質問応答状況

名前は	トキワダユウサク	何歳ですか	47だ
生年月日は	そんなのしらねえや	いつ飲みましたか	5時半頃から
住所は	渋谷区だ	どこで飲みましたか	うちで飲んで居酒屋花田屋
職業は	余計なお世話だ	どんな酒を飲みましたか	ビール
今日は何日で今、何時ですか	もう朝だ	どの位飲みましたか	7本

見分状況

| 言語状況 | 大声で　　くどい　　悪口雑言　（その他） |
| | 〔その言葉具体的に〕 「友人と2人で飲みました。」 |

歩行能力	おおむね10mを真直ぐに歩行させたところ	正常に歩行した。	酒臭	顔面より約 cm離れた位置 なし・わずか・（強）
		異常歩行（ふらつく左右にゆれる歩行不能）	顔色	普通・（赤い）・青い
		歩行を拒否した。	目の状態	普通・（充血）・涙目
直立能力	10秒間直立させたところ	直立できた。	その他	水でうがいをさせて検知した。
		5 秒でふらつき始めた。		
		秒で足を踏み出した。		
		しゃがみこんだ。		
		直立を拒否した。		

| 調査の日時場所 | 令和○○年10月13日　午前・（午後）11時20分頃
渋谷区代々木2丁目○○番○号先
路上及び警察車両内において
上記状況を調査見分した |

| 作成の月日・場所及び作成者 | 令和○○年10月13日　において
警視庁　○○㊞課・隊
司法　警察員巡査部長　○○○○　㊞
司法巡査　○○○○　㊞ |

1　人定事項等報告書、被害届、告訴状、捜査報告書、実況見分調書（簡易書式）

←ここでは、事例を使って解説します。

【想定事例】

　令和○○年９月21日午後６時30分頃、木村義孝の妻敬子は、自家用車で子供を塾から連れて帰宅した際、自宅マンション前の路上に駐車し、その後、木村夫妻は同車を駐車場に移動させないまま、路上に駐車させていた。

　翌午前３時30分頃、木村らと同じマンションに住む飯田一郎夫婦が帰宅した際、上記木村の乗用車のサイドミラーを破壊している山根松由を目撃し、110番通報したため、○○警察署の警察官巡査部長○○が現場に臨場したところ、飯田が「木村さんの車のサイドミラーを壊したのはあの男です。」と、約50メートル先にいる山根を指さしたことから、駆け寄って職務質問すると、山根は犯行を自供した。

　そして、午前４時30分頃、木村は、上記○○警察署から上記の事実について電話連絡を受け、自家用車の両サイドミラーが付け根から壊されているのを確認した。

別記様式

被害者等人定事項等集約報告書

令和〇〇年 9 月 22 日

警視庁　〇〇警察署　　長
司法警察員　　警視　〇〇〇〇　　殿

警視庁　〇〇警察署
司法　警察員　巡査部長　〇〇〇〇

　被疑者　　山根松由　　に対する　　器物損壊　　被疑事件につき、被害者等の人定事項等については、下記のとおりであるから報告する。

記

ふりがな 氏　名	きむら　よしたか 木村　義孝
生年月日	昭和〇〇年 5 月 30 日　　　　（事件当時　43　歳）
性　別	男
住　居 （事件当時）	東京都渋谷区初台 5 丁目〇〇番〇号　プレジンマンション 405 号室
住　居 （現在）	上に同じ
職　業 （勤務先名・通学先名）	会社員（大日栄養株式会社　営業係）
電話番号	03-3399-〇〇〇〇
事件との 関わり	☑被害者　　□告訴・告発人　　□参考人　　□任意提出権者 □その他（　　　　　　　　　　　　）
家族関係	妻　敬子（38 歳）、子供
使用車両	トヨタクラウン、白色塗色、 登録番号品川 33 ら〇〇〇〇
参考事項	

（注）　□のある欄については、該当の□に✓印を付すこと。

別記様式

被害者等人定事項等集約報告書

令和○○年 9 月 22 日

警視庁　○○警察署　長
司法警察員　警視　○○○○　殿

警視庁　○○警察署
司法　警察員　巡査部長　○○○○

　被疑者　　山根松由　　に対する　　器物損壊　　被疑事件につき、被害者等の人定事項等については、下記のとおりであるから報告する。

記

氏　　名 （ふりがな）	飯田　一郎（いいだ　いちろう）
生年月日	平成○○年○月○日生　　　　　（事件当時　○○　歳）
性　　別	男
住　　居 （事件当時）	東京都渋谷区初台５丁目○○番○号　プレジンマンション 505号室
住　　居 （現在）	上に同じ
職　　業 （勤務先名・通学先名）	○○○○
電話番号	090-○○○○-○○○○
事件との 関わり	□被害者　　□告訴・告発人　　☑参考人　　□任意提出権者 □その他（　　　　　　　　　　　　　　　）
家族関係	妻　他
使用車両	
参考事項	夫婦で帰宅の際に被疑者の行為を目撃して通報

（注）　□のある欄については、該当の□に✓印を付すこと。

被　害　届

令和○○年 9 月22日

警視庁○○　　警察署長　殿
　　　　　　　届出人住居

<ruby>氏<rt>ふ</rt></ruby>　　名　　　　　木　村　義　孝　　　㊞
<small>ふ　り　が　な</small>

（電話　　　　　　　　　　　　）

次のとおり　器物損壊　被害がありましたからお届けします。

被害者の住居、職業、氏名、年齢	木村義孝（当時43歳）
被害の年月日時	令和○○年 9 月21日　　午後 6 時30分頃から 　　　　　9 月22日　　午前 4 時30分頃までの間
被 害 の 場 所	東京都渋谷区初台 5 丁目○○番○号 ブレジンマンション前路上
被 害 の 模 様	私の妻は昨21日夕方、塾から子供を連れて帰って来た後、前記被害場所に私の乗用車を駐車して置きましたが、子供の体の具合が悪かったこともあり忙しく、駐車場に車を移動しないで道路にそのまま駐車しっ放しにしておいたところ、本日、午前 4 時30分頃「お宅の車のサイドミラーを壊した犯人を捕まえているので、車を見て来てください。」と警察から電話があり、駐車してあった場所に行ってみると、車の両サイドミラーが付け根の所から曲げられ壊されておりました。 　　この犯人を処罰してもらいたくお届けいたします。

	被害者氏名	木 村 義 孝

	品　名	数　量	時　価	特　徴	所 有 者
被害金品	普通乗用車のサイドミラー	2個	15,000円	自動格納型ドアミラー	木村義孝
犯人の住居、氏名又は通称、人相、着衣、特徴等	犯人を捕まえた警察官から犯人の名前は、山根松由（当時26歳）と教えてもらいました。				
遺留品その他参考となるべき事項	1．被害に遭った私の車両は、トヨタクラウンです。 2．自動車会社に尋ねましたところ、ミラー全部交換になるので修理代は1万5,000円を要するとのことです。見積書は後日提出します。				
※　以上本人の依頼により代書した。 　　　　警視庁○○警察署 　　　　　　司法警察員巡査部長　　○　○　○　○　㊞					
届出受理時間	9月22日午前○時○分	届出受理者	係	○○○	氏名 ○○○○

注意　1　届出人と被害者とが異なるときは、届出人と被害者との関係及び本人届出の理由を遺留品その他参考となるべき事項欄に記入すること。

　　　2　届出人の依頼によって警察官が代書したときは、※印欄に「以上本人の依頼により代書した。所属、官職、氏名」を記載し、押印すること。

第6編
各論・実況見分調書
記載例（車上物盗）

第7編
各論・実況見分調
書記載例（侵入盗）

第8編
各論・実況見分調書
記載例（暴行・傷害等）

第9編
各論・実況見分調書
記載例（軽犯罪法等）

付録
CADソフト・ク
ロッキーの使用方法

告　訴　状

令和○○年9月25日

警視庁○○警察署長殿

告訴人

　住居

　　　　木　村　義　孝

　　　　　　　　　　（当時43歳）

被告訴人

　住居　　東京都渋谷区代々木初台3丁目○○番○号美空荘1階2号室

　　　　山　根　松　由

　　　　　平成○○年6月22日生　（当時26歳）

1　告訴罪名

　　　器物損壊罪　刑法第261条

2　告訴事実

　　告訴人は、普通乗用自動車（登録番号品川33ら○○○○号）を所有するものであるが、告訴人の妻が、本年9月21日午後6時30分頃、東京都渋谷区初台5丁目○○番○号ブレジンマンション前路上に駐車していたところ、本年9月22日午前4時30分頃、○○警察署から、「告訴人の車両のサイドミラーを壊した犯人を捕まえているので、車両を確認するように。」との電話連絡があり、車両を確認したところ両サイドミラーとも根本から曲損されているのを発見したものである。

　　上記、被告訴人の氏名については、捕まえて、事件を取り扱った警察官から教わり知ったものです。道路に車両を駐車していた落度はありますが、不法に告訴人の所有する車両を壊されたことについては許せません。

　　被告訴人を厳重に処罰されたくここに告訴状を提出します。

　　　　　　　　　　　告訴人　　木　村　義　孝　㊞

器物損壊被疑事件捜査報告書

（あて名や作成者等は省略）

　　被疑者　山根松由　に対する　器物損壊　被疑事件を捜査した結果は
次のとおりであるから報告する。

（１被疑事件と２被疑者は省略）

３　捜査の端緒

　　被害者と同じマンションに住む飯田一郎夫婦が帰宅の際、被疑者の
　行為を目撃して110番通報したもの

４　捜査の経過

　(1)　本職は、令和○○年９月22日午前３時30分頃、警視庁○○警察署
　　　初台交番において、立番勤務中、携帯無線受令機により、管内
　　　　　　初台５丁目○○番先において器物損壊発生
　　　との110番指令を傍受した。

　　　　本職は、直ちに上記交番から約300メートル離れた現場に急行した。

　(2)　現場に到着したところ、年齢45、6歳くらいの男が立っていて、本職
　　　を発見するや、「お巡りさん、私が、110番通報しました。同じマンショ
　　　ンに住んでいて挨拶くらいかわす木村さんの車のドアミラーを壊した
　　　のはあの男です。」と、本職らの前方約50メートル先を歩いている、白
　　　色シャツ、黒色ズボン、年齢23、4歳、一見会社員風の男を指示した。

　　　　本職は直ちに被疑者（山根松由）に駆け寄り職務質問した。

　(3)　本職は被疑者に対し「君が車のミラーを壊したのだね。」と尋ねる
　　　と、被疑者はためらいがちに「私が壊しました。」と申し述べたので、
　　　壊した動機を尋ねると、「女房と喧嘩し気分がイライラしていたので、
　　　車でも壊したら気持ちがよくなると思ってやりました。」と申し立て
　　　た。

　(4)　駐車車両（品川33ら○○○○号）を確認すると、道路側の両サイド
　　　ミラーが根本から破損され、車両からぶら下がっていた。

(5)　本職は、被疑者が、令和○○年９月22日午前３時15分頃、管内渋谷区初台５丁目○○番先路上において駐車中の被害者（木村義孝）所有にかかる普通乗用自動車（登録番号品川33ら○○○○号）の、両サイドミラーを手で損壊させ（損害額約１万５千円相当）、もって器物損壊した被疑者と認めた。

3　措　置

　本職は、被疑者を同日、当署捜査係司法警察員に引き継いだ。

以　上

実 況 見 分 調 書（甲の１）

令和○○年９月22日

警視庁○○警察署

　　　司法警察員巡査部長　　○　○　○　○　㊞

　被疑者　山　根　松　由　に対する　器物損壊　被疑事件につき、本職は、下記のとおり実況見分をした。

日　　　　　　時	令和○○年９月22日　　午前10時00分から 　　　　　　　　　　午前10時20分まで
場　所、身　体 又　　は　　物	東京都渋谷区初台５丁目○○番○号 ブレジンマンション前路上及び付近一帯
目　　　　　　的	犯行の状況を明らかにし証拠を保全するため
立　　会　　人 ┌住居、職業、┐ └氏名、年齢┘	令和○○年９月22日付木村義孝の被害者等人定事項等集約報告書に記載の住居（事件当時）、義孝の妻 　　　木村敬子（当時38歳）

実況見分の経過	現場の位置	現場は、渋谷区立初台小学校の西方図測約190メートル、当署初台交番の東北東図測約300メートルに位置している。
	現場付近の状況	現場付近は、主要道路（環状６号線山手通り）から北へ120メートル入った住宅街であり、人車の交通は少ない。
	現場の状況	１．現場は地上８階建のブレジンマンション前の幅員8.5メートルの舗装道路である。 ２．同マンション前道路上には白色普通乗用車（品川第57ら○○○○号）が北向きに駐車されている。 　　立会人は同車を指示し、「この車は昨日の夕方からこの状態で駐車してあります。」と説明したので、その位置を測定したところ下図のとおりであった。 ３．同車の両サイドミラーが付け根から欠損しており、立会人は「私が駐車した時には壊れておらずきちんと付いていました。」と説明した。(写真1、2参照)
参　考　事　項		1．見分時は晴天であった。 2．実況見分を明らかにするため、当署司法巡査○○○○の撮影した現場写真○○葉を本調書末尾に添付した。

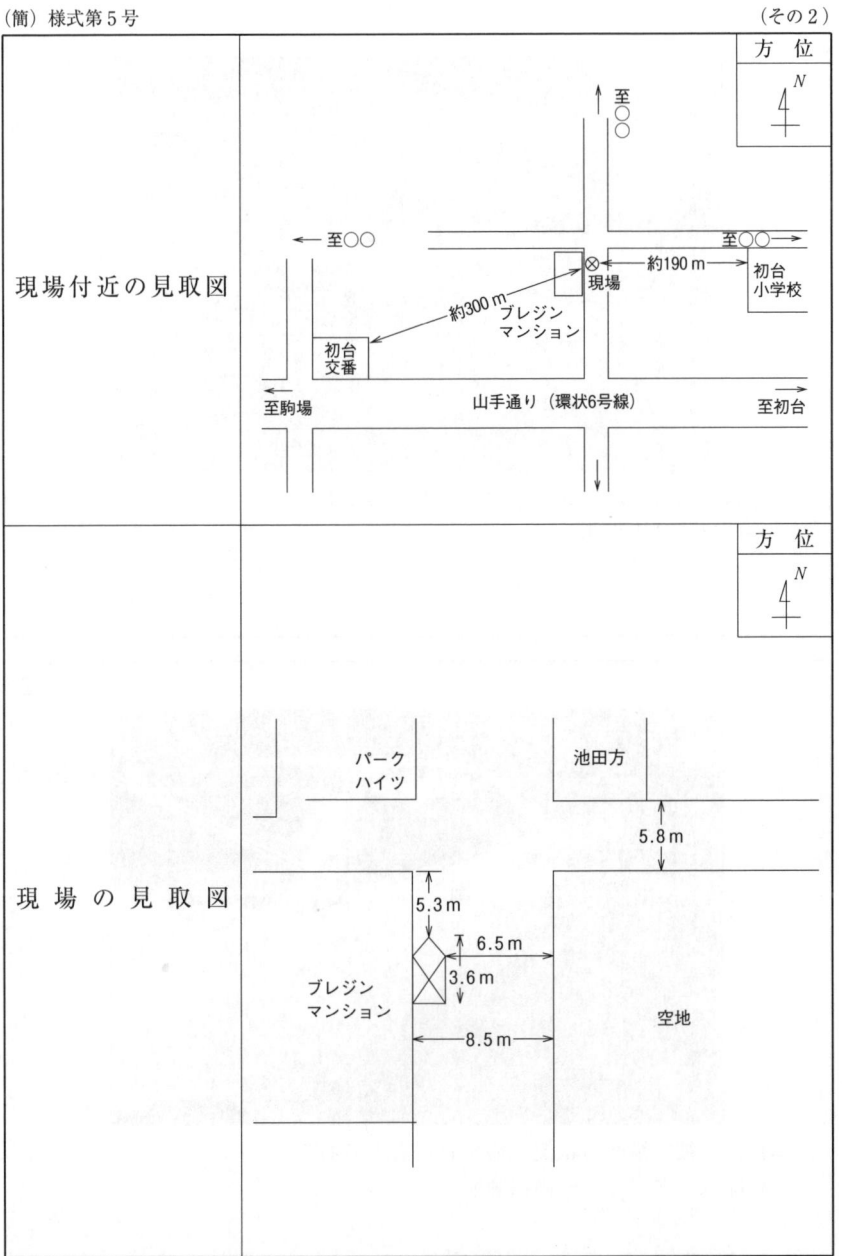

現場付近の見取図	

方　位

N

至○○

至○○　　　　　　　　　　　　　　　　　　　　　至○○

約190 m

現場　　　初台
　　　　　小学校

約300 m

ブレジン
マンション

初台
交番

至駒場　　　　　山手通り（環状6号線）　　　　　至初台

現　場　の　見　取　図

方　位

N

パーク
ハイツ　　　　　　池田方

5.8 m

5.3 m

6.5 m

ブレジン
マンション　　3.6 m

8.5 m　　　　　空地

（注意）　現場の写真は、別葉とし、撮影者をしてその職名を記入し、署名押印させること。

1

被害車両

本葉は、被害現場の状況を撮影したものである。
　←印は、被害車両

2

破損箇所

本葉は、被害箇所の状況を撮影したものである。
　←印は、ドアミラー破損箇所

第９編

各論：実況見分調書記載例（軽犯罪法等）

第1章 1条2号＝特殊警棒所持

1 犯罪事実現認報告書、実況見分調書（簡易書式）

⬅ここでは、事例を使って解説します。

【想定事例】

　令和○○年8月10日午前2時20分頃、○○警察署の警察官渡部巡査は、警ら中、一見暴力団員風の成田一義が歩いているのを発見したが、成田一義は、警察官渡部巡査の姿に気付くと、急に視線をそらし、手に持っていたビニール袋を後ろに隠したので不審に思い、職務質問を行った。

　警察官渡部巡査がビニール袋の提示を求め確認したところ、中にはCDが3枚入っていたが、その他の所持品について追及し続けると、成田の態度に落着きがなくなったため、不審感を強め、承諾を得て衣服の上から触れると、ズボンの左後ろポケットに固い棒状の物があるのを認めた。

　警察官渡部巡査が「これは何ですか。」と質問すると、成田は左後ろポケットから特殊警棒1本を取り出したことから、所持理由について質問すると、護身用である旨申し立てたので、軽犯罪法1条2号違反（凶器携帯の罪）と認めた。

別記様式第15号

犯 罪 （捜 ~~印~~ 査） 報 告 書
事実現認

令和○○年 8 月10日

警視庁○○警察署長
司法警察員警視正　○　○　○　○　殿
警視庁○○警察署
司法巡査　渡　部　克　彦　㊞

次の犯罪（を ~~捜印査~~）したから報告する。
事実を現認

罪　名、罰　条	軽犯罪法違反　同法第1条第2号
被　疑　者	本　籍（国　籍）　新潟県○○郡湯沢町○○○番地 住　居　東京都世田谷区代田1丁目○○番○号 　　　　第2代田荘102号室 職　業　無職（暴力団構成員） 氏　名　成田一義 生年月日　平成○○年4月10日生（当時27歳）
捜　査　の　端　緒	本職の職務質問による。
犯　罪　事　実	被疑者は、令和○○年8月10日午前2時20分頃、東京都世田谷区若林2丁目○○番○○号先路上において、正当な理由がないのに人の生命又は身体に重大な害を加えるのに利用されるような特殊警棒（3段伸縮式、長さ約45センチメートル）1本をズボンの左後ろポケットに隠して携帯していたものである。
証　拠　関　係	1．特殊警棒（3段伸縮式長さ約45センチメートル）1本
現認時の状況又は 捜　査　経　過	1．本職が、令和○○年8月10日午前2時20分頃、管内世田谷区若林2丁目○○番○○号先を警ら中、同所

注意　必要に応じ、現場見取図を添付すること。

ファミリーレストラン「ラインズ」駐車場前歩道に年齢27歳くらい、身長170センチメートルくらい、白のスーツを着た一見暴力団員風の男（被疑者）が歩いているのを現認した。男は本職に気づくと、急に視線をそらし右手に持っていたビニール袋を後に隠したので不審に思い、男に近づき職務質問を行った。

2．本職は被疑者が右手に隠すように持っていたビニール袋の提示を求め確認したところ、袋の中にはCDが3枚入っていた。本職がさらに男に対し所持品の提示を求めると、上着の左ポケットから免許証と財布を取り出したが、なおも「持ち物はこれだけですか。」と質問すると、男の態度が不快の念を表し落着きがなくなったので、本職は不審感を強め、男の承諾を得て衣服の上から触れると、被疑者のズボンの左後ろポケットに固い棒状の物があるのを認めた。「これは何ですか。」と申し向けると、しぶしぶ左後ろポケットから特殊警棒（3段伸縮式長さ約45センチメートル）1本を取り出した。

3．所持理由を質問すると「誰かに因縁をつけられたときのために護身用に持っているのだ。」と申し立てたので軽犯罪法1条2号違反と認めた。

4．被疑者の住所、氏名については、所持していた免許証により確認されたので本署に任意同行し事件を和田警部補に引き継いだ。

注意　必要に応じ、現場見取図を添付すること。

（簡）様式第5号　　　　　　　　　　　　　　　　　　　　（その1）

実 況 見 分 調 書（甲の1）

令和○○年8月10日

警視庁○○警察署

司法巡査　　○　○　○　○　㊞

　被疑者　成田一義　に対する　軽犯罪法違反　被疑事件につき、本職は、下記のとおり実況見分をした。

日　　　　時	令和○○年8月10日　午後3時30分から 午後4時00分まで
場　所、身　体 又　　は　　物	東京都世田谷区若林2丁目○○番○○号 ファミリーレストラン「ラインズ」店前路上
目　　　　的	本件犯行の場所を明らかにし、証拠を保全するため。
立　　会　　人 ┌住居、職業、┐ └氏名、年齢┘	東京都世田谷区代田1丁目○○番○号 　第2代田荘102号室 無職（暴力団構成員）被疑者　成田一義（当時27歳）

実況見分の経過	現場の位置	現場は環状7号線内回り、若林踏切から上馬方向へ目測約80メートル東進した地点の歩道上である。
	現場付近の状況	現場付近は、住宅・マンション等が密集し、都内有数の幹線道路沿いであり交通量は非常に多い地域である。
	現場の状況	1．現場は環状7号線内回りで若林アンダーパスの手前の地点で、立会人は①点を指示し、「ここでお巡りさんに見つけられ、逃げようとした場所です。」と説明した。立会人はさらに②点を指示し、「ここでお巡りさんに呼び止められたのです。」と説明した。①から②までの距離は20メートルであった。 2．立会人は③点を指示し、「ここで職務質問を受け、住所、氏名、職業等を聞かれ、持ち物を見せてくれと言われ、免許証、財布とともに警棒を出しました。」と説明した。
参　考　事　項		

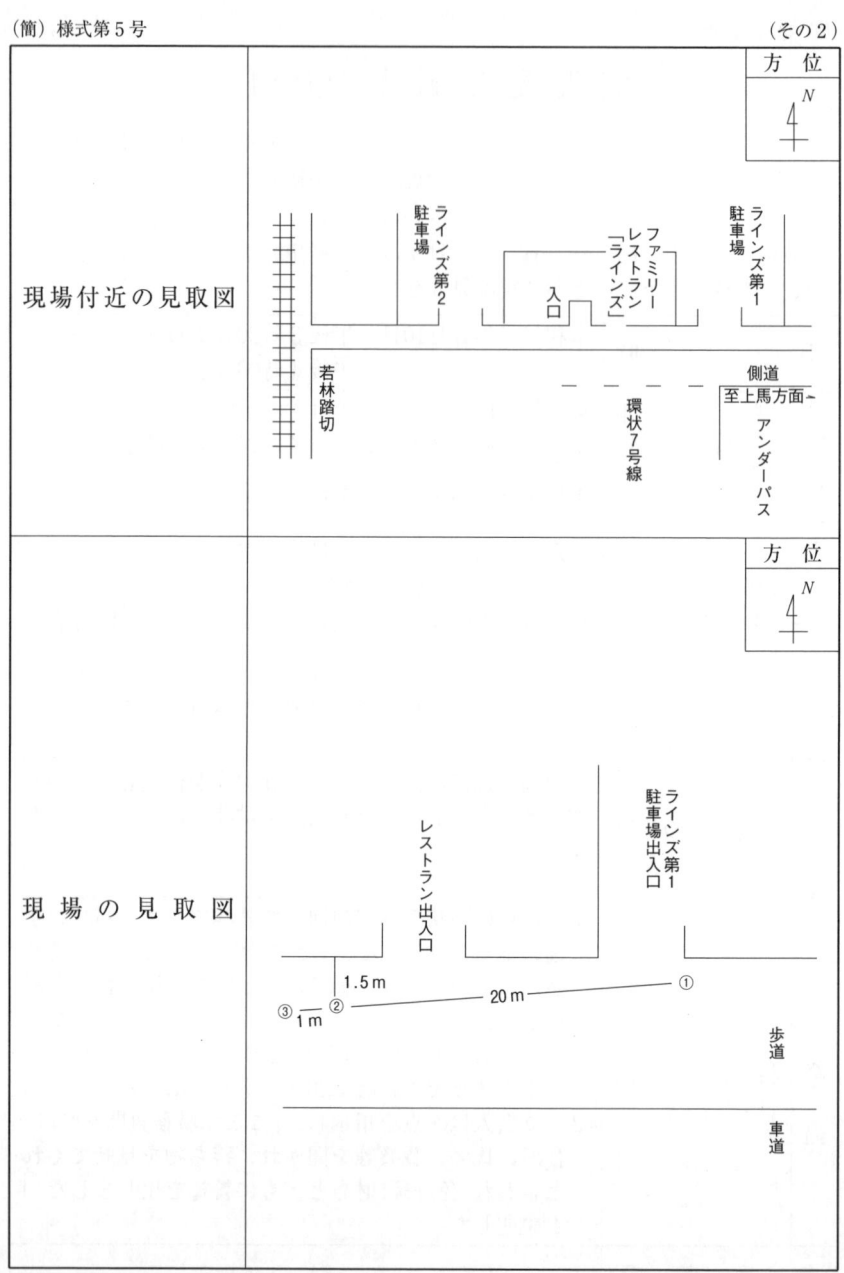

（注意）　現場の写真は、別葉とし、撮影者をしてその職名を記入し、署名押印させること。

第6編
各論・実況見分調書
記載例(奪い物語)

第7編
各論・実況見分調書
記載例(浸入盗等)

第8編
各論・実況見分調書
記載例(窃行・賭事等)

第9編
各論・実況見分調書
記載例(軽犯罪法等)

付録編
CADソフト・グ
ロッキーの使用方法

②点

　本葉は、呼び止められた地点を被疑者が指し示した状況を撮影したもの
である。
　　　←印は、被疑者

③点

　本葉は、職質された地点を被疑者が指し示した状況を撮影したものであ
る。
　　　←印は、被疑者

9編……各論：実況見分調書記載例
（軽犯罪法等）

第2章　1条28号＝つきまとい

1　人定事項等報告書、犯罪捜査報告書、実況見分調書（簡易書式）、捜査報告書

← ここでは、事例を使って解説します。

【想定事例】

　令和○○年7月14日午前1時50分頃、伊藤正子は徒歩で帰宅途中、後方から見知らぬ男に「すいません、つき合ってください。」などとしつこく言われてつきまとわれ、後方から肩に手をかけられるなどしたことから、自宅の前を通過し、そのまま近くの○○交番まで足早に歩き、立番勤務中の警察官○○巡査に助けを求めた。

　警察官○○巡査は、伊藤の後方約10メートルから同交番方向に歩いて来る上記の男を発見し、呼び止め、「なぜ女の人につきまとうのか。」と質問したところ、その男は「格好いい女だったので、つき合ってもらおうと思い、つきまとった。」と自供したことから、軽犯罪法1条28号違反（追随等の罪）と認めた。

別記様式

被害者等人定事項等集約報告書

令和〇〇年 7 月 14 日

警視庁　〇〇警察署　長
司法警察員　警視正　〇〇〇〇　殿

警視庁　〇〇警察署
司法　警察員　巡査　〇〇〇〇

　被疑者　花山　修　に対する　軽犯罪法違反　被疑事件につき、被害者等の人定事項等については、下記のとおりであるから報告する。

記

氏　名 （ふりがな）	伊藤　正子 （いとう　まさこ）
生年月日	平成〇〇年〇月〇日　　　　（事件当時　25　歳）
性　別	女
住　居 （事件当時）	東京都大田区蒲田6丁目〇番〇〇号
住　居 （現在）	上に同じ
職　業 （勤務先名・通学先名）	飲食店従業員
電話番号	090-〇〇〇〇-〇〇〇〇
事件との 関わり	☑被害者　　□告訴・告発人　　□参考人　　□任意提出権者 □その他（　　　　　　　　　　　　　　　）
家族関係	
使用車両	
参考事項	

（注）　□のある欄については、該当の□に✓印を付すこと。

犯 罪 捜 査 報 告 書
(事実現認)

令和○○年 7 月14日

警視庁○○警察署長
司法警察員警視正　　○　○　○　○　殿

警視庁○○警察署
司法巡査　　○　○　○　○　㊞

次の犯罪　を　捜　査　したから報告する。
(事実を現認)

罪　名、罰　条	軽犯罪法違反　同法第1条第28号
被　疑　者	本　　籍　　山形県最上郡上山町○○番地 (国　籍) 住　　居　　東京都大田区南六郷5丁目○番○号 　　　　　　矢口荘5号 職　　業　　塗装工 氏　　名　　花山　修 生年月日　　平成○○年3月19日生（当時21歳）
捜　査　の　端　緒	伊藤正子の訴え出による。
犯　罪　事　実	被疑者は、令和○○年7月14日午前1時50分頃、東京都大田区蒲田6丁目○番○号喫茶店「花」前路上において通行中の伊藤正子（当時25歳）に対して、後方から近づき「すいません、すいません、お願いしたいことがあるからつき合ってください。」としつこく話しかけ、足早に立ち去ろうとする同女に後方から肩に手をかけるなどした上、同所から大田区蒲田8丁目○番○号京急蒲田駅先まで約200メートルの間にわたって不安を覚えさせるような仕方で同女につきまとったものである。
証　拠　関　係	1．被害者伊藤正子の供述調書1通
現認時の状況又は 捜　査　経　過	1．本日午前1時50分頃、本職が、蒲田警察署蒲田神社交番において立番勤務中、京急蒲田駅方向から足早にきた女性が「お巡りさん、見知らぬ男の人が私の後を

ついてきて、『すいません、すいません、つき合ってください。』と言いながら後方から肩に手をかけたり、その後も私のすぐ後方を付けてきたので恐いから調べてください。」と訴え出た。

2. 本職は、同女の後方約10メートルから同交番方向に進行して来る一見工員風の前記被疑者を発見し、呼び止め、「なぜ女の人につきまとうのか。」と質問したところ、被疑者は「格好いい女だったのでつき合ってもらおうと思いつきまとった。」と自供したので軽犯罪法1条28号の違反の被疑者と認め、住所氏名を質問したところこれを明らかにしたので、同法違反として本署に任意同行した。

第6編
各論・実況見分調書
記載例（張り物等）

第7編
各論・実況見分調書
記載例（侵入盗）

第8編
各論・実況見分調書
記載例（暴行・傷害等）

第9編
各論・実況見分調書
記載例（軽犯罪法等）

附録
CADソフト・ク
ロッキーの使用方法

実 況 見 分 調 書（甲の1）

令和○○年7月14日

警視庁○○警察署

司法巡査　○　○　○　○　㊞

　被疑者　　花　山　　修　　に対する　　軽犯罪法違反　　被疑事件に
つき、本職は、下記のとおり実況見分をした。

日　　　　　　時	令和○○年7月14日　午前2時50分から 　　　　　　　　　　　　午前3時20分まで
場　所、　身　体 又　　は　　物	東京都大田区蒲田6丁目○番○号 喫茶「花」前及び付近一帯
目　　　　　　的	本件犯行の状況を明らかにし、証拠を保全するため
立　　会　　人 ┌住居、職業、┐ └氏名、年齢┘	令和○○年7月14日付伊藤正子の被害者等人定事項等 集約報告書に記載の住居（事件当時）、職業 　　被害者　伊藤正子（当時25歳）

実況見分の経過	現場の位置	現場は、警視庁○○警察署蒲田神社交番から北西方目測150メートルで蒲田神社の裏通りに位置している。
	現場付近の状況	付近一帯は住宅街で、夜間の人通りは少ない。
	現場の状況	1．現場は、蒲田神社の裏通りに面した幅員6メートルの喫茶「花」前の路上で付近は住宅街である。 2．立会人は「㋑の地点で声をかけられ、㋺地点までつきまとわれ、人通りはありませんでした。」と説明した。 3．立会人は「この『花』という喫茶店の前で声をかけられました。」と申し立てたため、同所を確認したところ、同店は東京都大田区蒲田6丁目○番○号であり、立会人の自宅からは西南西52メートルの地点である。 4．立会人は「自分の家へ入るわけにもいかないため助けを呼ぼうとして㋩の交番まで来て警察官に訴えました。」と申し立てた。喫茶店「花」から蒲田神社交番まで測定したところ直線距離で150メートルであった。 ┌─────────────────────────┐ [注]「図測」とか、どういう方法で測ったかを具体に記 　　載すること。 └─────────────────────────┘
	参　考　事　項	

現場付近の見取図		方 位 N
	花 150メートル 蒲田神社 蒲田神社交番 京急蒲田	
	別紙のとおり	方 位 N
現 場 の 見 取 図		

（注意）　現場の写真は、別葉とし、撮影者をしてその職名を記入し、署名押印させること。

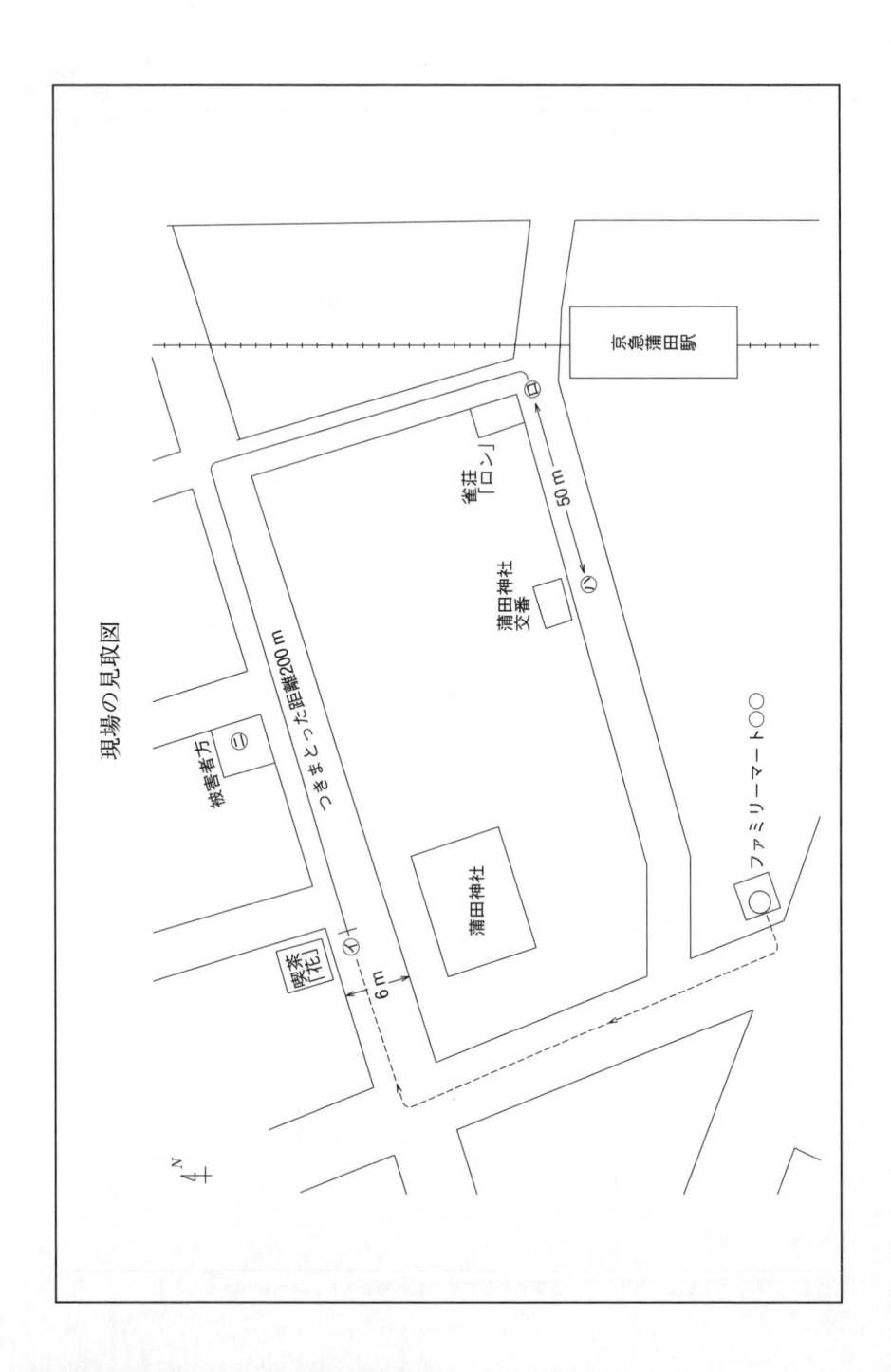

1

被害者

印　　　　　　　　　　　印

本葉は、声を掛けられた地点の状況（㋑地点）を撮影したものである。
　　←印は、被害者

2

被害者

印　　　　　　　　　　　印

本葉は、通過した自宅前の状況を撮影したものである。
　　←印は、被害者

捜 査 報 告 書

令和○○年 7 月28日

警視庁○○警察署長
　司法警察員
　警視正　○　○　○　○　殿

警視庁○○警察署

司法巡査　○　○　○　○　㊞

　被疑者　花山修　に対する軽犯罪法違反（つきまとい）被疑事件につき捜査した状況は下記のとおりである。

記

1　被疑者の本籍、住居、職業、氏名、年齢
　　本籍　山形県最上郡上山町○○番地
　　住居　東京都大田区南六郷 5 丁目○番○号　矢口荘 5 号
　　　　　塗装工　花　山　　　修
　　　　　　　平成○○年 3 月19日生（当時21歳）
2　犯行当日の現場状況について
　　犯行当日（令和○○年 7 月14日）の午前 1 時50分頃における、付近の状況は次のとおりであった。
　(1)　道路の照明
　　　上記犯行場所は200メートルにわたっているが、この間すべて街路灯の照明がなされており、歩行するのに差しつかえはないものの街路灯と街路灯の間は○メートルと離れていること、住宅街のため、樹木が生い茂っていること、塀も高いことなどから道路の明暗はほの暗い方である（別添図面参照・省略）。
　(2)　犯行当時の通行量
　　　ア　付近は、車両及び通行人等の通行は途絶えてほとんどなかった。
　　　イ　図面の街路灯△〜△までは、車両の通行可能の道路であるが、

　　　　⚠～⚠までの道路は、幅員２メートルくらいで車両の通行はできない。
　ウ　京急蒲田駅の状況について
　　　同駅の終電車は午前０時25分であり、また同駅は無人駅であることから付近の通行は途絶える。

> [注]　樹木、明暗、歩道車道の別、幅員、電車の通行数等についても触れること。

3　被疑者花山修はファミリーマート○○前で通行人の様子をうかがっていたところ、たまたま帰宅途中の被害者を発見して直ちに同人の後方を付けていったものであるが、同人においては深夜のため急いでいたことと被疑者との間隔が十数メートルであったことから、直近で声をかけられ明確につきまとわれていると認識した喫茶店「花」前からを犯行現場と認定した。

　　さらに、実際には同所から蒲田神社交番先までつきまとわれていたものであるが、同交番手前50メートルからは被害者が駆け出して被疑者の間隔が空いたため、つきまとい区間は「花」から㋺の雀荘「ロン」までとした。

4　被疑者はつきまとった区間のうち㋑から㋺に至る間の暗く高い塀のある場所で被害者に近づき、同人を同所の塀に両手で押しつけ、右肩を小突くなどの暴行をしているが、その程度、回数、時間もわずかなものであったのであえて暴行罪としては立件しないこととした。

> [注]　上記記載内容が実況見分調書でまかなえたのなら捜査報告書は不要だが、軽犯罪法違反でも拘束する場合があるので、添付して欲しい。ただし実況見分調書と内容が重複しないこと、また必要なことを十分書く必要がある。

1　犯罪事実現認報告書、実況見分調書（簡易書式）、捜査報告書

◀ここでは、事例を
使って解説します。

【想定事例】

　令和○○年７月20日午後６時30分頃、○○警察署の警察官佐々木巡査部長と警察官田中巡査は、警ら中、歩道上に設置されている４台の公衆電話ボックスの向かって右側から３番目の中に立ち入り、通話せずにピンクカードを電話機の支柱に貼り付けている薄井次郎を現認した。

　公衆電話ボックスは、貼り紙をするなどの通話以外の目的で立ち入ることが禁止されている（同公衆電話ボックスには、「貼り紙厳禁」との禁止札も貼られている。）ことから、警察官佐々木巡査部長は、薄井に管理者（NTT東日本）の承諾を得ているか否かを確認したところ、薄井は、「許可は受けておらず、通話以外の目的で立ち入ることが禁止されていることは知っている」旨を自供したので、軽犯罪法１条32号違反（立入禁止場所等侵入の罪）と認めた。

別記様式第15号

犯　罪　(捜 ㊞ 査)　報　告　書
　　　　　事実現認

令和○○年 7 月20日

警視庁○○警察署長
　　　司法警察員警視正　　○　○　○　○　殿
　　　　　　警視庁○○警察署
　　　　　　　　司法警察員巡査部長　　佐々木　一　雄　㊞

次の犯罪 (を　捜　査)　したから報告する。
　　　　　　事実を現認

罪　名、罰　条	軽犯罪法違反　　同法第 1 条第32号
被　　疑　　者	本　　　籍　　群馬県館林市松波○○○番地 (国　　籍) 住　　居　　東京都町田市大貫 5 丁目○○番○号 　　　　　　春栄荘202号室 職　　業　　無職 氏　　名　　薄井次男 生年月日　　昭和○○年12月 7 日生（当時31歳）
捜　査　の　端　緒	本職の現認による。
犯　　罪　　事　　実	被疑者は、令和○○年 7 月20日午後 6 時30分頃、東京都渋谷区道玄坂 3 丁目○○番○号先歩道上にNTT東日本が設置し、同会社が通話以外の目的で立ち入ることを禁止した公衆電話ボックス（渋谷○○○号）に、正当な理由なく、ピンクカードを電話機の支柱に貼り付けるために立ち入ったものである。
証　　拠　　関　　係	1．ピンクカード50枚（ただし、現役女子大生専門、仔猫（店名）○○○○―○○○○（電話番号）と記載されたもの 2 枚ほか48枚をボール紙に貼り付けてあるもの）
現認時の状況又は 捜　査　経　過	1．本職（佐々木巡査部長）、田中巡査は本日午後 6 時30分頃、東京都渋谷区道玄坂 3 丁目○○番地先の歩道上

注意　必要に応じ、現場見取図を添付すること。

を警ら中、渋谷区道玄坂3丁目〇〇番〇号に4台設置してある公衆電話ボックスの向かって右側から3番目（渋谷〇〇〇号）の中に立ち入り、通話することなくピンクカードを電話機の支柱に貼り付けている身長175センチメートルくらい、痩せ型で紺の綿シャツを着た、年齢30歳くらいの男（被疑者薄井次男）を現認した。

2．公衆電話ボックスには、通話以外の目的で立ち入ることが禁じられていることから、本職は、被疑者が貼り札するために公衆電話ボックスに立ち入ったことについてNTT東日本の承諾を得ているか否かを確認したところ、被疑者は「ピンクカードを貼るための立入りの許可は受けていない。通話以外の目的で公衆電話ボックスに立ち入ることが禁止されていることは十分知っている。」と答えたので、被疑者を軽犯罪法違反の被疑者と認めた。

3．被疑者が住所、氏名を明らかにし、公衆電話ボックスの電話機の支柱に貼り付けたピンクカードを任意提出したので、これを田中巡査が領置し、本職は、被疑者を〇〇警察署に任意同行した。

注意　必要に応じ，現場見取図を添付すること。

実 況 見 分 調 書 （甲の１）

令和○○年7月20日

警視庁○○警察署

司法警察員巡査部長　佐々木　一　雄　㊞

　被疑者　　薄　井　次　男　　に対する　　軽犯罪法違反　　被疑事件に
つき、本職は、下記のとおり実況見分をした。

日　　　　　　時	令和○○年7月20日　　午後6時40分から 　　　　　　　　　　午後6時50分まで
場　所、身　体 又　　は　　物	東京都渋谷区道玄坂3丁目○○番○号歩道上に設置し てある公衆電話ボックス及びその付近
目　　　　　　的	犯行の状況を明らかにし、証拠を保全するため
立　　会　　人 ┌住居、職業、┐ └氏名、年齢┘	東京都町田市大貫5丁目○○番○号春栄荘202号室 無職 　　被疑者　薄井次男（当時31歳）

実況見分の経過	現場の位置	現場は、○○警察署道玄坂3丁目交番の北西30メートルの地点に位置している。
	現場付近の状況	現場付近は、渋谷駅北口に近接し、繁華街の一角として、通行車両、通行人とも非常に多い所である。
	現場の状況	1．現場は、道玄坂通りに面した渋谷名画館前の歩道上にNTT東日本が設置し、同会社が管理する東西に4台設置された公衆電話ボックスのうち西側から3番目である。 2．立会人は見取図の⊗地点を指し、「ピンクカードを電話機の上に貼るため、この公衆電話ボックスの中に立ち入った。」と説明した。 3．見取図の△は本職らが確認した位置である。 4．現場の見取図の⊗は被疑者がピンクカードを貼った箇所である。立会人は「このピンクカードを電話機の上の支柱に貼りました。通話はしていません。」と説明した。 5．別紙2のA（省略）に「貼り紙厳禁　通話以外の目的での立入りを禁じます。NTT東日本○○支店長○○警察署長」と印刷された禁止札が貼られてある。立会人は「禁止札があることは知っていました。」と説明した。
参　考　事　項		

現場付近の見取図	別紙のとおり　　　　　　　　　　方　位 　　　　　　　　　　　　　　　　N
現場の見取図	方　位 N 切符売場　　渋谷名画館 歩道 4 m　3.3 m 0.9 m　⊗ 0.8 m 街灯 ◎ 渋谷区道玄坂３丁目〇番〇号

（注意）　現場の写真は、別葉とし、撮影者をしてその職名を記入し、署名押印させること。

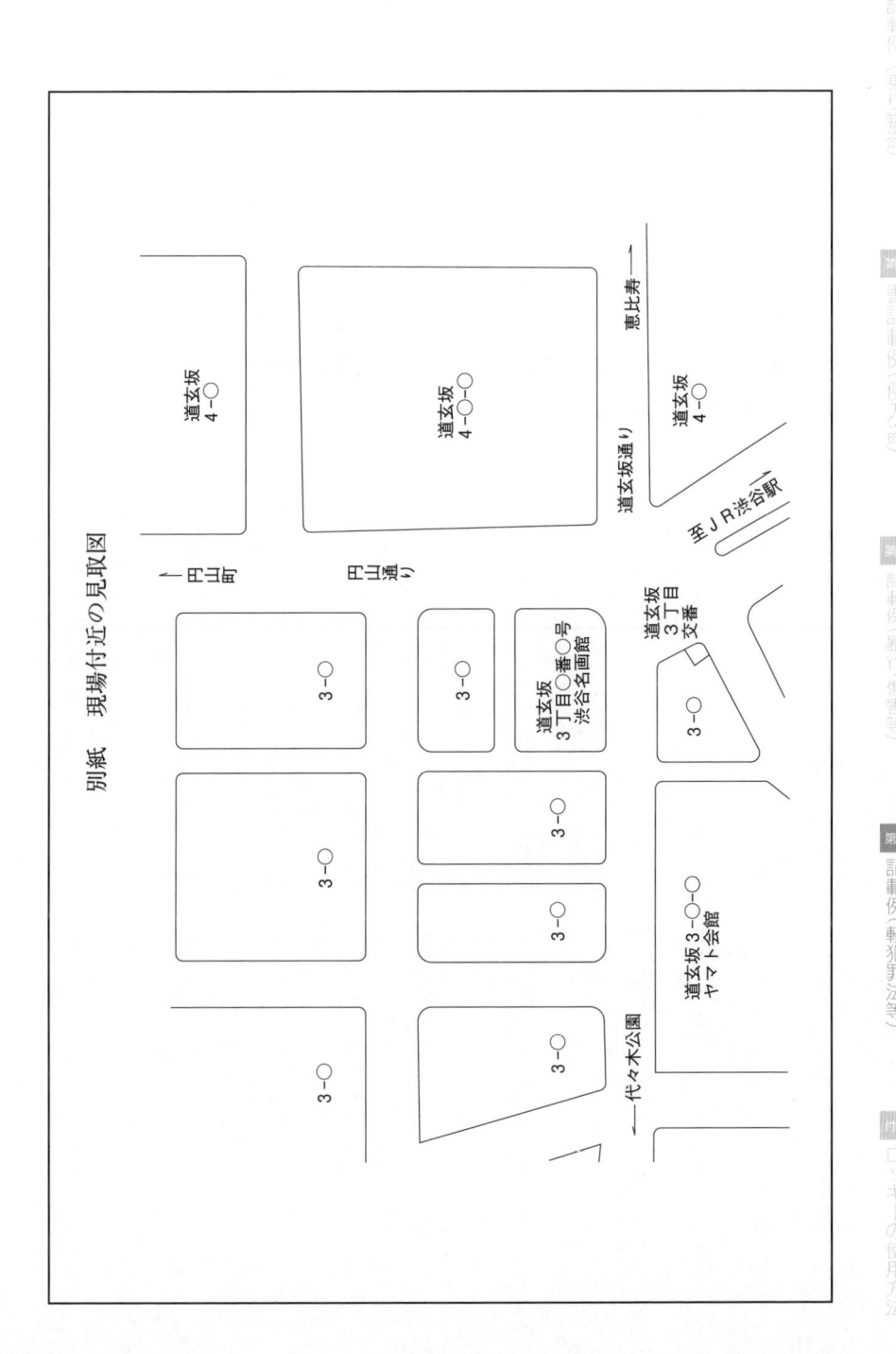

別紙　現場付近の見取図

貼　り　紙　厳　禁

通話以外の目的での立入りを禁じます。

●貼ったり置いてあったりするチラシ等は撤去します。

●チラシ等を貼ったり置いていたりする人を見かけた方は、110番に
　通報してください。

Ｎ　Ｔ　Ｔ　東　日　本　○　○　支　店　長

○　　　○　　　警　察　署　長

各論・実況見分調書
記載例（（取り物・）
第6編

各論・実況見分調
書記載例（侵入盗）
第7編

各論・実況見分調書
記載例（暴行・傷害等）
第8編

各論・実況見分調書
記載例（軽犯罪法等）
第9編

CADソフト・ク
ロッキーの使用方法
付録編

チラシを貼付した公衆電話ボックス　1

本葉は、犯行場所を撮影したものである。

←印は、チラシを貼付した公衆電話ボックス

2

本葉は、貼り付けたチラシの状況を撮影したものである。

捜 査 報 告 書

令和○○年7月21日

警視庁○○警察署長
　司法警察員
　警視正　　○　○　○　○　殿

　　　　　　　　　　　　警視庁○○警察署
　　　　　　　　　　　　　司法巡査　田　中　史　郎

　渋谷区道玄坂周辺におけるNTT東日本が設置し管理する公衆電話ボックスについて現在、NTT東日本○○支店においては、ビニール製の「立入禁止札(貼り紙厳禁)」を同ボックスの出入口ドア上部に取り付けているが、その状況について令和○○年7月21日、同支店公衆電話営業部に電話により調査を依頼した結果は下記のとおりであるから報告する。

記

1　取り付け年月日
　　令和○○年9月17日
2　取り付け区域及び取り付けボックス数
　　NTT東日本○○支店道玄坂営業所管内
　　　総数600ボックス中、300ボックスに取り付けている
　　　　内　訳
　⑴　渋谷駅南口周辺の250ボックス中、100ボックスに取り付けている
　⑵　渋谷駅北口周辺の200ボックス中、100ボックスに取り付けている
　⑶　道玄坂周辺の150ボックス中、100ボックスに取り付けている
3　取り付け枚数
　　各ボックスに1枚

以　上

1　犯罪事実現認報告書、実況見分調書（簡易書式）

←ここでは、事例を使って解説します。

【想定事例】

　令和○○年6月16日午後8時30分頃、○○警察署の警察官○○巡査と警察官○○巡査は、警ら中、○○マンションの1階フロア内において、一見遊び人風の田中智史が、郵便受けにカード様の物を入れようとしているのを現認した。

　田中は、警察官○○巡査らの姿を認めると、慌てて立ち去ろうとしたので不審と認め、職務質問を開始した。

　すると、田中はズボンのポケットから1枚のピンクカードを取り出し、「郵便受けにピンクカードを入れていた。」と答えたことから、警察官○○巡査が「チラシの投函を禁止する旨の看板がありますが、管理者の許可を受けていますか。」などと質問すると、「看板は見えたが、許可は受けていない」旨を自供したので、田中を軽犯罪法1条32号違反（立入禁止場所等侵入の罪）と認めた。

犯罪 (捜 <s>印</s> 査)
事実現認 報告書

令和○○年6月16日

警視庁○○警察署長

　司法警察員警視正　　○　○　○　○　　殿

　　　　　　　警視庁○○警察署

　　　　　　　司法巡査　　○　○　○　○　　㊞

次の犯罪 (を <s>捜　査</s>) したから報告する。
事実を現認

罪　名、罰　条	軽犯罪法違反　　同法第1条第32号
被　疑　者	本　籍 （国　籍）　茨城県土浦市霞町○○○番地 住　居　東京都江戸川区江戸川2丁目○○番○号 　　　　江戸川荘2階4号室 職　業　無職 氏　名　田中智史 生年月日　平成○○年11月26日生（当時29歳）
捜　査　の　端　緒	本職らの現認による。
犯　罪　事　実	被疑者は、正当な理由がないのに令和○○年6月16日午後8時34分頃、管理者の承諾を受けないで、ビラ・広告等を郵便受けに配ることを禁止した、「東京都江戸川区南小岩7丁目○○番○号小岩ダイヤパラスマンション（管理者現代建物管理組合）1階フロア内」にその承諾を受けないで、ピンクカードを配る目的で立ち入ったものである。
証　拠　関　係	1．ピンクカード20枚（シェイプマッサージローションと記入のある、縦約9センチメートル、横約6センチメートルのもの。郵便受けに入っていたもの） 2．ピンクカード100枚（前記、所持していたもの）
現認時の状況又は 捜　査　経　過	1．本職らは、本日午後8時34分頃、東京都江戸川区南小岩7丁目○○番○号小岩ダイヤパラスマンション

注意　必要に応じ、現場見取図を添付すること。

先路上を警ら中、同マンション出入口に差しかかった際、1階フロア内において年齢35歳くらい、ベージュ色のジャケット、紺色シャツ、灰色ズボンを着用した一見遊び人風の男（前記被疑者田中智史）が郵便受けに縦約9センチメートル、横約6センチメートル大のカード様の物をちょうど入れようとしているのを現認した。

2．被疑者は本職らの姿を認めると、慌ててカード様の物を持った右手をズボンの右ポケットに入れ、足早に立ち去ろうとしたので不審と認め、職務質問を開始した。

3．本職が被疑者に対し、「何をしていたのですか。」と質問すると同人は右手をズボンのポケットから出し、1枚のピンクカードを本職らに示しながら、「郵便受けにピンクカードを入れていた。」と答えたので○○巡査が同人に対し「『チラシ広告等を郵便受けに入れないこと。ビラの投函については管理事務所まで持参相談してください。』と書かれた看板がありますが、管理事務所の許可を受けているのですか。」と質問すると、「看板は見えましたが、許可は受けていません。」と自供したので、軽犯罪法第1条第32号の被疑者と認めた。

4．本職らは、被疑者が郵便受けに入れようとしていたピンクカード1枚と、すでに郵便受けに入れていった20枚、所持していたピンクカード100枚の任意提出を受け、領置するとともに、同人に対し住所、氏名を質問すると、これを明らかにしたので、○○警察署に任意同行し、同署司法警察員○○○○警部補に事件を引き継いだ。

注意　必要に応じ、現場見取図を添付すること。

実況見分調書（甲の1）

令和○○年6月16日

警視庁○○警察署

司法警察員巡査部長　○　○　○　○　㊞

　被疑者　田中智史　に対する　軽犯罪法違反　被疑事件につき、本職は、下記のとおり実況見分をした。

日　　　　　時	令和○○年6月16日　午後10時00分から 　　　　　　　　　　　午後11時05分まで
場所、身体 又　は　物	東京都江戸川区南小岩7丁目○○番○号 小岩ダイヤパラスマンション1階フロア内
目　　　　　的	犯行の状況を明らかにし、証拠を保全するため
立　会　人 ┌住居、職業、┐ └氏名、年齢┘	東京都江戸川区江戸川2丁目○○番○号 江戸川荘2階4号室 　　無職　被疑者　田中智史（当時29歳）

実況見分の経過	現場の位置	現場はJR小岩駅南口の南方図測250メートル、江戸川区立小岩南公園の南東方目測30メートルの地点である。
	現場付近の状況	現場付近は、会社、商店、飲食店等のビル等が密集している小岩駅南口の盛り場であり、昼夜間とも人車の通行量は多い。
	現場の状況	1．現場は、鉄筋コンクリート12階建てのマンションの1階フロア部分であり、出入口は歩道に面しており、フロア内への出入りは自由である。 2．①点付近に横に6個、縦に7段、合計42世帯の各部屋の郵便受けがある。 　　立会人は、①点を指示し「ここの20の郵便受けに約20枚のビラを投げ入れた。」と申し立てた。 3．②点は管理人室への連絡窓口となっている。 　　見分時は管理人は不在で窓口は閉まっていた。 4．③点に「物品販売・勧誘等の戸別訪問、広告ビラ投函のためのフロア内への立入り、郵便受けへの投函を厳禁いたします。なお、チラシ広告等については管理事務所までご持参の上相談してください。現代建物管理組合」と書かれた看板がある。 　　立会人は「この看板はよく見えたが勝手に入れてしまった。」と申し立てた。 ┈┈┈┈┈┈┈┈┈┈┈┈┈┈┈┈┈┈┈┈┈┈┈┈┈┈┈┈┈ [注]できたら①点の投函郵便受けの使用者名を見分記入してほしい。
参　考　事　項		1．見分時は晴天であった。

現場付近の見取図	方　位 ↑N

サンロード商業ビル

江戸川区立
小岩南公園

至小岩駅（南口）

30 m

←至駅前通り　　　　　　　　　　　　　　　　　　錦町→

15.5 m

至京葉道路

江戸川区南小岩
７丁目○番○号
小岩ダイヤパラスマンション

現　場　の　見　取　図	方　位 ↑N

出入口
自動ドア

ポンプ室

植木

エレベーター

郵便受け　①

灰皿

エレベーター

看板　③

②

管理人室

（注意）　現場の写真は、別葉とし、撮影者をしてその職名を記入し、署名押印させること。

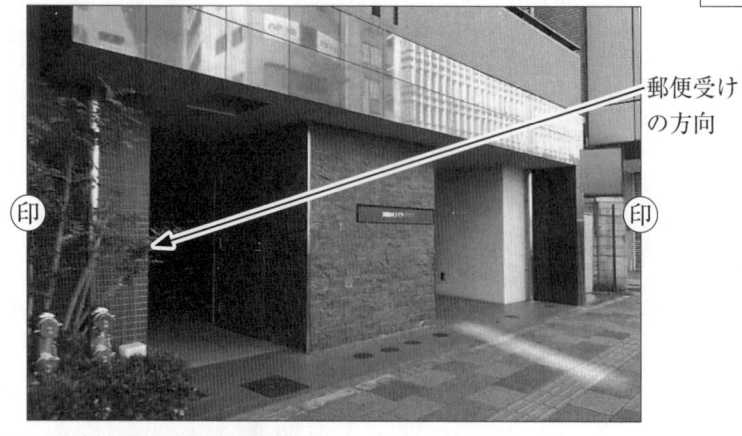

本葉は、犯行現場の状況を撮影したものである。
　←印は、郵便受けの位置

本葉は、ビラを投げ入れた郵便受けを撮影したものである。

1 被疑事実現認報告書、実況見分調書（簡易書式）、写真撮影報告書

←ここでは、事例を使って解説します。

【想定事例】

令和〇〇年5月31日午後9時30分頃、〇〇警察署の警察官沼田巡査と警察官塚本巡査は、自動車警ら中、糊とハケを使って電信柱に貼り紙をしている田中強史と吉田金一を現認し、直ちに降車して職務質問を開始した。

すると、田中は素直に「会社の業績が悪くて困っており、ビラ貼りをしている」旨を答え、警察官沼田巡査が同ビラを見分したところ、「売却物件募集」等と書かれた不動産会社のビラであった。

続いて、警察官塚本巡査が、ビラ貼りの許可の有無について尋ねると、吉田は「受けていない。」と答え、田中は「どこにも届けず2人で貼っており、周辺に20枚くらい、既に貼った」旨を答えたことから、田中と吉田を軽犯罪法1条33号違反（はり札等の罪）と認めた。

軽犯罪法違反（１条33号）被疑事実現認報告書

令和○○年６月１日

警視庁○○警察署長
　司法警察員
　警視正　○　○　○　○　殿

警視庁○○警察署

司法巡査　沼　田　真　悟

　みだしの件につき本職が現認した状況は下記のとおりであるから報告する。

記

１．被疑者の本籍、住居、職業、氏名、年齢
　(1)　本籍　東京都渋谷区代々木５丁目○○○番地
　　　　住居　東京都府中市若松町２丁目○○番○号
　　　　　　　　　　サニーアパート202号室
　　　　職業　サニー不動産株式会社社員

田　中　強　史

平成○○年８月10日生（当時32歳）

　(2)　本籍　東京都新宿区神楽坂５丁目○○番地
　　　　住居　東京都府中市若松町２丁目○○番○号
　　　　　　　　　　サニーアパート205号室
　　　　職業　サニー不動産株式会社社員

吉　田　金　一

平成○○年４月１日生（当時30歳）

２．捜査の端緒
　　本職及び巡査塚本四郎の現認による。
３．現認時の状況や犯罪事実、捜査の経過

(1)　令和〇〇年5月31日午後9時22分頃、本職ら2名は、無線警ら車府中3号で

　　　東京都府中市天神町5丁目〇〇番〇号

先路上を警ら中、前方約15メートル先の森山田雄一郎宅付近に設置してある東京電力株式会社所有、東電広告株式会社が管理する電信柱（府中〇〇号）の所に

　　　年齢30歳くらい、水色長袖ワイシャツに紺色のズボン、黒色の革靴、頭髪パーマ、一見会社員風の男（前記被疑者(1)）

と、

　　　年齢30歳くらい、紺色のトレーナーに紺色ジーパン、青色ビニールのスニーカーを着用、スポーツ刈りの男（前記被疑者(2)）

が同電信柱に、貼り紙をハケを使って糊付けしているのを現認したので、直ちに本職と塚本巡査が降車して現場に赴き、職務質問を開始した。

　塚本巡査が被疑者両名に対し「ここで何をしているんですか。」と聞くと、前記、被疑者田中強史は素直に

　　　会社で扱っている物件の広告ビラです。売れなくて困っているんですよ。

と答え、手にしているビラを本職に示したので、見分したところ、

　　　JR八王子駅から徒歩20分、100坪の格安売地、1億5千万円

と書かれており、そのビラを50枚くらい手に持っていた。前記被疑者吉田金一は無言で立っていたが、右手に糊とハケの入っている青色の小型ビニール製バケツ（直径約15センチメートル）を持っていたので、塚本巡査が「電信柱にビラを貼ってもよいという許可を受けていますか。」と聞くと、被疑者吉田は「受けていない。」と答え、さらに被疑者田中が「どこにも届けず2人で貼りました。この周辺に20枚くらい、もう貼ってきました。」と答えた。

　よって本職は、被疑者両名が管理者に許可を受けることなく無断でみだりに他人の工作物に貼り札をした事実を認めた。

(2)　本職は被疑者両名に対し軽犯罪法1条33号違反である旨を告げ、同無線警ら車で本署に任意同行し、本件を○○係佐伯警部補に引き継いだ。

4　証拠関係

被疑者田中が所持していた

　　ビラ（サニー不動産と記載されている）50枚

被疑者吉田が所持していた

　　青色ビニールバケツ（直径約15センチメートル）に入っている糊、及びハケ1本

を押収する手続をとった。

以　上

[注]　①　報告書の作成者は、1人とする。

　　　　（2人・3人が1通の報告書を書き作成したとするのはおかしい。）

　　②　「記」と書くのは「下記」とした場合で、「次のとおり」として「記」と書くのはおかしい。

　　③　本件では、被疑者が2人であることから別記様式第15号「犯罪捜査・事実現認報告書」を用いていない。

　　　　通常の報告書の様式とはいえ、求められている内容は同じなので、勝手に内容の省略等をしてはいけない。

実 況 見 分 調 書（甲の 1 ）

令和○○年 6 月 1 日

警視庁○○警察署

司法巡査　　沼 田 真 悟　㊞

　被疑者　　田中強史ほか 1 名　　に対する　　軽犯罪法違反　　被疑事件につき、本職は、下記のとおり実況見分をした。

日　　　　　　時	令和○○年 6 月1日　午後10時00分から 　　　　　　　　　午後11時30分まで
場　所、　身　体 又　　は　　物	東京都府中市天神町 5 丁目○○番○号 森山田雄一郎宅前路上付近
目　　　　　　的	本件犯行の状況を明らかにし、証拠を保全するため
立　　会　　人 ┌住居、職業、┐ └氏名、年齢┘	東京都府中市若松町 2 丁目○○番○号サニーアパート202号室 会社員（サニー不動産）被疑者　田中強史（当時32歳） ほか 1 名

実況見分の経過	現 場 の 位 置	現場は府中市立天神小学校の東方図測180メートル、天神病院の南西方図測200メートルの地点である。
	現場付近の状況	現場は、森山田雄一郎宅の玄関前であり、街路灯の照明により明るく、人車の通行量は少い。
	現 場 の 状 況	1．森山田宅側に幅員 5 メートルの路測帯付きの道路があり、同所Ⓐ地点に東電広告株式会社が管理する電信柱（府中○○号）が立てられている。 2．前記電信柱Ⓐの南側下部に糊で濡れたビラ 1 枚が貼ってあった。立会人は「私たちがそこにビラを貼りました。」と説明した。 3．次に付近を検分したところ、Ⓑ地点の電信柱にも前記同様のビラが糊で貼ってあったので立会人に説明を求めたところ、「私たちがさっき貼ったものです。」と説明した。 4．①点において本職は被疑者らのⒶの電柱に対するビラ貼り行為を現認した。
参　考　事　項		実況見分時は、晴天であった。

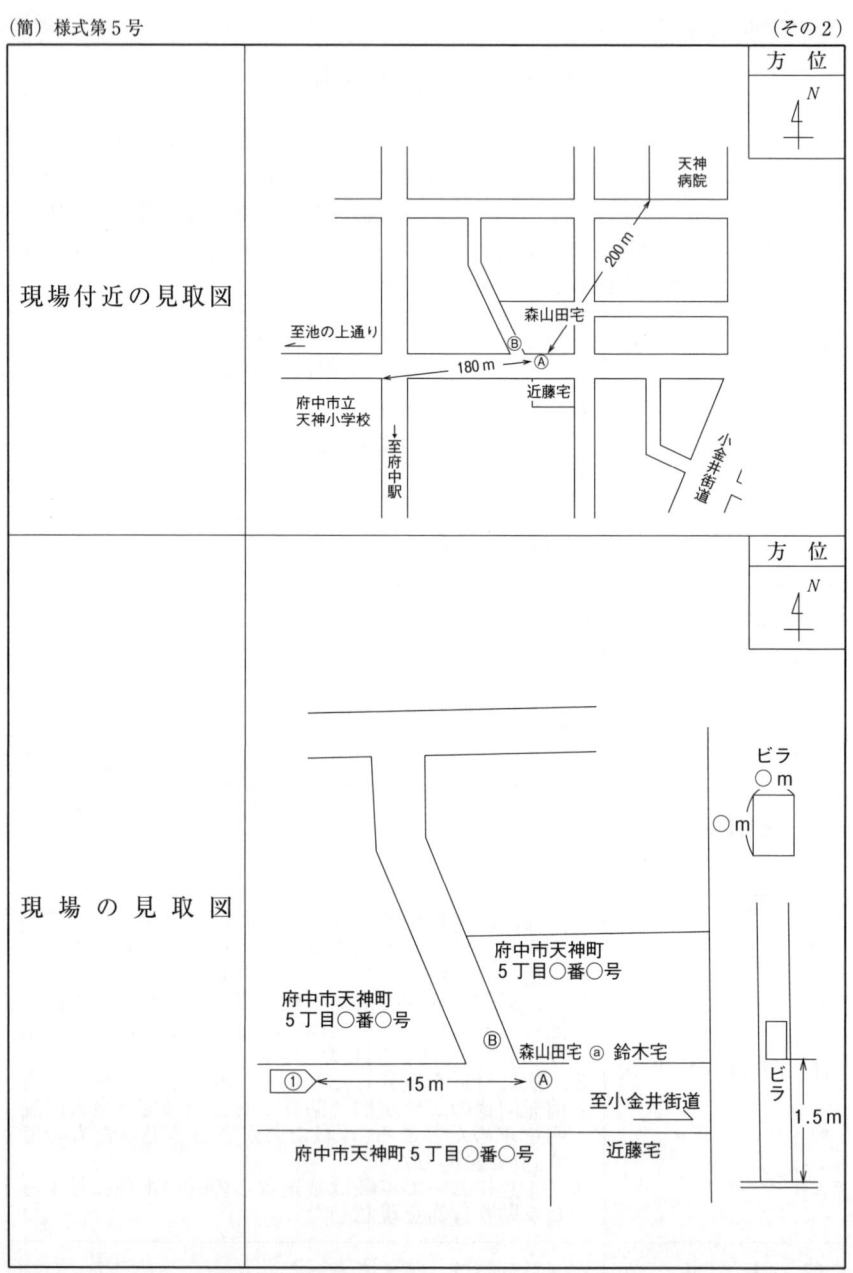

（注意）　現場の写真は、別葉とし、撮影者をしてその職名を記入し、署名押印させること。

ビラ

印　　　　　　　　　　印

本葉は、犯行現場（Ⓐの電柱）の状況を撮影したものである。
　←印は、貼付されたビラ

印　　　　　　　印

本葉は、貼付されていたビラを撮影したものである。

写 真 撮 影 報 告 書

令和○○年6月1日

警視庁○○警察署長

　　司法警察員　警視正　○　○　○　○　殿

警視庁○○警察署

　　司法警察員警部補　佐　伯　一　郎　㊞

被疑者　田　中　強　史　ほか1名

　上記の者に対する軽犯罪法違反被疑事件につき、令和○○年6月1日東京都府中市天神町5丁目○○番○号森山田雄一郎宅前路上において、本件犯行の状況について写真撮影したので、別添写真のとおり報告する。

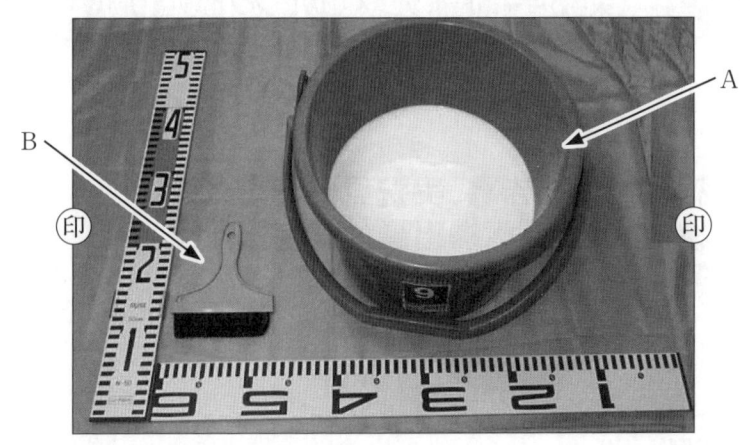

Aは糊の入ったバケツ、Bはハケである。

第6編
各論・実況見分調書
記載例（乗り物等）

第7編
各論・実況見分
書記載例（侵入盗）

第8編
各論・実況見分調書
記載例（暴行、傷害等）

第9編
各論・実況見分調書
記載例（軽犯罪法等）

付録編
CADソフト・ク
ロッキーの使用方法

1　犯罪捜査報告書、実況見分調書（簡易書式）、任意提出書、照会書、回答書

←ここでは、事例を使って解説します。

【想定事例】

　令和○○年2月20日午後9時05分頃、○○警察署の警察官○○巡査と警察官○○巡査は、自動車警ら中、○○公園の入口に設置してある公衆電話ボックス内（電話機の上に「貼り紙禁止」と明示されている。）に、周りをキョロキョロと見回しながら電話機の上にビラ3枚を貼り付け、さらに隣の公衆電話ボックス内に入り、同じようにビラ1枚を貼り付けている森田良夫を現認した。

　そこで、警察官○○巡査が降車し、貼り紙をすることについて管理者（NTT東日本）に承諾を受けているか等を質問すると、森田は、「すいません、承諾は得ていません。」と自供したことから、軽犯罪法1条33号違反（はり札等の罪）と認めた。

別記様式第15号

犯　罪　捜　査　報　告　書
（事実現認）

令和○○年 2 月20日

　　警視庁○○警察署長
　　　司法警察員警視正　　○　○　○　○　殿
　　　　　　　警視庁○○警察署
　　　　　　　司法巡査　　○　○　○　○　㊞

　　次の犯罪　を　捜　査　したから報告する。
　　　　　（事実を現認）

罪　名、　罰　条	軽犯罪法違反　　同法第 1 条第33号
被　　疑　　者	本　　　籍　　山梨県国田市谷山町○○番地 （国　　籍） 住　　　居　　東京都杉並区永福 5 丁目○○番○号 　　　　　　　平荘202号室 職　　　業　　無職 氏　　　名　　森田良夫 生年月日　　昭和○○年 1 月18日生（当時37歳）
捜　査　の　端　緒	本職らの現認による。
犯　　罪　　事　　実	被疑者は、　令和○○年 2 月20日午後 9 時 5 分頃、　東京都世田谷区北沢 6 丁目○○番先路上において、同所に設置してあるNTT東日本が所有し○○支社長○○○○の管理する公衆電話ボックス（世田谷営業所○○○号、同局○○○○号）に前記管理者の承諾を受けずに女性従業員募集ビラ（縦約 9 センチメートル、横約5.7センチメートル）を、それぞれ 3 枚、 1 枚をテープで貼り、もってみだりに他人の工作物に貼り札をしたものである。
証　　拠　　関　　係	1 ．公衆電話ボックスに貼ったビラ 4 枚 2 ．被疑者が所持していたビラ71枚
現認時の状況又は 捜　査　経　過	1 ．本職らは、本日午後 9 時 5 分頃、無線警ら車○○○号にて○○警察署管内東京都世田谷区北沢 7 丁目○番

先路上を警ら中、同所先の駅前通り交差点○○方向入口付近で赤信号に従い停止していると、前方北沢公園入口（世田谷区北沢6丁目○○番先路上）に設置してある公衆電話ボックス（世田谷営業所○○○号）内に年齢35、6歳、茶色ジャンパーにグレー色のズボンの男（前記被疑者）がおり、周りをキョロキョロと見回しながら左手に所持していた黒色バッグ内からビラ（縦約9センチメートル、横約5.7センチメートル、女性従業員募集と記入）を取り出し電話機の上に3枚を貼り付け、さらに北側に設置してある公衆電話ボックス（世田谷営業所○○○○号）内に入り同じようにバッグからビラを取り出し電話機の上に1枚を貼り付けたのを現認した。

2．○○巡査が車両から降車し、被疑者に対しビラを貼ることについて公衆電話ボックスの管理者に承諾を受けているか等質問すると被疑者は「すいません、承諾は得てない。」と自供したので軽犯罪法1条33号違反の被疑者と認めた。

3．本職らは被疑者が住所氏名を明らかにしたので、現場において被疑者が貼ったビラ4枚と所持していたビラ71枚の任意提出を受けて領置し、警視庁○○警察署に任意同行した。

実 況 見 分 調 書 （甲の１）

令和○○年 2 月20日

警視庁○○警察署

司法警察員巡査部長　○　○　○　○　㊞

　被疑者　　森 田 良 夫　　に対する　　軽犯罪法違反　　被疑事件に
つき、本職は、下記のとおり実況見分をした。

日　　　　　　　時	令和○○年 2 月20日　午後 9 時05分から 　　　　　　　　　午後 9 時25分まで
場　所、　身　体 又　　　は　　　物	東京都世田谷区北沢 6 丁目○○番所在の公衆電話ボックス及びその付近
目　　　　　　　的	犯罪の状況を明らかにし、証拠を保全するため
立　　会　　人 ┌住居、職業、┐ └氏名、年齢 ┘	東京都杉並区永福 5 丁目○○番○号平荘202号 無職 　　被疑者　森田良夫（当時37歳）
実 況 見 分 の 経 過	現 場 の 位 置	現場は京王○○線下北沢駅北口の北北東方目測100メートルの地点である。
	現場付近の状況	現場付近は繁華街で夜間も人通りが多く、また街灯により付近一帯が明るい状況である。ただし深夜になると人車の通行はほとんどない。
	現 場 の 状 況	１．駅前通り○○交差点の北東角の歩道脇の④、⑧点にNTT東日本所有の公衆電話ボックス（世田谷営業所○○○号、同○○○○号）がそれぞれ設置されている。 　２．電話ボックス④の電話機上に「女性従業員募集ビラ」が 3 枚、⑧の電話機上に同ビラが 1 枚テープで貼られている。立会人は同ビラについて「これらは私が貼ったものです。」と説明した。 　３．電話ボックス内は室内灯が点灯しており明るく、ⓒ、ⓒʼには貼り紙禁止のプラスチックプレートが設置されていた。 　４．本職らがビラ貼り行為を最初に現認したのは①、①ʼ点で電話ボックスまでは目測20メートルで、途中さえぎるものもなく見通しがよかった。
参　　考　　事　　項		１．実況見分時は晴天であった。 　２．本見分の経過を明らかにするため、当署司法巡査○○○○が撮影した現場写真○葉を本調書末尾に添付した。

現場付近の見取図	
現 場 の 見 取 図	

（注意）　現場の写真は、別葉とし、撮影者をしてその職名を記入し、署名押印させること。

1

Ⓐ Ⓑ

印　　　　　　　　　　　　　　　　　　　　印

本葉は、犯行現場の状況を撮影したものである。

2

印　　　　　　　　　　　　　　　　　　　　印

本葉は、貼付されたチラシを撮影したものである。

任　意　提　出　書

令和〇〇年 2 月20日

警視庁〇〇警署長
司法警察員警視正　　〇　〇　〇　〇　殿
　　　　　　　　住居　東京都杉並区永福 5 丁目〇〇番〇号平荘202号
　　　　　　　　職業　無職　　電話（〇〇〇〇局〇〇〇〇番）
　　　　　　　　氏名　　森　田　良　夫　　　　　　　㊞
　　　　　　　　　　　　　　　　　　　（当時37歳）

　下記物件を任意に提出します。用済みの上は、処分意見欄記載のとおり処分してください。

	提　　出　　物　　件			
番号	品　　　　名	数量	提 分 意 見	備　　考
1	女性従業員募集ビラ　（縦約 9 センチメートル、横約5.7センチメートル、公衆電話ボックス世田谷営業所〇〇〇号に貼ったもの）	3枚	用事が済んだら適当に処分してください。	
2	女性従業員募集ビラ　（縦約 9 センチメートル、横約5.7センチメートル、公衆電話ボックス世田谷営業所〇〇〇号に貼ったもの）	1枚	用事が済んだら適当に処分してください。	
3	女性従業員募集ビラ　（縦約 9 センチメートル、横約5.7センチメートル、所持していたもの）	71枚	用事が済んだら適当に処分してください。	

（注意）　還付不要の物件には、提出者処分意見欄に必ず「所有権を放棄する。」旨明記させること。

捜査関係事項照会書

令和○○年○月○○日

東日本電信電話株式会社○○支社長殿

警視庁○○署○○○○課長

司法警察員警視　○　○　○　○　㊞

　捜査のため必要があるので、下記事項につき至急回答願いたく、刑事訴訟法第197条第2項によって照会します。

記

照　会　事　項

1　貴社が東京都内に有する管轄区域及び貴社が同区域内において所有している施設、工作物

2　前記1記載の施設、工作物に広告物を掲出することについて承諾する権限を有する管理者

3　上記区域内において管理している施設、工作物に令和○○年1月1日以降同年12月末日までの間、広告、宣伝などのためにビラ、ポスター類を掲出することについて承諾を与える見込みの有無

4　前記3について、承諾を与える見込みがない旨の回答をした後に承諾を与えるような場合には、速やかに警視庁○○署○○○○課長（○○捜査第二係）宛て連絡をお願いします。

【照会警察署の所在地】〒○○○-○○○○　○○区○○2-2-2
【担当者氏名】○　○　○　○　（電話○○-○○○○-○○○○）

〇〇第〇〇〇号

令和〇〇年〇月〇〇日

警視庁〇〇署〇〇〇〇課長

　司法警察員警視　〇　〇　〇　〇　殿

東日本電信電話株式会社

〇〇支社長

〇〇〇〇

捜査関係事項照会書に対する回答について

　標記について、下記のとおり回答します。

記

1　照会事項1について

　　東京都内で〇〇支社が管轄する区域は〇〇〇〇域であり、同管轄内で管理している施設、工作物は、支社が所有し若しくは管理している建物、電柱及び公衆ボックス等であります。

2　照会事項2について

　　東日本電信電話株式会社〇〇支社長です。

3　照会事項3について

　　〇〇支社において所有し若しくは管理している施設、工作物について令和〇〇年1月1日以降12月末日までの間に、広告、宣伝などのためのビラ、ポスター類を掲出することについて承諾を与える意向はありません。

　　ただし、当社と財団法人〇〇〇〇〇〇〇との間の契約に基づき当社が許可を与えた電柱に掲出した広告で、当社機関名又は財団法人〇〇〇〇〇〇〇の受理済証を取り付けたもの、また当社と株式会社〇〇〇〇〇〇との契約に基づき当社が許可を与えた壁面ボード、建植ボードの広告で当社機関名又は株式会社〇〇〇〇〇〇名の受理済証を取り付けたものについては、この限りではありません。

4　照会事項4について

　　上記3項について変更が生じた場合には、速やかに連絡いたします。

第9編……各論：実況見分調書記載例（軽犯罪法等）

第7章 酩酊者規制法違反事件

1 人定事項等報告書、現行犯人逮捕手続書、上申書、実況見分調書（簡易書式）

←ここでは、事例を使って解説します。

【想定事例】

令和〇〇年5月31日午後10時30分頃、警察官〇〇巡査部長は、警視庁〇〇駅前交番において立番勤務中、〇〇駅前のロータリーにタクシーが急停車し、運転手（石井清二）が車内から大声で「乗客から暴行を受けている」旨を訴えたので、後部座席を確認すると、酒に酔った2人の男がおり、そのうちの長田治が「俺は税金泥棒のお巡りなんかに用はない。」などと大声で怒鳴りながら降車し、摑みかかってくるような構えを見せた。

警察官〇〇巡査部長は、落ち着いて話すよう制止したが、長田はふらつきながら、大声で両手を振り回し、通行人の迷惑になっていたため、警告するとともに長田の左手首を摑んで制止した。

しかし、長田はなおも通行人に対する乱暴な言動をし続け、警察官〇〇巡査部長の胸ぐらを摑むなどしたことから、酒に酔って公衆に迷惑をかける行為の防止等に関する法律5条2項違反の現行犯人と認め、他の警察官の応援を求めて現行犯逮捕した。

別記様式

被害者等人定事項等集約報告書

令和○○年 5 月 31 日

警視庁　○○警察署　長
司法警察員　警視　○○○○　　殿

警視庁　○○警察署
司法　警察員　巡査部長　○○○○

　　被疑者　　長田　治　　に対する　酒に酔って公衆等に迷惑をかける行為の防止等に関する法律違反　被疑事件につき、被害者等の人定事項等については、下記のとおりであるから報告する。

記

ふりがな 氏　　名	いしい　せいじ 石井　清二
生年月日	昭和○○年○月○日　　　　　　（事件当時　39　歳）
性　　別	男
住　　居 （事件当時）	東京都東村山市本町２丁目○番○号
住　　居 （現在）	上に同じ
職　　業 （勤務先名・通学先名）	タクシー運転手
電話番号	090-○○○○-○○○○
事件との 関 わ り	☑被害者　　□告訴・告発人　　□参考人　　□任意提出権者 □その他（　　　　　　　　　　　　　）
家族関係	
使用車両	トヨタプリウス（練馬 77 か○○○○）1800cc
参考事項	

（注）　□のある欄については、該当の□に✓印を付すこと。

現 行 犯 人 逮 捕 手 続 書 （甲）

下記現行犯人を逮捕した手続は、下記のとおりである。

記

1　被疑者の住居、職業、氏名、年齢

東京都新宿区新宿2丁目○番○号コーポ○○506号室

会社員　　長　田　　　治

平成○○年3月12日生（当時21歳）

2　逮捕の年月日時

令和○○年5月31日午後11時00分

3　逮捕の場所

東京都新宿区○○○○5丁目○番○号

警視庁○○警察署○○駅前交番前路上

4　現行犯人と認めた理由及び事実の要旨

本日、　本職は午後10時30分頃、　東京都新宿区○○○○5丁目○番○号、警視庁○○警察署○○駅前交番において立番勤務中、○○駅前のロータリーに、大和自動車所属のタクシー（練馬77か○○○○号）が急停車し、運転手（石井清二、当時39歳）が車内から大声で

お巡りさん、乗客が乱暴するのでどうにかしてください。

との訴えを受けた。

本職は同車両の運転手の所に近づいて行って同人に

どうしたのですか

と尋ねると同運転手は

客が暴れて、座席から手をのばし私の首や肩などをつかんだりして困っている。

と訴えたので、後部座席を見ると、酒に酔って顔を真っ赤にした若い男2名の客が乗っており、助手席の後部に乗っていた男（被疑者、長田治）が大声で、本職の姿を見るやいなや

俺はお巡りなんかに用はない、運転手に用があるんだ。お巡りなん

　　か税金泥棒じゃあないか。勝負してやろうじゃないか。
と言うなり後部左側のドアを開け、車外に出ると同時に本職につかみか
かるような構えを示したので、本職は

　　　大声を出さず、落ち着いて話しなさい。
と制止したが、その男はなおも

　　　お巡りなんか用はないんだ。
等と本職に向かって怒鳴りつけた。

　　この時、同交番前の道路には男女7、8人の通行人があったが、被疑
者は道路中央付近にまで出てきてふらつきながら大声を出し両手を振り
回しているので、これを恐れて立ち止まったり、元来た方へ戻ったりし
て通行の邪魔となったので、本職はこれを制止するため

　　　静かにしなさい。通行人の迷惑になるじゃないか。
と警告するとともに右手で被疑者の左手首をつかまえて制止したとこ
ろ、今度は通行人に対し、大声で

　　　バカヤロー、見せもんじゃねえよ。安月給とり野郎。
と怒鳴りつけ、さらに本職に対して

　　　税金泥棒の言うことなど聞けるかい。うるせえ。
等と通行人らに対する乱暴な言動をし続けたので、本職は酒に酔つて公
衆に迷惑をかける行為の防止等に関する法律違反の現行犯人として逮捕
する旨を告げ、逮捕すべく被疑者の両腕をつかまえようとしたところ、
逆にいきなり右手で本職の胸ぐらをつかんで引っ張り制服上衣の第2ボ
タンを引きちぎってしまった。

　　そして、なおも本職の胸ぐらをつかんで離さない被疑者の右手を離す
ために、本職が両手で被疑者の右手をつかんで思いきり被疑者の方に突
き離したところ、本職の右手の甲が被疑者の口の辺りに当たった。

　　さらに、本職はふらつきながら両手を振り回して暴れる被疑者を羽交
い締めにしてその行為を制止し、酒に酔つて公衆に迷惑をかける行為の
防止等に関する法律5条2項違反の現行犯人と認めた。

5　逮捕時の状況
　　本職は被疑者に対し、「酒に酔つて公衆に迷惑をかける行為の防止等
に関する法律違反」の現行犯人として逮捕する旨を告げたところ、被疑

者は

　　　どうでも勝手にしろ、裁判で決着をつけてやらあ。

等と大声で怒鳴りながらなおも暴れるので、本職は無線警ら自動車乗務

員である

　　　青木巡査部長

　　　青田巡査

の応援を求めて協力逮捕した。

6　証拠資料の有無　　　なし

　　本職は令和○○年５月31日午後11時８分被疑者を警視庁○○警察署、司

法警察員に引致した。

　　　　　　　　【備考　特別な事情により引致が遅れたときは、その理由】

　　　上記引致の日

　　　　　　　　　　　警視庁○○警察署

　　　　　　　　　　　　司法警察員

　　　　　　　　　　　　巡査部長　　　○　　○　　○　　○　　㊞

　　　　　　　　　　　　司法警察員

　　　　　　　　　　　　巡査部長　　　青　木　浩　一　㊞

　　　　　　　　　　　　司法巡査　　　青　田　太　郎　㊞

　　本職は、令和○○年６月１日午前10時00分被疑者を釈放した。

　　　上記釈放の日

　　　　　　　　　　　警視庁○○警察署

　　　　　　　　　　　　司法警察員

　　　　　　　　　　　　警部補　　　湯　川　孝　雄　㊞

<h1>上　申　書</h1>

警視庁　○○警察署長

警視　○　○　○　○　殿

東京都新宿区新宿２丁目○番○号コーポ欅506号室

会社員　長　田　　治

年齢（当時21歳）

　私は、令和○○年５月31日、会社の後輩の中村君が、山形県の田舎に帰ると言うので、仲間４、５人で酒を飲んで送ってやることにしました。居酒屋「天国」での送別会で、私は普段よりもお酒を飲み過ぎて酔っ払ってしまったので、中村君を送った帰りには、タクシーに乗りました。酔った勢いで運転手に暴行したり道路通行中の通行人に乱暴な言葉をかけたりして迷惑をかけ、制止した警察官に乱暴したり暴言を吐いたりして大変御迷惑をかけました。

　いくら酔っ払ってのこととはいえ、このように多くの人々に悪いことをしてしまい誠に申しわけないことをしたと今は反省しております。

　令和○○年６月１日

上記　長　田　　治　㊞

実 況 見 分 調 書（甲の1）

令和○○年6月1日

警視庁○○警察署

司法警察員巡査部長 　○　○　○　○　㊞

被疑者　長 田 治　に対する　酒に酔つて公衆に迷惑をかける行為の防止等に関する法律違反　被疑事件につき、本職は、下記のとおり実況見分をした。

日　　　　　　時	令和○○年5月31日　午後11時05分から 午後11時20分まで
場　所、　身　体 又　　は　　物	東京都新宿区○○○○5丁目○番○号 警視庁○○警察署○○駅前交番前路上
目　　　　　　的	犯行の状況を明らかにし、証拠を保全するため
立　　会　　人 ⌈住居、職業、⌉ ⌊氏名、年齢 ⌋	令和○○年5月31日付石井清二の被害者等人定事項等集約報告書に記載の住居（事件当時）、職業 　　　被害者　石井清二（当時39歳）
実況見分の経過	**現場の位置** 現場は○○通りに面しており、東京メトロ東西線○○駅北口から北東方目測50メートル、通称「○○○交差点」から目測40メートルに位置する○○駅前交番前である。
	現場付近の状況 現場付近は繁華街で深夜営業店も多く、人通りや車両の交通量は多い。
	現場の状況 1．現場は○○駅前交番の東側の南北に走る舗装された道路上である。当該道路は幅員7メートルで東側及び西側には、歩道の設備はない。 2．交番東側道路上には南側に頭を向けた立会人が運転してきたタクシー（練馬77か○○○○）が停車しており、立会人は「私がここに立っていて交番入口前でタクシーの客が警察官に食ってかかっていて、その周囲に通行人7〜8人が恐れて通れないでいました。」と説明した。それぞれの位置関係はAがタクシー、①が立会人、②が警察官、③が被疑者の位置であり、通行人は「－○」と図示した。
参　考　事　項	1．交番の南東方の道路上で停車した車両についてはナンバーが判明しなかった。 2．見分時は晴天であった。

現場付近の見取図	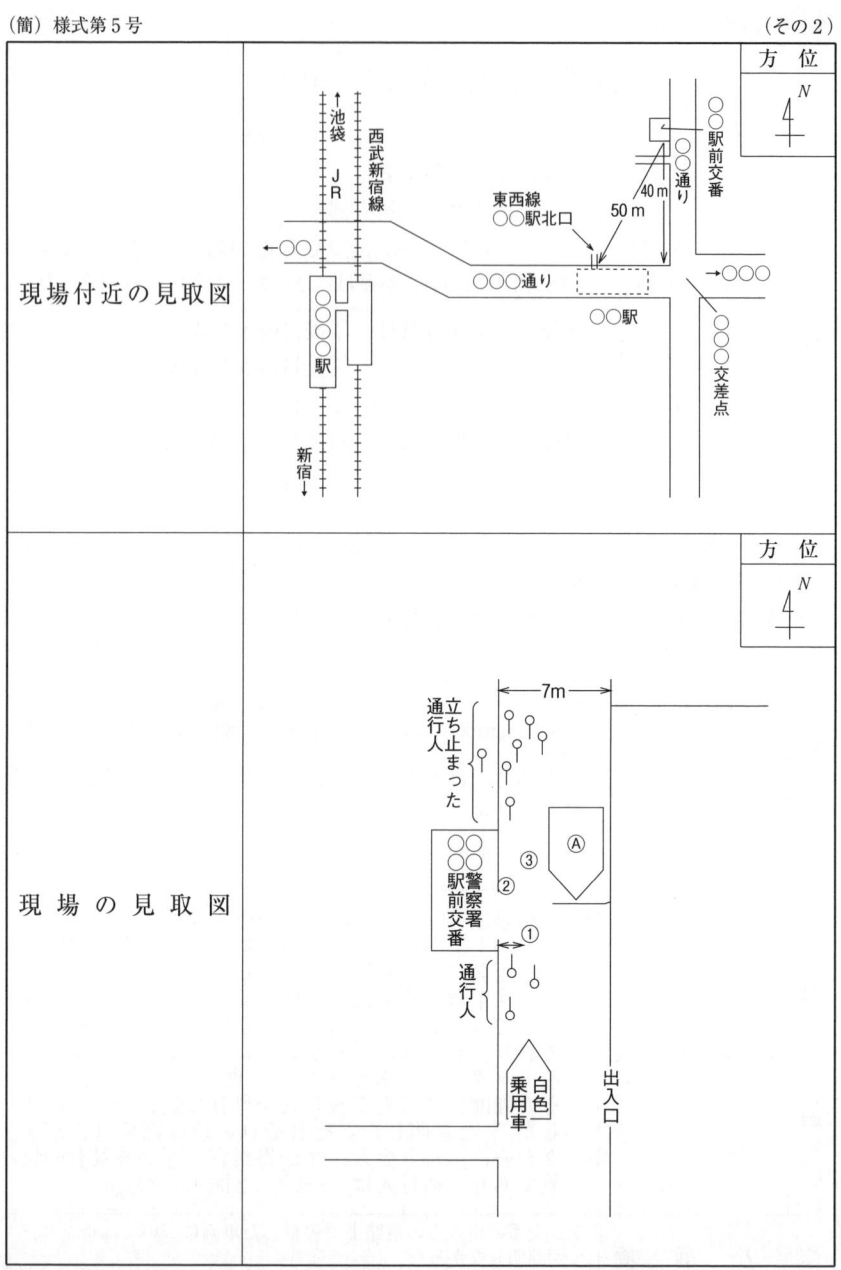
現場の見取図	

（注意）　現場の写真は、別葉とし、撮影者をしてその職名を記入し、署名押印させること。

1

本葉は、犯行現場の状況を撮影したものである。

2

②

③

①

印　　印

本葉は、犯行状況を立会人が指示説明した状況を撮影したものである。
　　←①印は、被害者
　　←②印は、警察官
　　←③印は、被疑者役の警察官

付録編

CADソフト：
クロッキーの使用方法

第1章　CADシステムについて

1　はじめに

　実況見分調書、写真撮影報告書には、現場付近の見取図、現場見取図を添付します。

　それぞれの見取図は、ワードプロセッサ連携の作図システムにより作成したり、手書きで作成されたりしますが、住宅記号等に特化したCADシステムを用いることで、色彩にも配慮したきれいな図面を作成することができます。

　この章では、立花書房から発売されているCADソフト「Croquis（以下、「クロッキー」ともいいます）」の使用方法を解説いたします。

← Croquis の御不明点、お見積もり、他については、株式会社立花書房（03-6275-0986）まで、お気軽にお問い合わせください。

2　CADシステムの有用性

(1)　信用性の向上

　CADシステムの最も良い点は、きれいな図面を作成できることです。

　手書きが悪いといっているのではありませんが、フルカラーで太さの異なる線を組み合わせた図面に、均一なフォントで数字や記号が記載されますので、見栄えの良い図面となるのです。

　裁判官をはじめ、CAD図面を見た方に信用性を感じていただけることは、大切な要素だと思います。

⑵ 合理性の向上

漫然と作図をするのではなく、計測してきた数値や角度を用いて作図することで、正確な図面になると共に、見とおし状況など関係地点の検討も図測しながら行えますので、合理的な捜査が果たせるのです。

⑶ 効率性の向上

一度作成した図面は、白図として使用することができますので、同じ場所で発生した事件や、複数回実況見分する場合にそのまま原図として使用することができます。

また、印字して現場へ持って行くことで、現場のメモとしても使えますし、テンプレート定規で関係地点を記載すれば、現場で取調べに使用することもできるのです。

⑷ 適正捜査等の推進

効率よく作図ができることになりますから、所要の捜査時間が軽減されます。

その余力を、余罪事件掘り起こし捜査や被害者対策に振り分けることができ、捜査管理上は、適正捜査の推進も図ることができるのです。

3 CADシステムの選択

CADシステムには豊富な機能を盛り込んだ高価なCADシステムもありますが、安価なものでもできあがりは一緒で、正確かつきれいな図面が作れます。

操作性や付属するパーツの違いこそあれ、捜査の合理化、効率化を図る上での差異はありません。

←クロッキーは、安価です。

1　はじめに

　では早速、クロッキーを起動したいと思います。もちろんオフラインで運用できますので、情報管理上も全く問題ありません。

　クロッキーは、住宅見取図を作成することに特化したパーツを使用する図面と、交通事故現場見取り図を作成することに特化したパーツを使用する図面を作成することができ、ここでは起動した画面で「見取図」を選択します。

←インストール方法は割愛します。

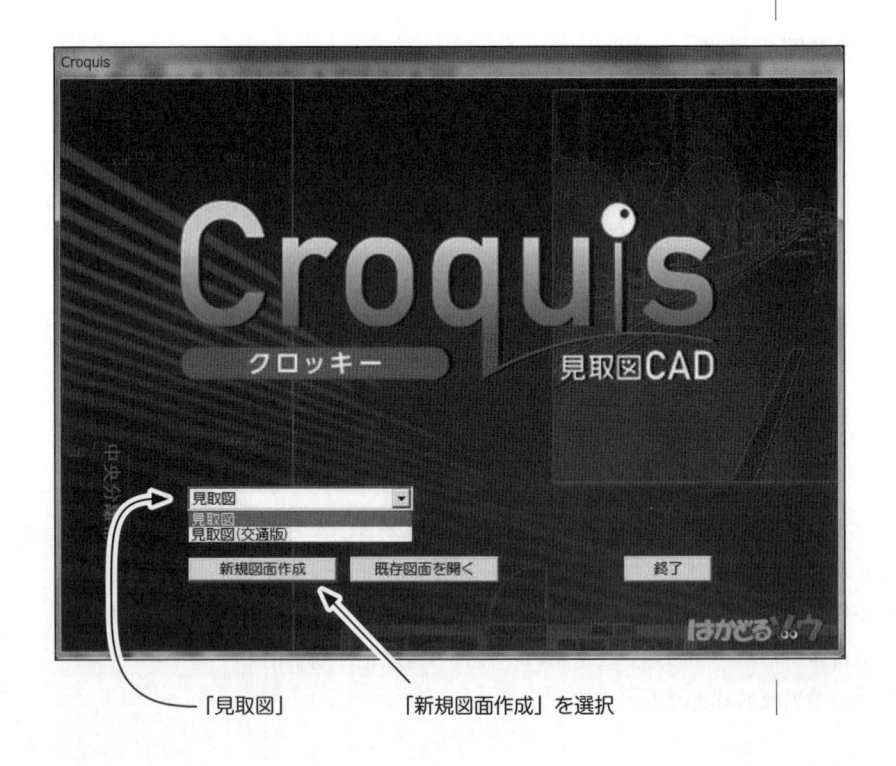

「見取図」　　　　　　「新規図面作成」を選択

2 用紙の選択

　新規図面作成をクリックし、「設定」のタグを選択すると、用紙の種類と縦横を設定することができます。

　ここでは、警視庁様式に使用することを想定して、「A4縦」と設定して解説していきます。

　あらかじめ、各都道府県警察が規定している様式を、設定することもできます。

←寸法表示や文字サイズなども設定でき、後で変更することもできます。

各種選択できます。

A4 を選択

「設定」

設定

用紙枠	グリッド間隔
用紙サイズ： A4	間隔： その他 1000 mm
方向： 縦	タイプ： 線

部屋
☑ 壁自動生成
壁厚： 50 mm
☑ 部屋名称
☐ 面積表示： 帖
文字サイズ： 3

寸法
単位： m
小数桁数： 1
端数： 四捨五入
文字サイズ： 3

OK　　キャンセル

縦を選択

3　現場見取図の作成

　現場付近の見取図は、後述する「5　現場付近の見取図」で作成しますので、現場見取図から解説していきます。

　壁や窓枠を一つひとつの線分で記載していくこともできますが、部屋の大きさが分かっているような場合は、部屋や壁といった「要素」を配置していくことで簡単に図化できます。

　6畳一間のマンションだとすれば、「部屋」をクリックし、「洋室」、

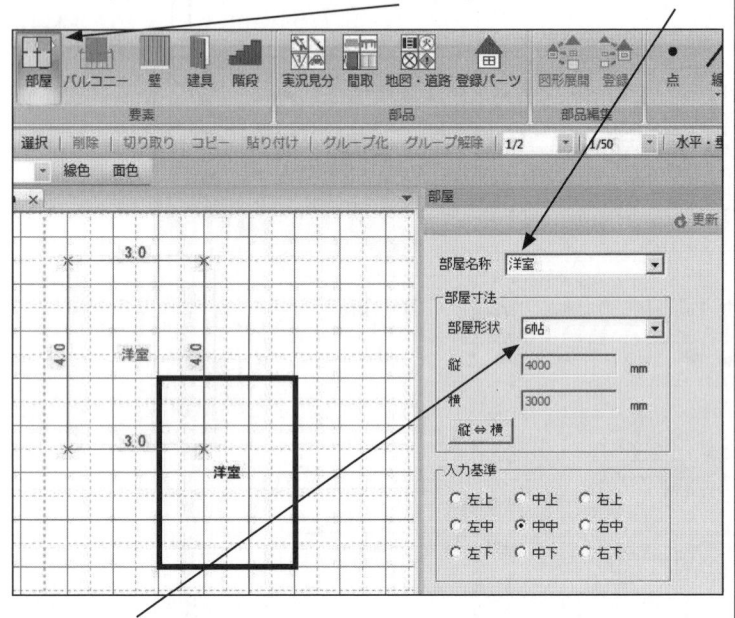

◀部屋名称の中には、玄関台所などがあります。

「6畳（帖）」などと設定して、配置した場所をクリックします。
　要素の中の「建具」には、窓や玄関がありますので、壁の長さを短くして窓をはめ込みます。

　寸法線が自動表示されますので、数値を見ながら、クリックしていきます。

「建具」を選択して、パーツを指定します

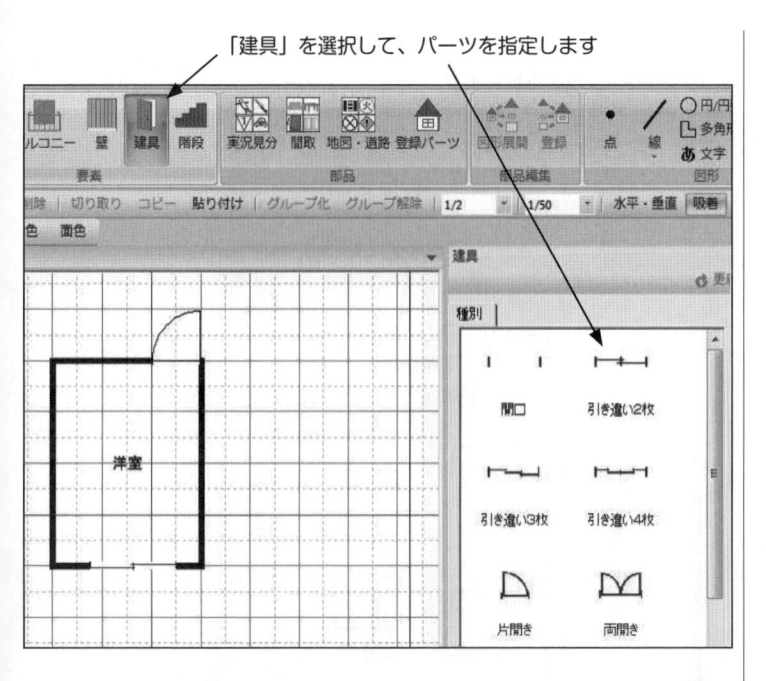

例えば、壁を短くしたり、コピペしたりするには、パーツを選択して、長さを変えたり、コピーしたりすればよいので、簡単です。

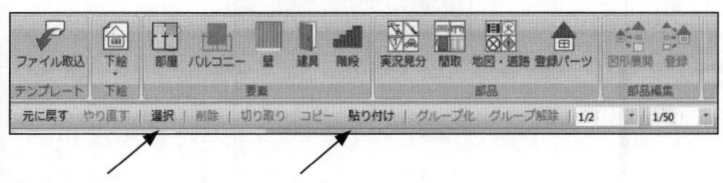

「選択」ボタン　　　「ペースト」ボタン

パーツの貼り付けで、位置決めがしやすいように、グリッドが表示されています。

画面の拡大、縮小は、スクロールボタンで調整できますし、画面の移動は、スクロールボタンを押して、ドラッグすることで調整できます。

←任意の位置に貼り付けたいときなど、グリッドボタンを押すことで、グリッドを非表示にできます。

グリッド表示、非表示を選択します

| グリッド表示 | 用紙枠表示 | 下絵表示 | トレース表示 | ページ一覧表示 | 入力ガイド表示 |

「間取」の中に、家具のパーツがあるので貼り付けていきます。

◀オリジナルのパーツを作って、登録することもできます。

「間取」の中からパーツを選択します

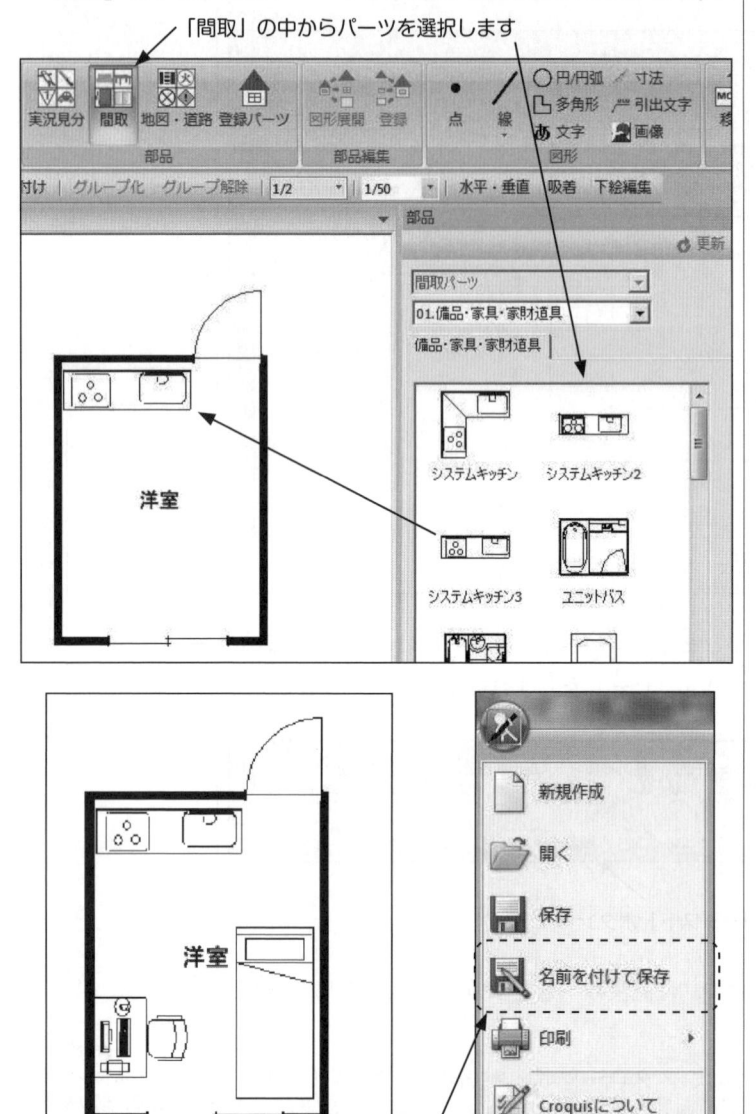

図ができたらクロッキーボタンを押し、ドロップダウンリストから「名前を付けて保存」を選択し、保存します。

4 実況見分事項の作図

「実況見分」の中には、血痕や足跡などのパーツがありますので、貼り付けます。

←パーツ、記号は、全部で、700種以上、収録されています。

いろいろな部品があります　　　寸法や引出文字

←寸法表示や引出文字で、見分結果を図示していきます。

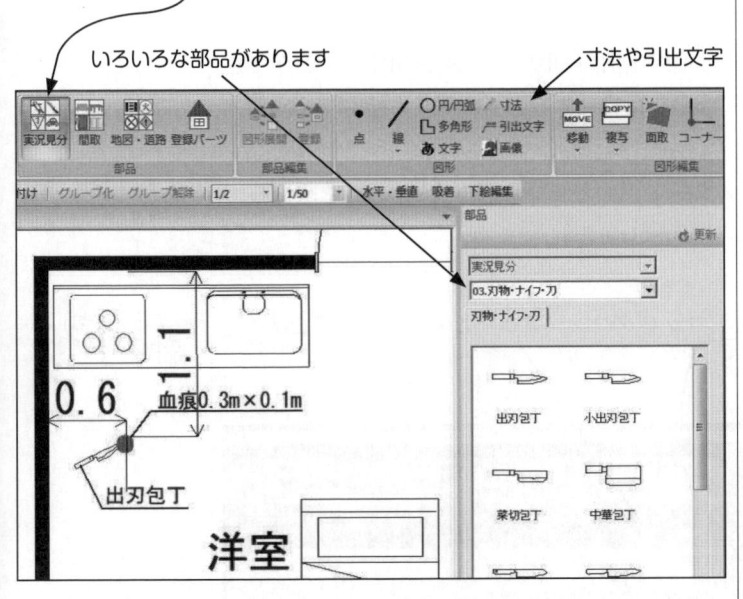

できあがった図面は、名前を付けて保存するほかに、部分的に画像化して保存することで、他のアプリケーションで活用できます。

画像化ボタンで選択、保存します

←「JPG」「BMP」「PNG」の形式で、保存可能です。

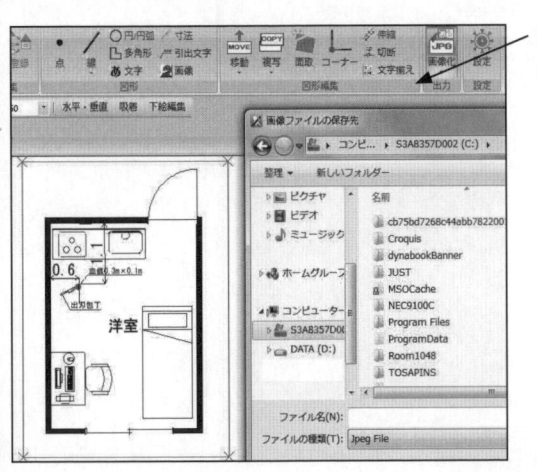

5　現場付近の見取図

　現場の位置を特定するためにも、現場付近の見取図を作成しましょう。

　クロッキーでは、都道府県別の地図データを使用することができますので、住宅地図などをコピーする必要はありません。

　地図の取込は、スタート画面で「見取図（交通版)」を選択してください。

←作図も交通版を使用します。

　「取込」を押して、ドロップダウンメニューから住所を絞り込んで、地図を表示させます。

←「国土地理院」提供の地図データです。

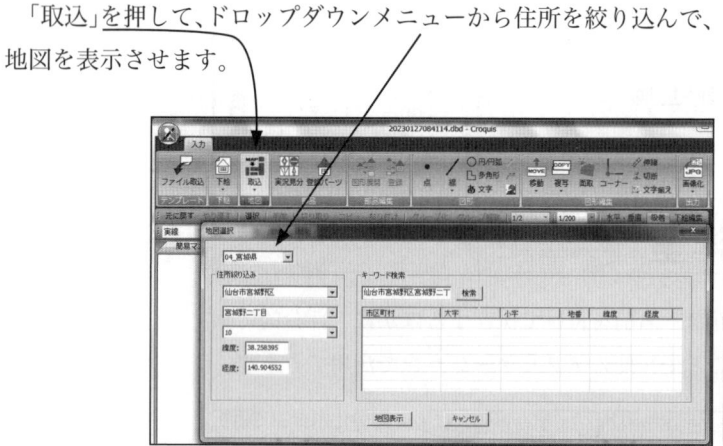

表示された住宅地図のうち、見取図に表示させたい範囲の左上、右下をクリックして選択します。

選択した範囲の地図が、上を北として見取図に表示されますので、状況に応じて回転ハンドルで回転させたり、上下左右の位置を調整します。

回転ハンドル

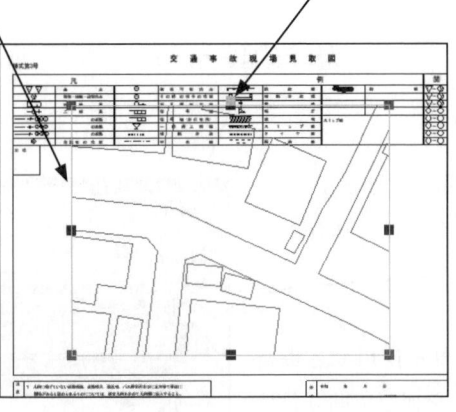

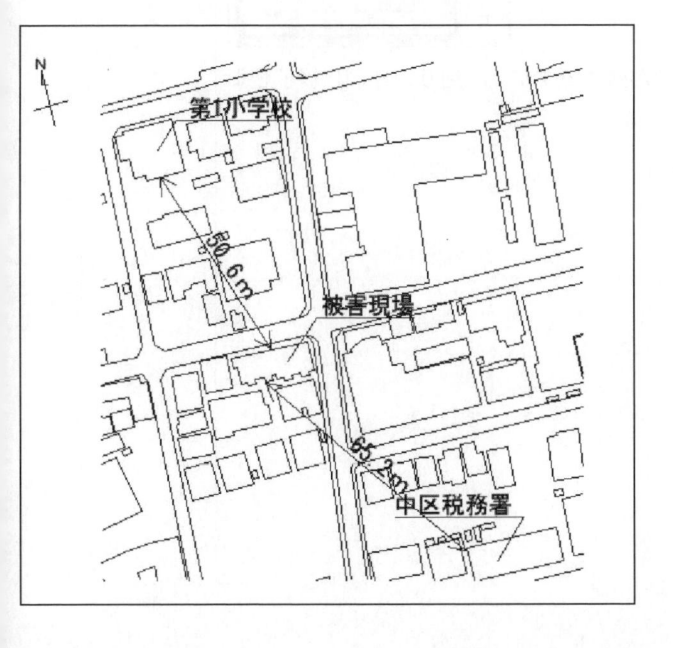

◀文字や寸法線の入力は、前記「4」と同じ要領です。

6　オリジナルパーツの登録

「線」の中には、手書き線、曲線も用意されていますので、直線と組み合わせて、太さや色も変えながら自由に描画することができます。

できあがったら、すべての線分をCTRLキーを押しながら選択し、「登録」を押します。

登録する名称を聞いてきますので、わかりやすい名前をつけて保存します。

←ここでは、リアルなバイクの側面画像を作ってみました。

登録済みのパーツを使用する場合は、「登録パーツ」を押して貼り付けます。

カラーで御覧頂けないのが残念ですが、一通り、作図は終了しました。

7　クロッキーの設定等

クロッキーの設定については、「設定」を押すことで変更できます。

⬅何回か作図すると、いろいろ調整したくなると思います。

実況見分の図面はメートル法を用いていますので、単位をメートルとし、小数点以下の桁数も１を用いるのが一般的です。

本書でも設定のうち、
・寸法入力時の単位を「mm」から「m」に変更「設定」
・少数以下桁数を「２」から「１」に変更して作図しました。

作図領域の背景にグリッドを表示して作図するのも便利で、グリッドの間隔もここで変更できます。

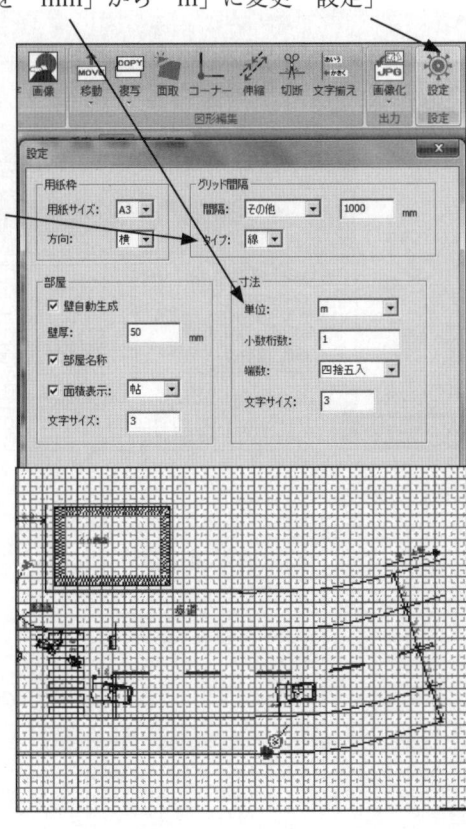

8 ファイルの操作

　作図後、そのまま「×」で閉じようとするとファイル名の入力を
求められますので、分かりやすいファイル名をつけます。

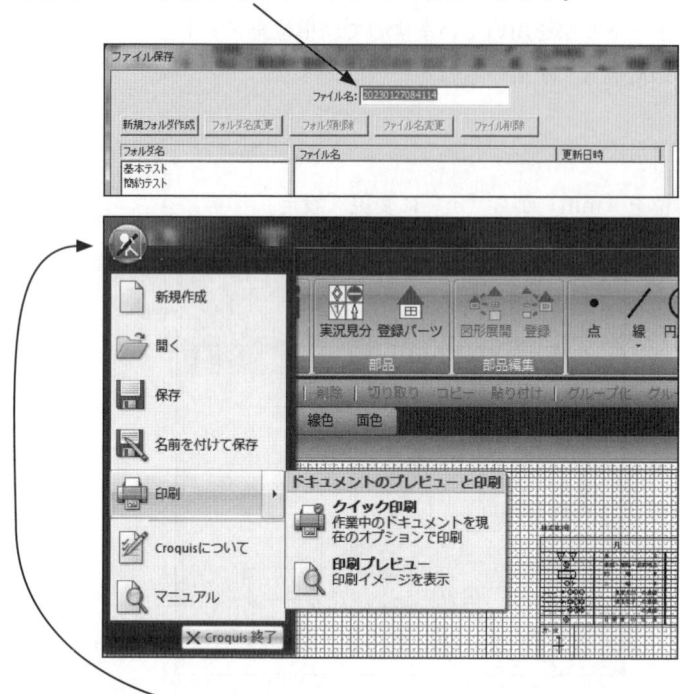

　クロッキーアイコンのメニューから「名前をつけて保存」でファ
イル名を付けたり、「印刷」など、基本的な操作ができます。

◆詳細なマニュアルを
　表示させることもで
　きます。

執筆者等プロフィール①

木村　昇一（きむら　しょういち）
　　元東京区検察庁公判部長

【主 な 経 歴】
　　平成 9 年 7 月　　副検事任官
　　平成26年 4 月　　法務省法務総合研究所第二部教官
　　平成28年 4 月　　東京区検総務部副部長
　　平成30年 4 月　　東京区検刑事部副部長
　　平成31年 4 月　　東京区検察庁道路交通部長
　　令和 2 年 8 月　　東京区検察庁公判部長
　　令和 3 年 7 月　　退官
【主 な 著 書】
　　令和 3 年 7 月　　『交通事故・事件、交通違反供述調書記載例集〔第 6 版〕』
　　（編著、立花書房）
　　令和 3 年 2 月　　『供述調書作成実務必携〔第 2 版〕〜地域警察官から刑事警察官まで〜』
　　（監修、立花書房）
　　令和 7 年 1 月　　『検察官から見た警察捜査のポイント〜窃盗事件を中心として〜
　　（電子限定版）』（編著、立花書房）

菅野　重寛（すがの　しげひろ）
　　東京区検察庁道路交通部副部長

【主 な 経 歴】
　　平成16年 4 月　　副検事任官
　　令和 3 年 4 月　　東京区検察庁公判部副部長
　　令和 5 年 4 月　　東京区検察庁刑事部副部長
　　令和 6 年 4 月　　東京区検察庁道路交通部副部長

執筆者プロフィール②

澁澤　敬造（しぶさわ　けいぞう）

　元警察庁指定広域技能指導官（交通鑑識）

　事故捜査・交通鑑識捜査歴35年　広域技能指導官歴12年

【主 な 経 歴】

　　昭和55年 4 月　宮城県警察官拝命

　　平成 2 年 4 月　埼玉県警察出向　交通指導課交通特捜班配置

　　平成 3 年 4 月　宮城県警察本部交通指導課　交通事件捜査班配置

　　平成10年 3 月　宮城県警察本部交通指導課　交通事故捜査係配置

　　平成14年 3 月　宮城県警察本部交通指導課　交通鑑識係新設配置

　　平成17年 4 月　宮城県警察本部交通鑑識技能指導官指定

　　平成22年 4 月　警察庁広域技能指導官（交通鑑識）指定

　　令和 4 年 3 月　宮城県警察官定年退職

　　令和 4 年 5 月　株式会社交通事故調査澁澤事務所設立　代表取締役就任

【主 な 著 書】

　　令和 5 年 4 月　『交通事故実況見分調書作成実務必携～交通事故実況見分のポイント～』

　　（編著、立花書房）

　　令和 7 年 2 月　『広域技能指導官への道（電子限定版）』（編著、立花書房）

【主 な 資 格】

　　元警察庁指定広域技能指導官（交通鑑識）

　　日本交通心理学会認定　交通心理士

　　旅客自動車運送事業運行管理者資格者

　　貨物自動車運送事業運行管理者資格者

　　警備員指導教育責任者資格者（ 1 ～ 4 号）

　　その他、日本防災士、行政書士等

【株式会社交通事故調査澁澤事務所】

https://www.tsp-tokyo.com

〒112-0002
東京都文京区小石川4丁目17番1-201号
（最寄駅：東京メトロ丸ノ内線　茗荷谷駅）
電話　03-6240-0434
FAX　03-6240-0435
mail　shibusawa@tsp-tokyo.com

【事 業 内 容】

「交通事故事件の調査・鑑定」
　　交通事故調査担当者に対する交通鑑識技術の指導教養
「交通事故防止コンサルティング」
　　交通の教則から導出した新しい交通安全メソッドの開発・普及
「交通心理カウンセリング」
　　交通心理学によるコーチング・交通安全セミナー
「交通系4学会での捜査研究」
　　（一社）日本交通科学学会　　　日本交通心理学会　　　日本法科学技術学会
　　（公社）自動車技術会

【創業者挨拶】

　創業者は、30年以上交通鑑識官として交通事故鑑定を行い、50件を超える刑事裁判を戦ってきた経験がございます。豊富な交通警察経験と、交通心理学によって、交通の教則を超える新たな交通安全メソッドも開発しました。

　弊社は、「被害者の無念に応える正義の実現」と、「道路交通において世界一安全で安心な社会の実現」を目指します。

　大切な未来を守るため、弊社を御活用いただければ、望外の幸せでございます。

地域・刑事実況見分調書作成実務必携
〜地域・刑事実況見分のポイント〜

令和7年3月15日　第1刷発行

地域・刑事実務研究会

編　者	木村　昇一
	菅野　重寛
	澁澤　敬造

発行者　橘　　　茂　　雄
発行所　立　花　書　房
東京都千代田区神田小川町3-28-2
電話　03-3291-1561　(代表)
FAX　03-3233-2871
https://tachibanashobo.co.jp

©2025 地域・刑事実務研究会　　印刷・製本 加藤文明社
乱丁・落丁の際は本社でお取り替えいたします。